墨香会计学术文库

盈余持续性与公司价值

Earnings Persistence and Firm Value

● 张国清　著 ●

东北财经大学出版社
Dongbei University of Finance & Economics Press
大　连

ⓒ　张国清　2015

图书在版编目(CIP)数据

盈余持续性与公司价值 / 张国清著. —大连 : 东北财经大学出版社，2015.4

(墨香会计学术文库)

ISBN 978 - 7 - 5654 - 1911 - 9

Ⅰ. 盈… Ⅱ. 张… Ⅲ. ①上市公司-企业利润-研究-中国 ②上市公司-市场价值-研究-中国 Ⅳ. F279.246

中国版本图书馆CIP数据核字(2015)第075783号

东北财经大学出版社出版

(大连市黑石礁尖山街217号 邮政编码 116025)

教学支持：(0411) 84710309

营 销 部：(0411) 84710711

总 编 室：(0411) 84710523

网 址：http://www.dufep.cn

读者信箱：dufep@dufe.edu.cn

大连图腾彩色印刷有限公司印刷 东北财经大学出版社发行

幅面尺寸：170mm×240mm 字数：244千字 印张：13 插页：1

2015年4月第1版 2015年4月第1次印刷

责任编辑：李智慧 吴 茜 责任校对：刘 珊

封面设计：张智波 版式设计：钟福建

定价：40.00元

作者简介

张国清，男，1976年生，江西崇仁县人，2005年上海财经大学会计学院管理学（会计学）博士研究生毕业，在厦门大学管理学院会计系从事成本会计、政府及非营利组织会计、内部控制与公司治理等的教学与研究。现为厦门大学管理学院会计系副教授，兼任中国会计学会政府及非营利组织会计专业委员会委员和中国会计学会财务成本分会理事，2012年度美国圣路易斯华盛顿大学Olin商学院会计系访问学者。主要研究方向为资本市场与会计信息质量、公司治理、内部控制审计方面的经验研究，以及公共财务与政府会计研究。曾在《世界经济》、《会计研究》、China Accounting and Finance Review、《经济管理》等核心刊物发表论文30余篇，主持2项国家自然科学基金项目、1项福建省社会科学一般项目，入选2011年度"福建省高校新世纪优秀人才支持计划"。

前　言

会计盈余在发挥公司估价或契约作用时，其平稳或者可预期是理想的特性，有利于降低风险和提高公司价值。所以盈余的持续性在很大程度上能够代表财务报告的质量（或盈余质量），盈余的持续性越大，财务报告的质量越高，持续性较高的盈余有利于公司增值。盈余持续性方面的许多研究主要关注盈余对于权益估价的有用性。近年来的理论分析和经验证据表明，高质量的公司盈余导致更低的资本成本和更高的公司价值，而盈余的高持续性长期被看做盈余的一个理想特征，可持续的盈余一般表明平稳的经营和经理更努力地运作公司。盈余的持续性对资本市场的投资者进行证券定价有重要参考价值，有关财务报表分析的经典教材通常都会强调，分析当前盈余的持续性有助于预测未来盈余。因此，盈余持续性与公司价值之间的关联性，是学术界和实务界都关注的。

盈余质量资本市场后果方面的研究一般关注资本成本，并且主要基于美国数据。迄今为止，很少有研究直接检验盈余质量与公司价值之间的关系。而且，多数研究只孤立地检验盈余一个特性的经济后果。在中国，盈余持续性方面的研究很少探讨特定经济因素对公司盈余持续性的影响。在上述理论和实务背景下，本书多角度地探讨盈余持续性的动因和资本市场经济后果（从多个角度衡量的公司价值），较系统、全面、多方位地直接检验盈余质量（盈余持续性）与公司价值之间的关系。首先，在前人研究和理论分析的基础上从多个角度将盈余持续性与公司价值联系起来。通过建立分析性模型，将公司盈余和股票回报的关联程度（ERC）与盈余时间序列持续性联系起来，证明可靠性更差的资产负债项目导致盈余的持续性更低，将持续的盈余与公司价值（托宾Q值）从理论上联系起来，以及将盈余组成部分（应计项目和现金流量）的持续性与权益市场价值联系起来。其次，通过收集我国A股公司1994—2011年的有关年度数据，从经验上检验了盈余持续性的动因和资本市场经济后果，包括盈余时间序列持续性如何影响ERC，资产负债项目的可靠性如何影响盈余持续性以及资本市场（CAR）如何解读这种关系，内部控制质量如何影响盈余持续性并进而影响公司价值（托宾Q值），以及应计项目和现金流量的持续性如何影响公司权益市场价值。

本书的经验证据发现：（1）盈余持续性越高，盈余反应系数就越大。公司报告盈余向股票市场传递了信息，当期的盈余创新包含了当期权益和未来权益收益方面的信息。通过探讨盈余时间序列特征的估价含义，我们就能够揭露盈余信息含量的一种新维度。（2）更不可靠的资产负债项目导致盈余的持续性更低，并且投资者没有充分预期到更低的盈余持续性，导致资本市场作出错误反应。该结果表明，将可靠性更低的应计项目包括在财务报表中会导致重大的成本，相关性的获得不应以牺牲可靠性为代价。（3）公司的内部控制质量与盈余持续性正向关联，盈余持续性与公司价值也正向关联。这表明，我国上市公司内部控制管制初见成效，有利于提高上市公司的盈余质量，也有利于公司估价。（4）在预测未来超常盈余时，应计项目和现金流量在超常盈余和权益账面价值之外具有增量信息含量。在解释权益市场价值时，应计项目和现金流量在超常盈余和权益账面价值之外具有增量信息含量。应计项目或现金流量的估价系数如 Ohlson（1999）模型所预测的那样，随着它在超常盈余之外预测未来超常盈余的能力以及它本身持续性的不同而发生变化。Ohlson（1999）适用于中国资本市场，能够较好地刻画会计信息（应计项目和现金流量）与权益市场价值之间的关系。也即，盈余的某个组成部分的估价乘数（价值相关性），取决于该组成部分本身的持续性、它对未来超常盈余的预测能力、超常盈余本身的持续性之间的相互作用，并且盈余组成部分本身的持续性越大，其价值相关性就越强。

　　本书多角度地探讨盈余持续性与公司价值之间的关联性，具有十分重要的理论和实践意义。其创新性体现为：第一，综合盈余持续性的多种度量方法，在不同的研究背景下采用恰当的方法，并对相关的度量方法进行一定的改造。包括考虑了盈余持续性经济影响因素的盈余时间序列模型（ARIMA），盈余的线性一阶自回归模型，盈余组成部分（现金流量和应计项目）的线性一阶自回归模型，以及 Ohlson（1999）所建立的线性信息估价模型（LIM）。第二，基于公司特定的经济因素，探讨盈余持续性的动因，包括资产负债项目（应计项目）的可靠性，以及用无保留内部控制审计意见代表的内部控制质量。第三，从多个角度直接检验盈余持续性与公司价值之间的关系，包括公司盈余和股票回报的关联程度（盈余反应系数），股票累积超常收益率（CAR）和托宾 Q 值，以及公司权益市场价值。

张国清

2015年3月

目 录

1 导　论

1.1　研究背景与动机

公司价值是未来股利或现金流量的折现值，而从长远来看公司的会计盈余与现金流量在总额上是相等的，两者存在天然的密切联系。投资者所看重和购买的也正是公司的未来盈余，但需要借助当期盈余来判断未来盈余，因此，如果盈余在未来不可持续，那么投资者为当期盈余就支付得更少。会计盈余在发挥公司估价或契约作用时，其平稳或者可预期是理想的特性，有利于降低风险和提高公司价值。所以盈余的持续性在很大程度上能够代表财务报告的质量（或盈余质量），盈余的持续性越大，财务报告的质量越高，持续性较高的盈余有利于公司增值。盈余持续性方面的许多研究主要关注盈余对于权益估价的有用性（Dechow 等，2010）。

作为底线的会计盈余，在会计中占据了核心位置，被认为是财务报表所提供的首要信息，它是应计制会计下产生的公司业绩综合指标，是一个公司价值增值的具体表现形式和盈利能力的重要标志。经济理论认为，公司盈余在资本市场中指导资源配置发挥了关键作用。资本市场对上市公司最为关注的是每股收益、每股净资产和净资产收益率，从中可以看出会计盈余信息的重要性。财务分析师一般公布盈余预测，公司管理层一般也进行盈余预测，董事会和薪酬委员会制定的激励制度一般使用盈余数字，资本分配过程中的参与方一般都使用他们认为非常相关的业绩指标。股东、投资者和债权人等资本市场参与者都对公司价值感兴趣。在公司财务报表中列报的当期绩效（即盈余），是市场用于评估公司未来净现金流量和市场估价的一个重要因素。近年来的理论分析和经验证据表明，高质量的公司盈余导致更低的资本成本和更高的公司价值，而盈余的高持续性长期被看做盈余的一个理想特征，可持续的盈余一般表明平稳的经营和经理更努力地运作公司。盈余的持续性对资本市场的投资者进行证券定价是一个重要的因素，有关财务报表分析的经典教材通常都会强调，分析当前盈余的持续性有助于预测未来盈余。一般的财务分析师对高质量盈余的考量经常会包括盈余持续性程度，在进行盈余预测时一般都会去除一次性（暂时性）项目以及可疑的会计处理，比如利息资本化，这样可将报告盈余调整为高质量盈余。试图确定公司内在价值的基本面分析也非常重视具有持续性的盈余。公司经理热衷于维持盈余的增长，因为他们的薪酬经常与公司利润相联系。公司未能达到盈余预期的消息一旦公布，立即会引起股价下跌，而能够达到期望，投资者就会得到不菲的回报。因此，盈余持续性与公司价值之间的关联性，是学术界和实务界都关注的。近年来，盈余持续性受到投资者和研究人员的广泛关注（Cheng和Wu，2013）。盈余持续性概念对于职业界和学术界都很重要（O'Hanlon等，1992；Demerjian等，2013；Healy等，2014；Chen和Shane，2014）。

1.1.1 盈余持续性对学术界的重要性

Ball和Watts于1972年研究了盈余的时间序列特征，开启了对盈余持续性的研究，随后在20世纪80年代中期之后，国外关于盈余持续性的文献逐渐增加，成为会计研究中的一个重要的基本理论问题。近年来的研究发现，报告盈余是公司特定信息的主要来源渠道（例如Francis等，2003），因为它们是未来现金流量较好的表征变量，并能够比现金流量更好地代表公司的经济业绩（Dechow，1994；Dechow等，1998）。公司盈余的水平和持续性对决定公司价值的作用，在现有文献中得到了广泛认可。在考虑公司估价的剩余收益模型的分析性研究中，盈余水平和持续性方面的信息，用来预测未来期间的剩余收益，或者体现为"其他信息"（Feltham和Ohlson，1995；Ohlson，1995）；而且，盈余持续性影响公司价值得到了经验证据的支持。例如，Kormendi和Lipe（1987）、Easton和Zmijewski（1989）研究发现，更具持续性的盈余，在盈余公告日伴随着更显著的股价反应。盈余持续性的重要性也得到实务界的认可，它对未来盈余的预测以及适当的终值假设都具有重要的影响（Nissim和Penman，2001）。因此，有相当多的研究关注盈余持续性的评价。例如，Dechow等（1999）考虑了评价盈余持续性程度的许多模型，Cheng（2005）检验了盈余持续两个方面的动因——价值创造（经济方面的）以及价值记录（会计方面的）。

更具持续性的盈余，能够为权益估价模型提供更具决策有用性的信息输入（Dechow等，2010）。盈余和盈余增长一直在理论和经验上被认为是股票回报的基本决定因素（Ali和Zarowin，1992a；Easton和Harris，1991；Easton等，1992；Ohlson和Juettner-Nauroth，2005）。盈余持续性已经被认为是盈余-股票回报关系的一个关键决定因素，并源于应计项目和现金流量的持续性。但是，当经理通过基于应计项目的盈余管理操纵报告盈余时，盈余、应计项目的持续性都会下降（Xie，2001）。

我们把盈余持续性作为盈余质量的度量指标。我们关注盈余持续性有两个原因：第一，盈余持续性是盈余质量的度量指标之一。理论框架表明，更高质量的盈余能够提供一个公司与财务业绩更相关的信息（SFAC NO.1）。因为盈余更具持续性的公司，拥有更具持续性的现金流，所以盈余是折现现金流权益估价模型更有用的信息输入。因此，更具持续性的盈余数字比持续性低的盈余数字质量更高。第二，Graham 和 Dodd（1934）认为，盈余持续性可能是由公司所经营的业务驱动的。经验研究也发现，报告盈余的持续性较大程度上受到公司基本业绩持续性的影响（Lev，1983；Baginski 等，1999）。

1.1.2　盈余持续性对实务界的重要性

财务报告的主要用途是定期提供公司财务业绩的有关信息，并且这种定期信息集中体现为公司盈余。通过观察公司盈余水平，投资者不仅能够理解公司价值（Dechow，1994），而且能够了解经理的业绩、能力和薪酬。利润表是企业相关利益人取得盈余数据的基础。按照企业会计准则，利润表采用多步式列示企业净利润、营业利润、营业外收支、投资收益等项目。但是投资者在使用盈余数据时有"功能锁定"的现象，也就是将决策依据仅仅锁定在净利润本身，而不考虑净利润的来源及企业盈余结构。但是构成企业净利润的不同盈余项目指标具有不同的作用和意义，能够提供超出净利润本身的信息。投资者关注盈余的最终目的是对企业进行估值，估值基础是企业未来预测的盈余数据。投资者分析历史盈余信息的目的在于推断未来盈余。能够达到这个目的需要一个前提，就是企业的盈余必须具有持续性，也就是历史数据的某些特征将在未来得以延续，否则分析利润表上的历史信息将不能对投资决策有任何贡献。

尽管理论上的资产定价模型推荐使用现金流量和现金流量增长率，但是，盈余和盈余增长率被实务者广泛用于股票估价和业绩计量（Kryzanowski 和 Mohsni，2012）。预期未来盈余是公司价值的一个基本动因，因此，资本市场中正确的盈余预测对于有效的价格信息是重要的（Penman，2001；Stickney 等，2003；White 等，2003）。在进行财务报表分析和公司估价时，需要花很大的功夫去评价公司的历史业绩，其目的是为预测未来的公司业绩提供信息。为此，对盈余进行分解得到了广泛的支持。

资本市场依赖于可靠的财务会计信息。金融市场参与者，特别是投资者和分析师非常关注盈余。高质量的财务报告有助于投资者更好地评估公司价值和业绩，并作出更好的投资决策。美国和欧洲的财务丑闻（比如安然、世通、帕玛拉特）突显了财务报告质量的重要性，其中特别强调盈余质量。

证券分析师、信用分析师一直都很重视对公司盈余质量的分析。他们一般从两个主要的方面对盈余质量进行分析：持续性和现金含量（Comiskey 等，1995）。从持续性的角度来看，如果一个公司能够维持或增加其当期的盈余水平，盈余就是高质量的。如果当期的盈余没有因为非重复发生的项目（特殊项目，比如非常损失、非常利得）而增减，盈余质量就较高。从现金含量角度来看，如果当期的净现金流入较多，盈余就是高质量的。

盈余持续性是公司盈余质量的基本特征，高持续性盈余可使得历史会计数据更具有决策相关性。企业提供会计信息的目的是为了相关利益人决策有用。其中，盈余作为公司价值增值的具体表现形式一直备受关注，相关利益人主要依据历史盈余数据进行未来推断。这就要求企业盈余具有持续性。更具持续性的盈余对于估价目的更有用，提高公司价值的一个方法是提高盈余的持续性（Hsu 和 Hu，2011）。盈余持续性是投资者在评估公司价值时所考虑的财务信息的一个重要特性。对盈余持续性的评价是衡量一个公司财务健康情况和价值的一个关键工具（Jones，1991；Aboody 等，1999；Dechow 和 Dichev，2002；Schipper 和 Vincent，2003）。权益估价模型比真实期权模型、现金流量折现模型、Ohlson模型等很大程度上更依赖于盈余预测，并且将盈余持续性的评价作为参考（Cheng 和 Wu，2013）。

1.1.3　盈余持续性与公司价值相联系的重要性

会计盈余反映企业一定期间的经营成果，集中体现企业的盈利能力。在会计的持续经营假设中，强调企业经营活动是可持续的。从现实来看，企业经营活动可持续的重要前提就是盈利能力的可持续性。而决定盈利能力可持续的主要指标就是会计盈余的持续性。根据2007年实行的新会计准则，企业必须提供会计盈余这一有用数据，以满足信息使用者需要。同时，经验证据也表明，会计盈余的确是决策有用的。因此，从信息使用者角度来说，提供会计盈余是必要的。同时，根据经济学理论，会计盈余决定了企业的盈利能力，因此，它能使有限的资源在不同企业或不同行业之间合理流动，在资本市场中发挥着指导资源配置的关键作用。但这些作用的发挥，隐含着一个前提，就是会计盈余必须是具有"一定质量"的会计盈余。就像企业提供的产品一样，要起码具有"合格"水平的产品质量要求，否则，就没有消费者愿意使用这种产品，它就没有市场，也没有提供的必要。从理论上说，持续性应该是会计盈余应具有的质量要求之一，高持续性的会计盈余能向投资者传达更丰富的预测信息，从而有利于投资者对股票的合理定价，体现其决策价值。从经济学来说，高持续性会计盈余能够稳定市场最优资源配置，引导投资者进行长期的价值投资，减少要素市场的投机性波动。而低持续性的会计盈余很难说它是高质量的，从以往发生的上市公司财务案例来看，报表中所披露的会计盈余当时堪称"神话"，吸引了众多机构和散户投资者的投资，但是，往往都是因为这种神话般的会计盈余不可持续，最后"东窗事发"。国外和国内都不乏因不可持续的会计盈余造假导致的上市公司财务舞弊案件，比如，银广夏在1999年和2000年所创造的令人瞠目的"业绩"神话被揭穿后，由于股价的连续跌停给机构和散户投资者造成高达80%左右的损失。还有像琼民源

1996年年报中所称5.71亿元利润中有5.66亿元是虚构的，安然公司通过非法手段提高企业利润以及后来利润的大幅波动都证明其对会计盈余实施了造假。由此可见，这种会计盈余持续性很差，对广大股民来说，没有任何决策价值，相反，还会给投资者带来巨大损失，以往的案例都证明了这一点。因此，研究会计盈余持续性显得尤为重要，这样可以帮助投资者识别会计盈余的持续性，更好地预测会计盈余在未来期间重复发生的可能性，从而提高投资者对公司未来盈利能力的预测水平。

过去的30多年来，会计数字与公司价值之间的关系引起了诸多关注。这个方面的一个重要贡献是Peasnell（1982）严格地证明了以前既定的原理——公司的理论价值等于剩余收益流的现值加上期初资产的账面价值。公司的理论价值与剩余收益流之间的关系引起了实务界的广泛关注，并引发了很多特殊模型被推向市场，其中最著名的要数Stern Stewart所开发出的经济增加值模型（EVA模型）。Ohlson（1995）模型是Peasnell（1982）所描述剩余收益模型的一个特例。

为了解企业盈余可持续性与股票内在价值的关系，首先必须把握企业当期盈余与股票内在价值的关系。根据Nichols和Wahlen（2004），企业当期盈余与股票内在价值的关系可由以下4种联系予以说明：联系1假定通过当期盈余的大小或变化可预测未来盈余。由于企业通过权责发生制的会计系统来计量企业的价值创造活动，因此当期盈余数字提供了重要的关于当期价值创造活动的信息。其次，当期盈余数字以及相关的其他报表数字还提供了关于预测未来盈余的有用信息。例如，企业的利润表将企业利润分为营业利润和非营业利润两部分，营业利润是代表着企业可持续性的经营活动所带来的利润，这些利润在未来还会重复出现，故其可持续性较强，而非营业利润是企业通过不经常发生的非营业活动所取得的，这些利润往往是一次性的，在未来不会重复出现，因此其可持续性较差。所以，通过企业利润不同组成的划分可提高其预测能力。联系2假定代表企业价值创造的现有和未来盈余最终会以股利的形式支付给股东。因此，现有和未来盈余的大小代表着未来企业股利支付能力的大小，所以现有盈余的大小就代表着未来企业支付股利能力的高低。联系3表示古典的股权估价模型，即股票内在价值等于未来股东收到的股利现值之和。联系4说明了当期盈余与股票内在价值的关系，即当期盈余的大小决定了未来盈余的大小，这又决定了未来股利的大小，从而最终决定了股票内在价值的高低。

盈余的可持续性越大，股票内在价值就越高。根据联系1，当期盈余的可持续性越强，则企业未来盈余就越稳定，企业未来支付的股利就越稳定，因此股票的内在价值就越高。例如，如果某企业1元的盈余能够以百分之百的可能性永久地持续下去，假定贴现率为0.05，则该可持续的盈余为股东创造的价值为20元（1÷0.05）。相反，如果企业1元的盈余只是暂时的一次性的盈余，则该1元的盈余为股东创造的价值仅为1元。此外，意外盈余的可持续性同样会影响股票内在价值以及投资回报。如果企业的意外盈余在未来不可持续，则该股票内在价值的变化仅限于意外盈余的大小。相反，如果企业的意外盈余在未来可持续，则其股票内在价值变化的大小则要远大于意外盈余的大小。

由以上盈余可持续性的定义及其与股票内在价值的关系可以看出，企业的盈余能否持续对评估股票内在价值的大小至关重要。因此，研究企业盈余可持续的主要目的在于通过分析企业当期或以前各期盈余来评估企业的内在投资价值（Frankel 和 Litov，2009）。我国的一些上市公司，如国电电力、泸州老窖、深万科等，其盈余不仅能够持续保持，而且能够持续增长，投资者取得了数十倍甚至数百倍的投资回报，而另一些上市公司，如银广夏、广东科龙、四川长虹等，由于其盈余不能持续，投资者蒙受巨大经济损失。由此可见，分析上市公司未来盈利能力的可持续性不仅对评估股票的内在投资价值至关重要，而且对保护投资者的利益和促进资本市场有效性的提高具有重要意义。通过盈余可持续性的研究，可发掘基于会计信息的投资技术和策略，降低证券市场的信息成本，减少错误定价的机会，保护投资者的利益，促进我国资本市场的健康发展。

1.1.4　研究动机

盈余质量资本市场后果方面的研究一般关注资本成本，并且主要基于美国数据[①]。迄今为止，很少有研究涉及直接检验盈余质量与公司价值之间的关系（Gaioa 和 Raposo，2011）。而且，多数研究只孤立地检验盈余一个特性的经济后果。而在中国，盈余持续性方面的研究很少探讨特定经济因素对公司盈余持续性的影响。在上述理论和实务背景下，本书拟多角度地探讨盈余持续性的动因和资本市场经济后果（从多个角度衡量的公司价值），较系统、全面、多方位地直接检验盈余质量（盈余持续性）与公司价值之间的关系。

首先，在前人研究和理论分析的基础上从多个角度将盈余持续性与公司价值联系起来。通过建立分析性模型，将公司盈余和股票回报的关联程度（ERC）与盈余时间序列持续性联系起来，证明可靠性更差的资产负债项目导致盈余的持续性更低，将持续的盈余与公司价值（托宾Q值）从理论上联系起来，以及将盈余组成部分（应计项目和现金流量）的持续性与权益市场价值联系起来。其次，通过收集我国A股公司1994—2011年期间的有关年度数据，从经验上检验了盈余持续性的动因和资本市场经济后果，包括盈余时间序列持续性如何影响ERC，资产负债项目的可靠性如何影响盈余持续性以及资本市场（CAR）如何解读这种

---

① Habib（2006）对信息质量与资本成本之间关系方面的经验研究文献进行了回顾。

关系，内部控制质量如何影响盈余持续性并进而影响公司价值（托宾 Q 值），以及应计项目和现金流量的持续性如何影响公司权益市场价值。

1.2 本书的研究思路、目标、框架与内容

1.2.1 研究基本思路

本项目在较全面的文献回顾基础上，以盈余质量和盈余持续性理论、Ohlson 公司估价模型、比弗（1999）所提出盈余和股票价格间的三个理论链接为基础，从全面界定和度量盈余持续性入手，综合分析盈余持续性的影响因素和经济后果，较完整地分析盈余持续性在公司估价模型中的地位和作用，在前人研究和理论分析的基础上将盈余持续性与公司价值联系起来。在此基础上，立足于中国新兴加转轨的资本市场背景，从经验研究的角度，多方位探讨盈余持续性的影响因素和资本市场经济后果，包括盈余时间序列特性（持续性）如何影响公司盈余-股票回报关系，资本市场如何解读应计项目的可靠性与盈余持续性之间的关系，内部控制质量如何影响盈余持续性以及资本市场反应如何，应计项目和现金流量在预测未来盈余的能力与本身持续性方面的特征如何影响公司权益价值。最后为提高中国上市公司盈余质量、促进公司增值以及资本市场的持续健康发展提供若干建议。

1.2.2 研究目标

会计盈余与公司价值间的关系历来是资本市场研究的重心，但仍然存在诸多有待商榷的问题，本项目以盈余持续性为主线给研究会计盈余的价值相关性提供了新思路。本项目的研究目标是：在对盈余持续性和公司估价研究文献进行全面回顾、梳理、评述，把握研究前沿以及最新研究动态的基础上，充分借鉴国际国内先进研究成果，立足于我国的资本市场客观环境，紧紧围绕转型经济条件下促进资本市场健康发展对公司财务信息的需求和对会计改革提出的要求，综合运用经济学、财务学、会计学、统计学等多学科理论与方法，建立盈余持续性与公司价值之间的理论联系，并从盈余时间序列特性、盈余组成部分、应计项目可靠性、内部控制质量角度进行经验研究。在理论分析和经验研究结论的基础上，得到具有改革借鉴意义的研究成果。

1.2.3 研究的基本框架和基本内容

我们立足于中国资本市场，多角度地探讨盈余持续性与公司价值之间的关联性，并涉及盈余持续性的影响因素。本书的研究框架如图 1-1 所示。

```
┌─────────────────────────────┐
│      第1章　导论              │
└─────────────────────────────┘
              │
┌─────────────────────────────────────────────┐
│  第2章　盈余持续性与公司价值研究文献综述         │
└─────────────────────────────────────────────┘
     │              │                │
┌─────────┐  ┌─────────────┐  ┌─────────────┐
│盈余质量与 │  │ 盈余持续性   │  │盈余持续性与  │
│盈余持续性 │  │ 与公司价值   │  │公司估价模型  │
└─────────┘  └─────────────┘  └─────────────┘
```

図 1-1 の框架図

（下段の章ブロック）

| 第3章
盈余时间序列持续性与盈余反应系数 | 第4章
资产负债项目可靠性、盈余持续性及其市场反应 | 第5章
内部控制质量、盈余持续性与公司价值 | 第6章
盈余组成部分的持续性与公司权益价值 |

```
┌─────────────────────────────────────────────┐
│      第7章　研究结论与启示                     │
└─────────────────────────────────────────────┘
```

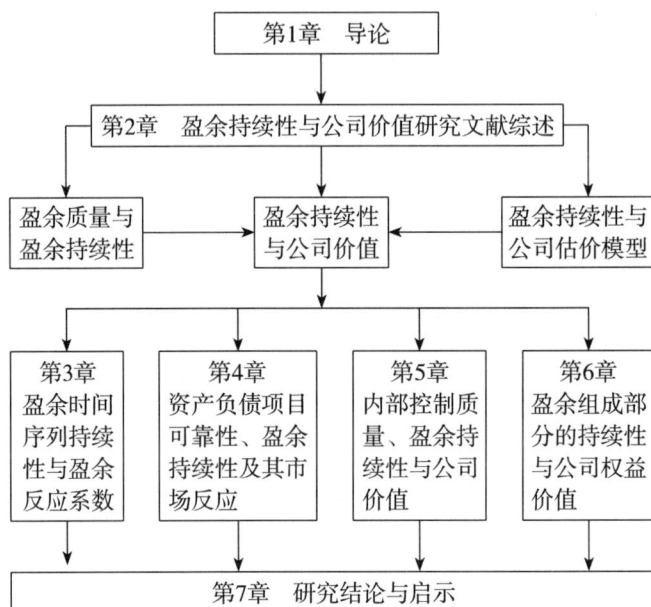

图 1-1　研究报告的逻辑框架图

第 1 章，导论，主要分析本书的研究背景和研究动机，提出本书的研究思路、研究目标、基本框架与基本内容，指出本书的研究意义和创新之处等。

第 2 章，盈余持续性与公司价值研究文献综述。Ball 和 Watts 于 1972 年研究了盈余的时间序列特征，开启了对盈余持续性的研究，随后在 20 世纪 80 年代中期之后，国外关于盈余持续性的文献逐渐增加，成为会计研究的一个重要的基本理论问题。盈余持续性研究在我国只有 10 多年的历史，尽管具有一定贡献但尚待深入。关于盈余持续性与公司价值间关系的研究，属于盈余–股票价格（回报）关系研究的一个分支。会计盈余在发挥公司估价或契约作用时，盈余的高持续性被看做一个理想特征，代表了公司具有较平稳的经营和较高的管理水平，有利于降低公司的风险和提高公司价值，因此盈余持续性研究成为近 30 多年来资本市场研究的一个热点问题。本章从 7 个角度对国内外有关盈余持续性的研究文献进行回顾和总结，包括盈余持续性的定义、盈余质量与盈余持续性、盈余持续性的度量方法、盈余持续性的影响因素、盈余及其组成部分的持续性以及应计异象、公司估价模型与盈余持续性及其检验，以及盈余持续性的经济后果。

第 3 章，盈余时间序列持续性与盈余反应系数。本章通过关注公司盈余和股票回报的关联程度（ERC）及其与盈余时间序列持续性的联系，探讨公司报告盈余所包含信息的本质。我们借助经典的估价模型以及考虑了经济影响因素的盈余时间序列模型，推导出 ERC 与盈余持续性之间的正向关联性。基于 255 家公司1994—2011 年期间的年度数据，我们的经验证据得到的结论是，盈余持续性越高，盈余反应系数就越大。总体而言，公司报告盈余向股票市场传递了信息，当期的盈余创新包含了当期权益和未来权益收益方面的信息。通过探讨盈余时间序列特征的估价含义，我们就能够揭露盈余信息含量的一种新维度。

第4章，资产负债项目可靠性、盈余持续性及其市场反应。本章将资产负债项目的可靠性和盈余的持续性相联系，并探讨资本市场是否能够解读这种联系。首先，我们建立一个模型，试图表明可靠性更差的资产负债项目导致盈余的持续性更低；其次，我们对资产负债表的应计项目进行分类，并对这些应计项目的可靠性进行评价；最后，基于1995—2011年期间267家A股公司的经验证据表明，可靠性更低的资产负债项目导致盈余的持续性更低，并且投资者没有充分预期到更低的盈余持续性，导致资本市场作出错误反应。这些结果表明，将可靠性更低的应计项目包括在财务报表中会导致重大的成本，相关性的获得不应以牺牲可靠性为代价。

第5章，内部控制质量、盈余持续性与公司价值。本章从内部控制质量的角度探讨盈余持续性的动因之一，从公司价值的角度探讨盈余持续性的一个经济后果。我们基于有关理论框架和前人研究成果提出两个假设：公司内部控制质量越高，盈余持续性越好；公司的盈余持续性越高，公司价值越高。我们基于2007—2010年A股上市公司的年报、有关公告以及股价等信息，选取了6 648家样本公司，以无保留内部控制审计意见代表高质量的内部控制（其中1 657个样本获得标准内控审计意见），用类似于Sloan（1996）等的方法度量盈余持续性，用托宾Q表示公司价值。经验证据发现，公司的内部控制质量与盈余持续性正向关联，盈余持续性与公司价值也正向关联，支持了我们所提出的假设。这表明，我国上市公司内部控制管制初见成效，有利于提高上市公司的盈余质量，也有利于公司估价。

第6章，盈余组成部分的持续性与公司权益价值。本章把Ohlson（1999）所建立的线性信息估价模型（LIM）结构方程，运用到A股公司1998—2011年的21个行业。我们研究发现：（1）在预测未来超常盈余时，应计项目和现金流量在超常盈余和权益账面价值之外具有增量信息含量；（2）在解释权益市场价值时，应计项目和现金流量在超常盈余和权益账面价值之外具有增量信息含量；（3）应计项目或现金流量的估价系数如Ohlson（1999）模型所预测的那样，随着它在超常盈余之外预测未来超常盈余的能力以及它本身持续性的不同而发生变化。总体而言，Ohlson（1999）适用于中国资本市场，能够较好地刻画会计信息（应计项目和现金流量）与权益市场价值之间的关系，即盈余的某个组成部分的估价乘数（价值相关性），取决于该组成部分本身的持续性、它对未来超常盈余的预测能力、超常盈余本身的持续性之间的相互作用，并且盈余组成部分本身的持续性越大，其价值相关性就越强。

第7章，研究结论与启示。总结全文，并得到一些启示。

1.3　本书的研究方法

第一，分析性研究方法。本书通过建立分析性模型，将公司盈余和股票回报的关联程度（ERC）与盈余时间序列持续性联系起来，证明可靠性更差的资产负债项目导致盈余的持续性更低，将持续的盈余与公司价值（托宾Q值）从理论上联系起来，以及将盈余组成部分（应计项目和现金流量）的持续性与权益市场价值联系起来。

第二，经验研究方法。本书通过收集我国A股公司1994—2011年期间的有关年度数据（包括来自数据库和手工收集的数据），从经验上检验了盈余持续性的动因和资本市场经济后果，包括盈余时间序列持续性如何影响ERC，资产负债项目的可靠性如何影响盈余持续性以及资本市场（CAR）如何解读这种关系，内部控制质量如何影响盈余持续性并进而影响公司价值（托宾Q值），以及应计项目和现金流量的持续性如何影响公司权益市场价值。

1.4　本书研究的意义、创新和局限性

1.4.1　研究意义

本书多角度地探讨了盈余持续性与公司价值之间的关联性，具有十分重要的理论和实践意义。

第一，有助于理解盈余质量和公司价值之间的理论和经验关系，从而为切实提高盈余质量提供一定的指导作用。中国作为转型经济体，资本市场在快速发展的同时暴露出上市公司盈余质量低下的弊端，盈余操纵和信息失真时常发生。选择从盈余持续性的角度探讨盈余质量对公司价值的影响，为提高公司盈余质量提供了正确的方向，这对于我国资本市场的健康长足发展具有一定的推动作用。

第二，深入研究盈余持续性与公司价值之间的关系，有助于证券监管部门对上市公司财务信息披露进行合理的管制。上市公司对外披露报表的目的是为了向现有的和潜在的投资者提供决策相关的信息，而投资者最为关注的也是公司的盈余信息，如果公司较高的盈余背后是一次性的交易、管理当局无意的差错或故意的操纵，那么这种盈余信息的价值相关性就会大打折扣，甚至会误导投资者。尽管利润表识别一些暂时性项目，但是投资者仍然对盈余其他组成部分是否可持续感到茫然，并且，将不同持续性水平的项目混合在一起，削弱了盈余预测未来业绩的能力。所以监管部门在制定相关的管制措施时应考虑到不同盈余项目的不同

持续性水平，根据持续性不同而设计的多步式利润表有助于投资者辨别盈余的真实面目。

第三，有利于资本市场参与者更好地利用会计盈余信息。资本市场本质上是一个信息市场，而会计盈余信息是市场各方关注的焦点。但是，会计盈余及其组成部分具有不同的持续性，包括永久性、暂时性和价格无关的盈余项目，或者应计项目和现金流量，它们对公司价值具有差异化的标识作用，或者说盈余反应系数各不相同。资本市场参与者进行证券估价、作出投资决策时，应当利用各类其他信息尽量区分具有不同持续性的盈余项目。财务分析师在进行盈余预测时，应当尽力挖掘高持续性的核心盈余。公司管理层在计量和披露盈余时应当基于这种导向。对于上市公司，需要专注主业经营，加强管理，提高核心竞争力，为投资者创造价值，投资者才会认可。

第四，本研究为公司价值与盈余质量之间的关系提供了有用信息。盈余被资本市场参与者密切关注，美国、欧洲等频发的财务丑闻（比如安然、世通、帕玛拉特）使得人们对报告盈余的质量表示相当的担忧。因此，本研究的证据表明更高质量的盈余被资本市场更高地定价，这些研究结果对于投资者和分析师具有实务上的意义。由于盈余在公司估价中发挥重要作用，因此本书的研究结果对公司估价具有直接的意义。

第五，内部控制被认为是公司内部治理的一个重要方面（Hazarika 等，2012），从公司内部治理的角度来看，明确盈余持续性的影响因素就可以采取适当的措施，有效防止上市公司财务舞弊案件的发生，对提高会计信息质量有积极意义。本书研究了公司内部的一个治理机制对企业会计盈余持续性的影响，寻找会计盈余持续性的公司治理方面的经验证据，从而为提高会计盈余质量提供有益的借鉴，并为我国上市公司内部控制管制成效提供了经验证据。

第六，建立了盈余持续性与公司价值之间的理论联系，并提供了相关的经验证据。更高的盈余持续性，能够降低信息风险，更准确地预测未来盈余和未来现金流量，从而有利于公司估价，为估价模型输入有益信息。特别地，当盈余更具持续性，假定它能够更好地标识未来现金流量，因此也是权益估价更有用的信息输入。

此外，本文的研究结论支持了改善我国上市公司盈余持续性的重要性，从而为强化资本市场监管、投融资决策和公司治理提供了新的经验证据。

1.4.2　可能的创新

第一，综合盈余持续性的多种度量方法，在不同的研究背景下采用恰当的方法，并对相关的度量方法进行一定的改造，包括考虑了盈余持续性经济影响因素的盈余时间序列模型（ARIMA），盈余的线性一阶自回归模型，盈余组成部分

（现金流量和应计项目）的线性一阶自回归模型，以及 Ohlson（1999）所建立的线性信息估价模型（LIM）。

第二，基于公司特定的经济因素，探讨盈余持续性的动因，包括资产负债项目（应计项目）的可靠性，以及用无保留内部控制审计意见代表的内部控制质量。

第三，从多个角度直接检验盈余持续性与公司价值之间的关系，包括公司盈余和股票回报的关联程度（即盈余反应系数），股票累积超常收益率（CAR），托宾 Q 值，以及公司权益市场价值。

1.4.3 研究局限性

第一，我国上市公司的历史较短，运用时间序列模型来度量盈余持续性存在样本不足的问题。并且，分析师、经理、投资者是否使用时间序列模型来预测盈余还不甚清楚。

第二，会计对象的经济本质和现有的会计规则使得盈余及其不同组成部分具有不同的持续性。尽管我们基于经营利润来度量公司盈余，但是仍然无法恰当地区分盈余中的永久性、暂时性部分。

第三，我们采用年度哑变量的方法考虑样本期间我国会计制度的变迁对盈余持续性的影响，但仍然可能存在偏差。

第四，没有探讨盈余持续性的更多动因和经济后果。例如，公司治理结构如何影响盈余持续性，会计谨慎性如何影响盈余持续性，盈余持续性如何影响高管薪酬，以及盈余持续性如何影响债务资本成本等。

2 盈余持续性与公司价值研究文献综述

盈余持续性是最常用的盈余质量的度量标准之一，它代表了当前盈余或其组成成分能持续到未来的程度。Ball 和 Watts 于 1972 年研究了盈余的时间序列特征，开启了对盈余持续性的研究，随后在 20 世纪 80 年代中期之后，国外关于盈余持续性的文献逐渐增加，成为会计研究中的一个重要的基本理论问题。目前，盈余持续性研究的主要问题包括：盈余持续性的定义、计量、经济后果、不同盈余组成部分的持续性差异和市场反应、影响因素等几个方面。关于盈余持续性与公司价值间关系的研究，属于盈余–股票价格（回报）关系研究的一个分支。会计盈余在发挥公司估价或契约作用时，盈余的高持续性被看做一个理想特征，代表了公司具有较平稳的经营和较高的管理水平，有利于降低公司的风险和提高公司价值，因此盈余持续性研究成为近 30 多年来资本市场研究的一个热点问题。杜勇（2008）对国内外有关盈余持续性问题的研究文献分别从盈余持续性的概念、不同盈余成分的信息含量、盈余持续性的度量以及影响盈余持续性的因素等 4 个方面进行梳理，但是不够全面，忽略了许多重要的研究领域和文献。本章从 7 个角度对国内外有关盈余持续性的研究文献进行回顾和总结，包括盈余持续性的定义、盈余质量与盈余持续性、盈余持续性的度量方法、盈余持续性的影响因素、盈余及其组成部分的持续性以及应计异象、公司估价模型与盈余持续性及其检验，以及盈余持续性的经济后果，并对孙谦（2010）的相关文献回顾进行拓展。盈余持续性研究在我国只有 10 多年的历史，尽管具有一定贡献但尚待深入。每个研究主题按时间为主线、先国外后国内的顺序。

2.1 盈余持续性的定义

对盈余持续性的研究开始于 Ball 和 Watts（1972），但国内外学者在不同的时代从不同的角度对盈余持续性进行了界定，占主导的角度为盈余时间序列特征和自相关。

Lipe（1986）认为，盈余持续性是当期和未来盈余预期修正的现值；Kormendi 和 Lipe（1987）、Collins 和 Kothari（1989）都认为，盈余持续性是盈余创新（未预期的部分）对预期未来盈余的影响，或者说就是1货币单位的当期盈余创新所引发的预期未来盈余修正的现值；Lev（1989）认为，盈余持续性是盈余序列中的创新引发投资者修正其对未来盈余预期的程度；Lipe（1990）从盈余自相关的角度来界定持续性——无论某个盈余创新的大小和符号怎样，持续性都是指当期的盈余创新成为盈余序列一个永久性部分的程度（随机游走过程具有高持续性，均值回归则基本不具有持续性）；Riahi-Belkaoui（2002）认为，盈余持续性计量了当期的盈余创新对未来盈余序列期望值修正的影响；Anctil 和 Chamberlain（2005）认为，盈余持续性是指报告盈余的序列相关性；张兰萍（2006）认为，盈余的持续性是指导致当前盈余变动的事件或交易能够影响未来盈余的时间长短及稳定程度。

根据 Sloan（1996）和 Richardson 等（2005），盈余持续性是指盈余业绩持续到下一期的程度；比弗（1999）认为，永久性盈余等于以永续年金方式所收到的、与将会实际付出的股利流具有相同价值的不变（非成长）股利，并且在确定性背景下永久性盈余等于经济盈余；Herrmann 等（2000）认为，盈余某个组成部分的持续性，是控制其他组成部分后，该组成部分勾勒（Map Into）未来盈余的程度；Beneish 和 Vargus（2002）从盈余持续性的角度来界定盈余质量，即公司在未来能够维持当期盈余的概率；Arya 等（2003）认为，永久性盈余是预期将永续发生的定期盈余，如果把该盈余流进行资本化就得到公司价值。由于暂时性的创新以及会计效应，公司的实际盈余每年都会发生变动；Koch 和 Sun（2004）认为，盈余持续性，就是盈余的未预期变化使得未来（一个或更多个期间）盈余预期朝该未预期变化相同方向改变的程度；Francis 和 Smith（2005）认为，持续性代表了当期盈余（或其组成部分）创新在未来期间再发生的程度；Jeon 等（2006）认为，盈余持续性代表了当期盈余在未来得以维持的程度。如果无论当期盈余的大小在未来都能够得以维持，盈余的质量就被认为较高；在经济学和会计学文献中，盈余持续性是指公司在未来相当长时期内保持其优势竞争地位（高盈余）的能力（Chen 等，2009）；张静和刘胜军（2006）认为，会计盈余的可持续性是指该盈余在未来各会计期间重复发生的可能性；企业盈余的可持续性是指企业当期盈余或当期盈余较上期盈余的增加在未来能够维持或重现的可能性（张景奇等，2010）；Amir 等（2011）区分盈余组成部分的无条件持续性（一个变量的自回归系数）和条件持续性（一个变量在解释更高级变量的持续性时所表现的持续性，比如用应计项目和现金流量解释未来的盈余）。

2.2　盈余质量与盈余持续性

盈余质量概念形成于20世纪30年代，最初是在证券行业中使用，它是从基本分析中逐渐演变而来的，目的是发现价值被低估的证券，但直到上个世纪60年代，这个概念才逐步被人们接受。盈余质量是财务报告使用者在进行契约和估价决策时所感兴趣的。基于低质量或有缺陷的盈余进行的契约决策，将会导致不恰当的财富转移；从投资的角度，低质量的盈余将会传递有缺陷的资源配置信号，而且准则制定者可能把盈余质量看做财务报告准则质量的间接指标。Francis等（2003）指出，盈余质量被投资者用做"从盈余模式中汲取估价相关信息的条件变量"。因此，未来和当前的投资者以及契约者都对盈余质量感兴趣（Schipper和Vincent，2003）。根据Jeon等（2004），67%的会计信息使用者（包括财务分析师、信用分析师、会计师等）认为他们在经济决策中考虑了盈余质量，并且其中91%认为盈余质量对于经济决策非常有用。尽管"盈余质量"这一术语被广泛运用，但是它没有一致认可的定义，它是一个捉摸不定的概念，盈余质量的衡量方法也各种各样。根据Schipper和Vincent（2003），盈余质量的构造主要源自以下四类：（1）盈余的时间序列特征，比如持续性（Persistence）、可预测性（Predictability）和变动性（Variability或Volatility，也称为波动性）①；（2）FASB财务会计概念框架下会计信息的一些质量特征；（3）盈余、应计项目和现金流量之间的关系；（4）基于编制者和审计师的激励与专长的执行决策。

尽管盈余持续性并非是盈余质量的一个完全定义，但是它经常被看做盈余的质量特征之一。盈余质量是会计信息质量的核心内容。盈余质量越高，能为特定决策者提供与决策相关的信息则越多。基于决策有用观，会计盈余的持续性成为衡量盈余质量高低的关键性指标（施璐敏，2013）。例如，在FASB的第2号概念公告《会计信息的质量特征》中，相关性包括了盈余的预测价值。Jonas和Blanchet（2000）所提出的财务信息质量特征框架，包含了这样一个链条"决策有用性-相关性-预测价值-盈余持续性"，这充分体现了盈余持续性作为财务信息质量特征的重要性。作为盈余质量指标的持续性，源于决策有用性（特别是权益估价）。它的效用来自盈余持续性与股票回报和盈余关联性之间的正向关系，并且这种关系在概念上合理、在经验上得到证实。有许多会计学者从盈余持续性的角度来界定盈余质量，并且一般认为，盈余持续性越高，盈余质量也越高。Dechow等（2010）回顾了盈余质量指标的度量、决定因素和经济后果方面的文献，为思考盈余质量提供了一个框架，其中盈余质量界定为对基本的财务业绩进行转换的会计系统的一个函数。他们考虑的盈余质量指标包括盈余持续性、盈余

---

① 盈余的可预测性与盈余持续性、波动性是不同的概念。持续性描述了当期盈余创新与未来盈余之间的时间序列关系。可预测性反映了盈余创新的波动性，是盈余创新序列分布（特别是其方差）的一个函数。假定有两个盈余序列，一个是随机游走序列，一个是白噪音序列，但两个序列盈余创新（Shock）的方差一样。那么，前者的持续性要高得多，然而这两个盈余序列的可预测性相同（预测误差具有相同的方差）；再假定有两个随机游走序列，其中一个序列盈余创新的方差更大，另一个序列盈余创新的方差更小，前者的可预测性更差，但两者的盈余持续性相同。波动性则直接度量盈余创新的时间序列方差。

反应系数、应计项目的大小、超常应计、平滑度、谨慎性、盈余标杆，以及盈余重编的外部指标，比如财务报表重编、被 SEC 惩罚、根据 SOX 报告内部控制缺陷。

Cheng 等（1996）研究发现，随着盈余持续性的降低，盈余的增量信息含量减少，而经营活动现金流量相对于盈余的增量信息含量提高。Richardson 等（2001）从盈余持续性的角度来度量盈余质量，即盈余业绩持续到下一期的程度，换言之当期的盈余能够较好地预测未来盈余。Holthausen 和 Watts（2001）认为，当前的 GAAP 下不存在永久性盈余的等同物。因为特别的盈余项目、清算选择或者会计谨慎性，盈余的变化可能是暂时的。更重要的是，GAAP 并非要计量永久性盈余。只有在少数情况下，GAAP 才会区分一次性利得/损失与相对永久性的收益流。Dechow 和 Dichev（2002）认为，尽管盈余质量是一个捉摸不定的概念，但盈余持续性是常用的盈余质量指标，他们用 DD 模型计算的应计质量指标与盈余持续性正相关，即应计质量越高盈余持续性越高。Richardson（2003）从应计项目持续性的角度来界定和度量盈余质量，并认为持续性越好的盈余其质量越高。他认为，在应计制会计程序下，对各种资产、负债、收入、费用进行估计所伴随的有意或无意的差错将导致盈余的持续性更低，因此，应计项目更高所导致更低的盈余持续性，未必是盈余管理的直接结果。Dechow 和 Schrand（2004）认为，当期的盈余在下一期得以持续的程度是盈余质量的一个重要维度。Francis 等（2004）探讨了权益资本成本与盈余质量之间的关系，其中盈余质量的 7 个衡量角度之一为盈余持续性。其证据表明，盈余持续性越差，权益资本成本越高。Bao 和 Bao（2004）建议，盈余持续性不应当是决定盈余质量的一个绝对因素。他们指出，盈余持续性可能来自经理对盈余的操纵。在这种情况下，即使盈余的持续性较高，盈余质量也未必高。他们的结果也表明，市场根据其他的信息比如应计质量来评价盈余持续性。Anctil 和 Chamberlain（2005）认为，会计方法可能引发过度的盈余持续性，并且建议，折旧能被用于平滑盈余并导致这种过度的持续性。Ghosh 等（2005）发现，当使用盈余持续性度量盈余质量时，应当考虑盈余持续性的来源。如果来源于积极的方面，比如销售额的持续增加而不是确认更低的费用，那么盈余持续性与盈余质量间的关联度就很强。根据 Williams（2005），盈余质量有三个影响因素，即盈余波动性、盈余可持续性、盈余管理。可持续性意味着，通过重复发生活动所获得的盈余，比通过非重复发生活动获得的盈余质量更高。Dichev 和 Tang（2008）的理论分析和经验证据表明，收入和费用之间的相关性（匹配性）呈现显著的下降趋势，导致盈余的波动性增大，盈余的持续性下降，盈余变化的自相关为负的程度更大。Dichev 和 Tang（2009）的分析性研究刻画了盈余的波动性、盈余的可预测性、盈余持续性之间的关系，其经验证据表明，历史盈余的波动性可用于预测当期盈余的持续性。Chen（2013）将盈余持续性分为两类：一个是公司盈余的时间序列自相关性，称为时间序列持续性（盈余持续性的时间序列指标）。另一个是，在公司层面，盈余持续性随着变化着的会计和经济基本面而发生变化，称为横截面持续性（盈余持续性的横截面指标），它是时间序列持续性所不能涵盖的盈余特性。Clubb 和 Wu（2014）基于英国 1991—2010 年上市公司样本的研究发现，盈余持续性与盈余波动性之间存在负向关系，并且这种负向关系可能是由于估计偏差与主营业务盈余持续性的变动。

2.3　盈余持续性的计量

盈余持续性已经受到学术界和实务界的广泛关注，研究人员必须能够找到合适的测度来计量盈余持续性，据此进行实证分析。但如何估算盈余持续性仍然是一个挑战，目前对于盈余持续性的计量问题并未形成一个普遍性结论。盈余持续性本身是一个抽象的概念，不同的学者根据自己对盈余持续性定义的不同解释，分别采用了以下不同的计量方法。从估计模型来看，一些研究人员使用低阶时间序列模型（Collins 和 Kothari，1989；Easton 和 Zmijewski，1989），还有一些使用高阶时间序列模型（Baginski 等，1999）；有人使用季度盈余，也有人使用年度盈余；有一些研究使用当期的会计和财务项目，比如 P/E 比率、特别项目等，以标明盈余的暂时性本质；还有大量的研究使用线性一阶自回归模型的回归系数来估计盈余持续性；尚有少量研究使用公司的经济特征来估计盈余持续性；一些研究利用财务报表信息推断盈余持续性；近年来有些学者还利用 Ohlson 模型框架下的信息动力学假说来估计盈余持续性。但是，不同的度量方法可能会得到类似的结论，例如，吕兆德和何子衡（2012）基于利润表上列示的毛利以及在毛利基础上扣除三项期间费用后的利润，使用财务指标分析法、改进的财务指标分析法和 ARIMA 模型计量法计量以上两个指标的持续性，得到的结果显示，不同公司盈余持续性差异较大，对持续性的计量方法不敏感。与在毛利基础上扣除三项期间费用后的利润指标相比，公司毛利具有更好的持续性，更少受到经济因素的影响。

2.3.1　时间序列模型

对盈余时间序列行为的研究至少可以追溯到 Beaver（1970）。盈余的时间序列行为是经验研究的一个重要领域，因为它与许多会计和财务研究领域相关联。因为其在估价中的作用，盈余的时间序列特征一直受到会计、财务、经济学领域研究人员的关注（Lipe 和 Kormendi，1994）。早期的研究着眼于从盈余时间序列中估计持续性参数。尽管分析师、经理、投资者是否依赖于时间序列模型形成盈余预期仍然是个未知数，但诸多会计研究人员运用了各式各样的统计方法来解释盈利的时间序列性态。常用的时间序列模型包括以下几种：随机游走模型（Random Walk Model），自回归模型（Autoregressive Model，AR），移动平均模型（MA Model），自回归移动平均合成模型（ARMA Model），以及自回归整合移动平均模型（ARIMA Model）。其中，在 1996 年前以 Miller 和 Rock（1985）、Kormendi 和 Lipe（1987）所倡导的 ARIMA 模型影响最大。

根据 Miller 和 Rock（1985）、Kormendi 和 Lipe（1987）、Collins 和 Kothari（1989）、Lipe（1990）、Ramesh 和 Thiagarajan（1995）、Baginski 等（1999）、Riahi-Belkaoui（2002）、Boonlert-U-Thai 等（2006），假定盈余遵循 ARIMA（p，d，q）模型（其中 p 为自回归阶数，d 为差分阶数，q 为移动平均阶数，常用的有低阶 ARIMA（1，0，0）、ARIMA（0，1，1），高阶 ARIMA（2，1，0）、ARIMA（4，1，0）），盈余持续性（PER）就是自回归参数和移动平均参数的一个函数，并且盈余反应系数（α_0）与 PER 呈正向关联：

$$PER = \sum_{s=1}^{\infty} B^s \theta_s = \frac{1}{(1-B)(1-\sum_{i=1}^{p} B^i b_i)} - 1 \tag{2.1}$$

$$\alpha_0 = 1 + PER = \frac{1}{(1-B)(1-\sum_{i=1}^{p} B^i b_i)} \tag{2.2}$$

其中，B=1/(1+r)，r 是未来预期盈余的折现率，θ_s 为移动平均参数，b_i 为时间序列参数。PER 是盈余时间序列参数和折现率的函数。如果盈余遵循纯粹的白噪音过程，那么 $X_t = UX_t$（X_t 为每股收益，UX_t 为未预期每股收益），此时对于所有的 s≥1，$\theta_s = 0$。在这种情形下，当期的盈余创新都完全是暂时性的，PER=0；如果盈余遵循随机游走过程，那么 $X_t - X_{t-1} = UX_t$，此时对于所有的 s≥0，$\theta_s = 1$，即 1 货币单位的当期盈余创新将引发所有未来期间的预期盈余修正 1 货币单位。在这种情形下，当期的盈余创新都完全是永久性的，PER=1/r。因此，PER 包含了以上两种极端情形以及任何一种中间状态。通常自回归参数 b_i 越大，意味着移动平均参数 θ_s 越大，PER 也越大。估算 b_i 的常见模型为：

$$\Delta X_{j,t} = k_{2,j} + b_{1,j} \Delta X_{j,t-1} + b_{2,j} \Delta X_{j,t-2} + UX_{j,t}$$

Lipe（1986）对于盈余单个组成部分的持续性，其计算方法基本类似于 Kormendi 和 Lipe（1987）。但是，他对持续性的计量，同时基于盈余组成部分的自相关和交叉相关；Ramesh 和 Thiagarajan（1995）、Boonlert-U-Thai 等（2006）计算盈余持续性的方法类似于 Kormendi 和 Lipe（1987）；Baginski 等（1999）的证据表明，当使用高阶 ARIMA 模型时，盈余持续性指标与其经济决定因素之间的回归方程决定系数更大。盈余持续性经济决定因素比如公司规模、产品类型、进入壁垒、资本密集度都显著。

Collins 和 Kothari（1989）、Ali 和 Zarowin（1992b）以及 Baber 等（1998）假设盈余遵循（综合移动平均）IMA（1，1）时间序列过程，它同时考虑了盈余创新与盈余持续性：

$$X_{i,t} = X_{i,t-1} + UE_{i,t} - \Theta UE_{i,t-1} \tag{2.3}$$

其中，$X_{i,t}$ 是每股收益，$UE_{i,t}$ 是未预期每股收益，Θ 是移动平均参数。如果盈余遵循IMA（1，1）过程，那么未预期盈余（以股价为分母）可以表达如下：

$$UE_{i,t}/P_{i,t-1} = X_{i,t}/P_{i,t-1} - (1-\Theta)X_{i,t-1}/P_{i,t-1} - \Theta(1-\Theta)X_{i,t-2}/P_{i,t-1} - \cdots \tag{2.4}$$

当IMA（1，1）遵循随机游走过程，$\Theta = 0$，预期所有的盈余创新都是永久性的，因此，未预期盈余就等于盈余的——变动 $(X_{i,t} - X_{i,t-1})/P_{i,t-1}$；当IMA（1，1）遵循均值回归过程，$\Theta = 1$，预期所有的盈余创新都是暂时性的，因此，未预期盈余就等于盈余的水平值 $X_{i,t}/P_{i,t-1}$。参数 $(1-\Theta)$ 就是盈余持续性的计量指标，它量化了盈余创新的永久性或暂时性程度。更一般地，盈余包含了暂时性和永久性部分，并且 $0 \leqslant \Theta \leqslant 1$。$\Theta$ 越接近于 0，IMA（1，1）过程就越具有永久性。对于 $0 < \Theta < 1$，如果模型（2.4）只取滞后一期，就可以得到模型（2.5）：

$$UE_{i,t}/P_{i,t-1} \approx (1-\Theta)(X_{i,t} - X_{i,t-1})/P_{i,t-1} + \Theta X_{i,t}/P_{i,t-1} \tag{2.5}$$

Kothari（2001）对盈余的三个时间序列特征进行了概括，即随机游走、均值回归、横截面估计。但是，他认为，盈余时间序列特征方面的文献很快就会灭绝，因为有了更好的、成本更低的替代——分析师预测。Baginski 等（2003）基于纽约交易所上市公司季度盈余数据，发现1967到2001年期间季度会计盈余的持续性经历了显著下降的过程，从而为盈余的价值相关性下降提供了一个解释。黄志忠和陈龙（2000）发现，中国上市公司的盈利不完全遵循随机游走过程，但仍然存在较强的自相关关系，模型 $E_t = b_1 E_{t-1} + b_2 \Delta E_{t-1} + \varepsilon_t$ 能更好地描述样本公司的盈利成长。牛建军等（2007）发现，在1992—2004年期间，我国上市公司的盈利能力有着较强的均值回归特性。盈利能力的均值回归特性在其他国家的资本市场上已经被观察到，比如 Nissim 和 Penman（2001）观察了美国市场并发现了这个特点。李宝娟（2013）采用2003至2010年的面板数据对我国318家样本上市公司的盈余持续进行了分析，研究发现，我国上市公司盈余持续性整体较差，只有在历史盈利、现实盈利能力以及未来盈利潜力三面表现均衡的公司才能在盈余持续性评分中胜出。

2.3.2 利用财务报表信息推断盈余持续性

由于用时间序列模型计算盈余持续性对数据要求较高，并且只利用了历史盈余信息。因此，学者们尝试利用更多的财务报表信息来推断盈余持续性。

Penman（1992）利用财务报表所提供的盈余以及其他会计数字导出盈余持续性指标，并且证据表明盈余持续性指标是动态的，朝着所有公司的均值回归。他认为，用盈余的时间序列数据估计的盈余持续性参数是静态的，并且没有利用一个理性的投资者用于评估盈余持续性的其他信息。Lev 和 Thiagarajan（1993）用 12 类基本面信息（存货、应收账款、资本性支出、研究和开发费用、毛利、销售费用和管理费用、坏账准备、实际税率、订单、人力资源、LIFO 法、审计意见）来推断盈余持续性。证据表明，反映基本面信息的综合得分与盈余持续性的两个基本指标（盈余持续性和未来盈余成长率）存在显著的关联性。事实上，基本面信息的综合得分，与基于时间序列的盈余持续性指标相比，其与盈余反应系数存在更强的相关性，这表明，基本面信息在捕捉盈余的永久性部分更加有效率，能够捕捉盈余持续性的重要特征。Brown（1993）认为，尽管随机游走、IMA（1，1）、AR（1）模型能够合理地概括年度盈余的时间序列过程，但是，一旦加入额外的信息集合（比如股票价格、账面回报率或其他财务报表数据），它们就会得到改进。Cheng 等（1996）用两种方法度量盈余持续性：（1）盈余的变化除以年初股价，值越大盈余持续性越低；（2）每股收益除以股价，值很大或很小意味着盈余持续性较低。Chen 等（2001）用线下项目占税前利润的百分比来度量盈余持续性，该百分比越大，盈余持续性越低。Penman 和 Zhang（2002）利用财务报表信息来预测盈余是否可持续，所估计的一个模型把财务报表信息转化为一个综合评分，用于标识盈余的可持续性，为盈余的可持续性提供概率，并且该综合评分可靠地识别了不可持续的盈余。Ashley 和 Yang（2004）用总应计项目除以期初总资产，并取绝对值，值越大表明盈余持续性越低。

张兰萍（2006）认为，我国的证券市场发展不过十余年，其间会计标准几经变化，年度间的会计盈余可比性较弱，因此，通过时间序列模型来测度盈余质量在我国不具有可行性。国内关于盈余持续性研究主要采用基本分析法，即通过基本分析，识别出包含在净利润数据中的永久盈余成分，并以永久盈余占会计盈余的比重来度量盈余的持续性。例如，赵宇龙和王志台（1999）将公司会计盈余分解为永久盈余（以主营业务利润作为永久盈余的表征变量）和暂时盈余两部分，考察市场能否解析上市公司会计盈余中的永久部分。王志台（2000）采用公司的主营业务利润作为永久性盈余的表征变量，以主营业务利润比重（主营业务利润/利润总额）作为会计盈余持续性衡量的标准。陈晓芬和翟云耀（2007）研究发现，盈余的持续性越高，股票回报-盈余关系越显著。他们用"营业利润/年初年末平均净资产"来度量盈余持续性。根据张兰萍（2006），可以度量盈余持续性的几个主要指标包括：（1）主营业务利润比重；（2）非经常性损益/净利润；（3）扣除非经常损益后的每股净利润；（4）经营活动现金净流量/净利润。杜征征和王伟（2010）使用"营业利润/净资产"和"非经常损益/净资产"来度量盈

余持续性。宋建波等（2012）利用"企业经营活动产生的现金流量与净利润之比
（经营活动现金净流量/净利润）"以及"营业毛利/利润总额"作为盈余持续性
的替代变量。孙世攀等（2011）、潘征文（2012）都使用"营业利润／利润总
额"来度量盈余持续性。

2.3.3 线性一阶自回归模型

利用线性一阶自回归模型来估计盈余及其组成部分的持续性，由 Freeman 等
（1982）首创，经过 Sloan（1996）以及 Fama 和 French（2000）的大力推动，现
在已经成为国际上居主导地位的方法。该方法其实是用当期的盈余及其组成部
分，预测下一期的盈余或者其组成部分，通过统计方法处理的回归系数就代表了
持续性指标。Dechow 和 Schrand（2004）指出，为了计量任何变量的持续性，研
究人员一般都用该变量的未来值对其当期值进行回归，回归系数越接近1，变量
的持续性越强。

Freeman 等（1982）用该模型计算盈余持续性：

$$ROR_t = \delta + \gamma ROR_{t-1} + \varepsilon_t \tag{2.6}$$

其中，ROR 为权益回报率，$0 \leqslant \gamma \leqslant 1$。如果 ROR 遵循随机游走过程，$\gamma = 1$。如果
ROR 遵循纯粹的均值回归过程，$\gamma = 0$。以前的经验研究表明 ROR 遵循一个混合
过程。

Sloan（1996）基于 Freeman 等（1982）的方法来估计盈余及其组成部分的持
续性，即利用建立在基本会计程序特征基础上的未来盈余预测模型（采用三种回
归方法——混合、按行业、十分位排序）：

$$Earnings_{t+1} = \gamma_0 + \gamma_1 Accruals_t + \gamma_2 CashFlows_t + \varepsilon_{t+1} \tag{2.7}$$

Fama 和 French（2000）将横截面估计方法引入盈余预测文献，其涵盖了盈
余的时间序列特征。他们认为，时间序列估计缺乏力度，因为多数公司只有一些
年度盈余观测值，使用较长的时间序列导致了生存偏差。用逐年横截面回归的方
法来预测盈利能力和盈余，即对其滞后值进行回归，并用回归系数的平均值及其
时间序列标准差进行推断，这就是著名的 Fama 和 MacBeth（1973）程序。这一
方法后来被广泛运用。

Bandyopadhyay（1994）基于美国公司的季度盈余，用所有公司的混合数据
估计以下模型以度量盈余持续性：

$$UE_{i,q} = \alpha + \beta TYPE_{i,q} + \varphi UE_{i,q-4} + \gamma TYPE_{i,q} \times UE_{i,q-4} + \varepsilon_{i,q} \tag{2.8}$$

其中，UE 为未预期盈余，是通过以 $UE_{i,q}/P$ 为因变量进行的一阶自回归得到的残
差，TYPE 为哑变量，采用成功法（SE）的公司取值为1，否则为0。Ali
（1994）利用盈余变化绝对值的序列相关系数来推断其持续性。对于每个年度，

样本公司以盈余变化绝对值的中位数为分界点，划分为高组和低组，然后计算盈余变化绝对值的序列相关系数。Herrmann 等（2000）以当期 ROE（权益报酬率）的各个组成部分为自变量、以下一期 ROE 为因变量进行回归，所得到的系数代表持续性。Richardson 等（2001）对盈余持续性的度量方法类似于 Sloan（1996），即下一年度的盈余对当年的应计项目和现金流量进行回归。

Dechow 和 Dichev（2002）计算的盈余持续性指标就是如下模型中的回归系数：

$$Earnings_{t+1} = \alpha_0 + \alpha_1 Earnings_t \tag{2.9}$$

Beneish 和 Vargus（2002）计量盈余组成部分的持续性时，是利用预测模型，即以提前一期的盈余为因变量，以当期盈余的各个组成部分为自变量，预测系数即为相应的持续性指标。Dechow 和 Richardson（2003）在检验操控性应计预测未来盈余时的持续性时，用的检验方法类似于 Sloan（1996），主要基于混合数据估计以下模型：

$$Earnings_{t+1} = \alpha + \beta_1 CFO_t + \beta_2 NDA_t + \beta_3 DA_t + \varepsilon_t \tag{2.10}$$

Francis 等（2004）利用每股收益 AR（1）模型来计算盈余持续性，回归系数就是盈余持续性指标：

$$EPS_{j,t+1} = \alpha_{0,j} + \alpha_{1,j} EPS_{j,t} + \varepsilon_{j,t+1} \tag{2.11}$$

Barth 和 Hutton（2004）关于持续性检验使用下面的两个模型：

$$E_{t+1} = \alpha_0 + \alpha_1 E_t \tag{2.12}$$

$$E_{t+1} = \alpha_0 + \alpha_1 Accrual_t + \alpha_2 CF_t \tag{2.13}$$

Richardson 等（2005，2006）计算盈余及其组成部分持续性的计量模型类似于 Sloan（1996），即以提前一期的 ROA 为因变量，以当期的盈余或盈余的组成部分为自变量，回归系数即为对应的持续性指标（后三项为应计项目的组成部分）：

$$ROA_{t+1} = \beta_0 + \beta_1 ROA_t + \beta_2 \Delta WC_t + \beta_3 \Delta NCO_t + \beta_4 \Delta NCO_t \tag{2.14}$$

Francis 和 Smith（2005）计算盈余组成部分持续性系数用的模型是：

$$Income_{t+1} = \alpha + \beta_1 Accrual_t + \beta_2 Cash_t + \varepsilon \tag{2.15}$$

其中，该模型要求每个公司至少有 20 个年度观测值。

Schmidt（2006）检验盈余的税率变动部分对预测未来盈余的持续性，用的是以下模型：

$$E_{t+1} = \gamma_0 + \gamma_1 ATE + \gamma_2 TCC_t + \varepsilon_t \tag{2.16}$$

其中，E 代表特殊项目前的盈余，TCC 代表盈余的税率变动部分，ATE 是除了 TCC 以外的盈余。

Li（2008）的盈余持续性计量模型为（其中 FOG 为年度报告可读性指数）：

$$E_{t+1} = E_t + FOG + FOG \times E_t + ControlVariable \tag{2.17}$$

Dichev 和 Tang（2008）用当期盈余对滞后一期盈余进行回归的系数来度量盈余持续性；Frankel 和 Litov（2009）、Hao（2009）、Skinner 和 Soltes（2011）、Atwood 等（2011）都用 ROA（营业利润/平均总资产）的一阶自回归模型估算盈余持续性。Ebaid（2011）度量盈余持续性的方法类似于 Sloan（1996）和 Richardson 等（2005）。Navissi 等（2006）基于中国的公司样本探讨盈余及其组成部分的持续性以及市场定价，研究设计类似于 Sloan（1996）。

徐浩峰和王正位（2006）、李丹和贾宁（2009）、石晓乐和陈小悦（2009）、徐浩峰等（2011）的盈余及其组成部分持续性的估计方法类似于 Sloan（1996）。彭韶兵和黄益建（2007）、彭韶兵等（2008）、张国清和赵景文（2008）的会计盈余持续性的计量方法类似于 Richardson 等（2005、2006）。秦秀芬（2006）的衡量会计信息质量的角度之一是盈余持续性，并且类似于 Ali 和 Zarowin（1992a）、Francis 等（2004）采用盈余一阶自回归方法来衡量持续性。胡延杰和李琳（2007）、李刚和夏冬林（2007）的会计盈余持续性的计量方法，类似于 Freeman 等（1982）。黎文靖（2007）的选择从会计盈余持续性的角度来衡量上市公司会计信息质量，所使用的度量模型类似于 Basu（1997），即每股收益年度变化量的一阶自回归模型。李卓和宋玉（2007）的盈余持续性的计量方法类似于 Sloan（1996）和 Richardson 等（2005），即以提前一期盈余为因变量，自变量包括当期盈余（或盈余的组成部分，比如营业利润、线下项目、应计项目、经营活动现金流量等）、盈余与股利变量的交乘项等，回归系数即为盈余持续性指标。张俊瑞等（2011）的盈余持续性模型基于 Sloan（1996）、Richardson 等（2005）。陈金龙等（2011）采用基本分析方法，从时间序列角度提出盈余持续性分析的三阶段评价标准，即历史盈余表现、现实盈余能力以及未来盈余潜力，运用主成分分析法和熵值法构建出公司盈余持续性的综合指标体系，并利用 2006—2008 年制造业上市公司盈余数据进行了检验，发现该指标体系能够比较客观地反映该行业上市公司盈余的持续性水平，从而为投资者对公司未来盈利能力的判断提供依据。

2.3.4 利用盈余持续性的影响因素进行估算

诸多经济和管理文献识别了影响盈余持续性的公司经济特征。以前的文献表明，盈余持续性与公司的经济特征、基本财务指标（比如毛利率、资产周转率）、会计方法（比如应计项目、是否亏损、盈余是否增长）相关联。因此，有些学者利用这些影响因素来估计盈余持续性。

Baginski 等（1999）认为，经济和战略管理文献一般识别了盈余持续性的四种经济决定因素，即公司规模、产品类型、进入壁垒、资本密集度。Dechow 等（1999）认为，以下因素将影响超常盈余的持续性：（1）会计收益率特别高/低的公司，其持续性较小；（2）特别项目金额很大的公司其持续性较小；（3）经营性应计项目特别高/低的公司其持续性较小；（4）股利支付率较低的公司其未来权益账面价值的增长率将较高，因此导致持续性较大；（5）行业特定因素应当会影响超常盈余的持续性。根据 Francis 等（2004），盈余持续性的影响因素包括：总资产规模，经营活动现金流量的标准差，销售额的标准差，经营周期，盈余是否为负数（即是否亏损），无形资产密集度，资本密集度。Chen（2004）使用盈余持续性的影响因素来计算盈余持续性，即以提前一期的盈余为因变量，以影响因素及其与当期盈余的交乘项为自变量，然后利用各个回归系数来计算盈余持续性。张静和刘胜军（2006）认为，会计盈余可持续性的影响因素包括：会计政策的选择，盈余的结构性，公司的成长性，以及行业。

2.3.5 Ohlson 模型框架下的信息动力学假说

Ohlson（1995）、Feltham 和 Ohlson（1995）认为，超常盈余的持续性就是当期的超常盈余预期在未来得以维持的程度，并且盈余持续性取决于当期超常盈余、当期经营性资产以及其他信息。因此，Ohlson 模型下的线性信息动力学为盈余持续性的计算提供了新思路。

Myers（1999）和 Bryan（2002）都利用 Feltham 和 Ohlson（1995）的线性信息动力学来估计超常盈余的持续性（bv 为权益账面值，AE 为超常盈余，等于盈余减去权益账面值乘以资本成本，AE 的回归系数即度量了持续性）：

$$AE_{t+1} = \gamma_0 + \gamma_1 AE_t + \gamma_2 bv_t \tag{2.18}$$

Asthana 和 Zhang（2006）则使用 Ohlson（1995）的框架来度量超常盈余的持续性。

2.4　盈余持续性的影响因素

由于研究人员能够找到合适的测度来计量盈余持续性，所以关于盈余持续性影响因素的文献相对较多。盈余是各种因素的共同产品，这些因素包括会计实务（例如 GAAP）的应用，公司的经济决策及其所处的经济环境等（Francis 等，2004；Dechow 等，2010）。这些因素可能对公司盈余的水平和持续性具有不同的影响。

2.4.1 公司基本业绩

公司基本业绩（Fundamental Performance，X）的持续性如何影响公司报告盈余的持续性，这方面的证据还很有限。根据 Dechow 等（2010），盈余的特性是由基本业绩（X）和会计系统（f）共同决定的。根据 Graham 和 Dodd

（1934）对质量的界定，持续性在很大程度上可能是由公司所经营的业务决定的。区分基本业绩和计量规则（会计系统）对报告盈余持续性的相对贡献，我们认为这是有趣的。Lev（1983）将盈余持续性与公司的产品类型、行业竞争度、资本密集度和公司规模相联系。这类主题研究的其他例子包括，公司执行高毛利率、低营业额的差异化战略，或者低毛利率、高营业额的成本领先战略，哪种情形下的盈余更具有持续性（例如，Nissim 和 Penman，2001；Fairfield 和 Yohn，2001；Soliman，2008）。总体而言，这些研究结果表明，通过技术领先来创造进入壁垒、使得公司能够以更低的成本销售其产品，创造独特的产品以更高的毛利率进行销售，前一种情况下的盈余更具有持续性。成本领先所带来的好处可能取决于公司经营所处的行业、成长性、竞争性、固定成本占总成本的比例。未来的研究可以尽力去更好地识别和分离出这些情形及其对盈余持续性的含义。

2.4.2　应计项目[①]

应计项目作为盈余的组成部分，是盈余持续性决定因素中被研究得最为广泛的（Dechow 等，2010）。诸多研究发现，盈余中应计项目的持续性比现金流量的持续性更低（例如，Sloan，1996；Shi 和 Zhang，2012；林翔和陈汉文，2005），盈余中应计项目所占的比例越高，盈余的持续性就可能越低，因此应计项目是盈余持续性的影响因素。Govendir 和 Wells（2014）将应计项目划分为 4 类，研究发现这 4 类应计项目对盈余持续性具有不同的含义，并且与公司估价相关。其中，现金流量滞后于盈余确认的应计项目会导致更大的盈余持续性，首次形成的应计项目比逆转型的应计项目会导致更大的盈余持续性。

2.4.3　其他影响因素

根据现有文献，盈余持续性的其他影响因素还包括破产概率、会计制度、财务重述、公司治理结构、盈余管理、会计谨慎性、审计质量、公司规模、经营周期、无形资产、成长性、资本密集度、股利发放、企业竞争力等。但得到的结论不一致。

前人的剩余收益估价模型（RIM）研究检验了超常盈余的决定因素。分析性研究（比如 Zhang，2000）得到的结论是，经济租金和谨慎性会计有助于提升超常盈余的持续性。在经验研究方面，Cheng（2005）研究发现，超常盈余（ROE）的正向影响因素包括市场份额、公司规模、公司层面的进入壁垒、公司层面的谨慎性会计。

---

① 对这类文献更详细的回顾参见本章的第 5 节。

Subramanyam 和 Wild（1996）的理论分析和经验证据表明，盈余持续性至少部分地由公司的持续经营状况决定，即公司的破产概率越大，盈余持续性就越低。

Kormendi 和 Zarowin（1996）的经验证据表明，盈余和股利不是同步的（Co-integrated），股利变化对盈余变化作出的反应，与盈余变化的持续性正相关。

Riahi-Belkaoui（2002）发现，盈余持续性与公司规模正向关联，与跨国经营负向关联。

Koch 和 Sun（2004）的研究表明，股利变化使得投资者改变其关于过去盈余变化持续性的预期。

Hanlon（2005）的证据表明，税前账面利润与应税利润的差异越大，公司盈余的持续性就越低，即担忧这种差异的可靠性，对应计项目的持续性具有含义，而且投资者把大的正差异（账面利润比应税利润大）理解为一种"警示"，并减低对这些公司未来盈余持续性的预期。

Anctil 和 Chamberlain（2005）认为，报告盈余的持续性源于两个方面。如果报告盈余只反映永久性盈余，那么高持续性只来源于经营的稳定性，即销售额的稳定增长和有效的成本控制。但是，持续性也可能源于具有波动性的永久性盈余，因为某些会计实务倾向于平滑盈余。

Boonlert-U-Thai 等（2006）的证据表明，投资者保护与盈余持续性之间不存在关联性，但所有权集中度越低的国家其公司盈余持续性越高。

Wang（2006）的经验证据表明，始创家族的所有权与盈余中暂时性损失更低的持续性相关联。

Asthana 和 Zhang（2006）的证据表明，公司和行业的研发密集度都与超常盈余持续性正向关联。

Kohlbeck 和 Warfield（2007）的证据表明，银行未记录的无形资产水平越高，超常盈余的持续性及其定价乘数都越高，即未记录的无形资产是盈余持续性的一个来源，其对于理解超常盈余的持续性及其估价效应很重要。

Oei 等（2008）探讨了盈余持续性与经理持股比例（公司治理的一个重要部分）之间的关系，基于激励效应假说或有效契约假说，预测经理持股比例与盈余持续性存在倒 U 形或 U 形关系，但经验证据发现经理持股比例与盈余持续性之间不存在一致的、较强的关系。

Li（2008）的证据表明，盈余越高的公司其年度报告越容易阅读，盈余持续性也越高，即年度报告可读性与盈余持续性相关联。

Hao（2009）研究发现，经营周期越长，应计项目持续性越低。

Chen 等（2009）研究发现，与非系统的 IT 改革者相比，系统的 IT 改革者的好（坏）业绩更具有持续性（暂时性），并且更可能从衰退中复苏。

Doukakis（2010）基于希腊的研究发现，IFRS的计量和报告指南未能提高盈余及其组成部分的（在预测未来盈余时的）持续性。

Atwood等（2010）研究发现，当会计利润与应税利润一致性程度更高时，盈余的持续性更低，盈余与未来现金流量的关联性更低，即盈余质量更低。

Skinner和Soltes（2011）研究发现，支付股利公司所报告的盈余，与未支付股利的公司相比，更具有持续性。

Hee（2011）研究发现，盈余重述提高了盈余的持续性。

Chambers和Payne（2011）研究发现，在SOX后时代，应计项目的持续性显著提高，并且被审计独立性更高的事务所（Big-N）审计的公司应计项目的持续性经历了更大的改善。

Hsu和Hu（2011）检验了董事的咨询作用如何影响公司的盈余持续性。研究发现，致力于为公司CEO提供战略性咨询的董事，能够提高公司报告盈余的持续性。他们也发现，履行密集的监督职能的董事与更持续的盈余不相关联，这表明董事会特征与盈余持续性之间的关系由董事会的监督职能所驱动的可能性较低。

Anon（2011）检验了存在真实盈余管理（REM）的公司的盈余持续性状况及其估价含义。其主要研究结果如下：第一，存在REM的公司，其未来盈余、应计项目、经营活动现金流量的持续性都下降。而且，市场参与者在预测盈余和价值评估中不能够一致地评估未来盈余的持续性。他们也发现，在SOX发布后，盈余持续性以及盈余-回报关系已经发生了变化，因为经理的盈余管理行为已经从基于应计项目的盈余管理转向真实盈余管理。

Atwood等（2011）基于2002—2008年期间33个国家58 832个公司年度样本研究发现，根据国际财务报告准则（IFRS）、美国GAAP，或非美国当地会计准则（DAS）所报告正的盈余，其持续性不存在差异，但美国GAAP所报告的亏损，比IFRS下报告的亏损持续性更低；在预测未来现金流量时，根据国际财务报告准则（IFRS）或非美国当地会计准则（DAS）所报告的盈余，与未来现金流量的关联性不存在差异。但是，与IFRS下报告的盈余相比，美国GAAP下报告的盈余与未来现金流量的关联性更强。

Kryzanowski和Mohsni（2012）研究发现，预测的行业产量、GDP增长率、期限溢价和违约溢价，对市场层面的短期应计项目增长率具有预测（解释）能力，但对长期应计项目增长率没有解释能力，资本密集度、产品类型对行业层面的短期、长期应计项目增长率都具有解释能力。

Gulraze Wakil和Alam（2012）认为，谨慎性对收入增加型应计项目非对称的可靠性和可验证性要求，将更多地影响高应计项目的公司。他们的经验证据与此相符：对于高应计项目的样本组，更大的谨慎性增加了应计项目持续性。并且，据此构建的套利组合能够获得超常回报。

Kang 等（2012）基于美国上市公司的研究发现，外国民营上市公司应当在其 20-F 备案资料中提供 IFRS 与美国 GAAP 之间的调节表，该规定取消后，对于在更弱（更强）的投资者法律保护的国家，公司盈余持续性增加（没有增加），分析师预测的精确性没有增加（增加）。

Demerjian 等（2013）研究发现，经理能力与盈余质量正向关联。具体而言，能力更强的经理，与频率更低的财务重述、更高的盈余持续性、更高的应计项目持续性、更高质量的应计项目估计相关联。

Healy 等（2014）基于 49 个国家的跨国研究发现，在产品市场和资本市场更具竞争性的国家，公司的会计盈余表现出更快的均值回归。

Chen 等（2014）基于美国 1988—2010 年期间的上市公司样本，检验会计谨慎性如何影响盈余持续性以及盈余的股票市场估价。他们研究发现，更谨慎的会计产生持续性更低的会计盈余，定价系数也更小。

Liu 和 Espahbodi（2014）研究发现，与未支付股利的公司相比，支付股利的公司进行更多的盈余平滑，途径是真实活动和应计项目选择。而且，盈余平滑部分地解释了支付股利公司更高的盈余持续性。

李卓和宋玉（2007）研究发现，中国上市公司中，发放现金股利的公司，其盈余持续性好于不发放现金股利的公司，大股东的存在并不会影响现金股利预测企业未来盈余持续性的能力，从而认为，中国上市公司的现金股利政策能够成为衡量企业未来盈余持续性的附加信号。

王鸿（2009）的实证结果表明，盈余波动、应计波动、经营现金流波动均与盈余的持续性和可预测性呈反相关。其中，盈余波动对盈余持续性的影响最大，而经营现金流的波动的影响则较小。同时，相比季度的盈余持续性，年度数据的盈余持续性和可预测性要稍好一些。

王伟（2009）研究发现，当企业会计信息越不可靠、企业增长越好时，盈余的持续性水平就越低。

周中胜（2009）的实证结果发现，上市公司的会计-税收差异能显著地反映盈余的持续性，会计-税收差异越大，盈余的持续性越弱，盈余质量越低。

高克智等（2010）研究发现，我国上市公司中派现公司其盈余持续性要强于未派现公司，而且现金股利支付率高的公司盈余持续性要强于现金股利支付率低的公司。

赵岩和胡征源（2010）研究发现，在当前我国的银行业里，盈余管理程度越大，应计利润的持续性就越高。

王霞和薛爽（2010）基于我国 1999—2006 年财务重述公司为研究样本，发现相对于未重述公司，财务重述公司的盈余持续性更低、盈余波动性更大、盈余的现金含量更低。在重述发生前，股票市场高估了重述公司盈余中应计项目的持续性，而在重述发生后，股票市场会对之前的高估进行适当的修正。

张景奇等（2010）以终端隐含价值占其内在价值的比率作为企业盈利可持续性的标志，研究发现，企业预测期盈利能力、行业市场占有率、负债/资产比率、固定成本结构对盈余持续性有显著正的影响，而企业规模、投资规模对盈余持续性有显著负的影响。

徐浩峰等（2011）实证分析了公司规模、资本密集度、产业领导者、主营业务收入增长率等反映战略决策和营运状况的企业竞争力特征因子对盈余持续性的影响，发现企业竞争力特征因子能增大盈余持续性的程度。

张俊瑞等（2011）研究发现，现金流操控和应计操控都会导致盈余的持续性下降，而且现金流操控所导致的盈余持续性下降比应计操控导致的盈余持续性下降更为严重。

刘文达和权小锋（2011）研究发现，"四大"审计客户的盈余持续性要高于非"四大"审计的客户。与公司盈余中现金流量成分相比，"四大"的审计师更显著提高公司盈余中应计成分的持续性。股票价格中所包含的公司盈余预期不能反映公司盈余中应计成分和现金流量成分持续性的差别。股票价格中包含的盈余预期可以总体上反映"四大"与非"四大"审计师对公司盈余持续性影响的差异，但股票价格中包含的盈余预期不能反映"四大"与非"四大"审计师对公司盈余中应计成分和现金流量成分持续性影响的不同，市场符合"幼稚投资者"假说。

孙世攀等（2011）以沪深A股上市公司2009年数据为基础，以实证方法考察了公司治理对企业盈余持续性的影响，研究发现，股权结构特征对会计盈余持续性有显著影响，尤其是股权集中程度对会计盈余持续性有积极的影响作用，公司规模也是影响会计盈余持续性的重要因素。而以下公司治理变量没有显著影响盈余持续性：独立董事的人数占董事总人数的比例、董事会年度内会议次数、董事长和总经理是否两职合一、公司治理中战略委员会设置情况。

陈晓敏（2011）利用中国2005—2009年上市公司年报财务重述的数据，通过对比检验发现中国财务重述公司的会计盈余持续性低于配比的非重述公司。

宋建波等（2012）研究发现，较没有机构投资者持股的上市公司而言，有机构投资者持股的上市公司的盈余持续性显著更低；机构投资者持股比例越高，上市公司的盈余持续性越低；机构投资者年度间的增持行为，会显著降低上市公司的盈余持续性。研究结果表明在我国机构投资者会促使上市公司增加更多的暂时性盈余，从而降低上市公司的盈余持续性。

王克明和王平（2011）考察了中国上市公司治理结构、现金股利变化与盈余变化持续性之间的关系。他们的研究发现，现金股利变化对盈余变化持续性的影响有类似成熟资本市场所呈现的预测作用，但作用较弱。而且这种预测作用的强弱受到公司治理结构的影响。现金股利变化对盈余变化持续性的预测作用表现直接，并非通过股利变化的市场反映表现出来。

吕兆德和何子衡（2012）研究发现，公司财务杠杆对盈余持续性具有显著的负向影响，公司规模与资本密集度对盈余持续性存在正向作用，但是这两个因素的显著性取决于持续性测度的计算方法，而实际控制人性质对盈余持续性没有影响。

潘征文（2012）从财务报表的基本面角度使用主成分分析法对影响盈余持续性的各种因素进行研究，结果发现，资产周转率与资产增长率相互影响变量、总资产增长率、收益变现比率、营业利润率以及边际利润率是影响盈余持续性的核心因素。

宋建波和田悦（2012）研究发现，管理层持股能显著提高上市公司的盈余持续性，并且董事会和高级管理人员的作用强于监事会。

王长禹（2013）研究发现，对我国的外贸类上市公司而言，股利政策具有信号效应，能够传递盈余持续性的信息，派发股利的外贸类上市公司与未派发股利的外贸类上市公司相比，盈余持续性更强。

王斌（2013）以沪深两市针对2006—2008年年报发布补丁公告的A股上市公司为样本，研究发现，年报补丁公司的盈余持续性好于非补丁公司。在不考虑相关成本的前提下，若构造买进年报补丁公司股票、卖出非年报补丁公司股票的投资组合，可在未来1年获得6%左右的回报率。

盈余持续性的其他影响因素还包括：（1）企业规模。规模较大的企业相对于规模较小的企业而言，增长率的波动性更小，盈利更加稳定（Lev，1983）。（2）成本结构。固定成本所占比重较高的企业的资金密集程度较高，这会有效地阻止竞争者的进入，维持企业盈利的稳定性（Eaton和Lipsey，1981）。（3）固定资产投资规模。净现值为正的投资项目，能够增加未来收益，但同时也会增加折旧费用，导致近期收益下降（张景奇等，2008）。（4）企业性质。在我国，民营企业面临融资困难，这会使民营企业更倾向于采取短期行为粉饰利润，造成民营企业的盈余持续性低于国有企业的盈余持续性（宋建波等，2012）。（5）股权集中度。股权越集中，大股东越倾向于掏空上市公司，会降低上市公司的盈余稳定性（宋建波等，2012）。（6）成长性。成长性好的企业，主营业务的增长较快，未来增长的潜力越大，盈余持续性越高（Collins和Kothari，1989）。

2.5　盈余及其组成部分的持续性以及应计异象

2.5.1　盈余及其组成部分的持续性

会计盈余本身是企业多种业务和会计计量结果的综合，不同盈余组成部分的持续性具有较大差异，所以对会计盈余持续性考察的一种方法是进行盈余分解，观察不同盈余组成部分的持续性特征。盈余成分的分解及其不同持续性的研究是盈余持续性研究的重要方向，对证券市场基本面分析和证券定价具有重要的意义。会计对象的经济本质和现有的会计规则都可能使得报告盈余及其不同组成部分具有差异化的持续性，这一现象长期以来被理论界和实务界关注。Graham 等（1962）强调当期盈余及其组成部分的有关信息在估计公司未来盈利能力方面的重要性。他们建议采取"五步法"对当期盈余进行调整以得出盈利能力。这些步骤对各种经营性应计项目进行调整，它们的逻辑是，这些应计项目在未来期间重复发生的可能性较低。特别是在 Sloan（1996）发现应计项目的持续性低于现金流量后，这一现象更加成为资本市场研究的一个热点问题。Easton（1998）认为，对盈余时间序列特征的强调，突出了盈余持续性、永久性盈余、暂时性盈余、计量误差、价格无关盈余等概念，它们也一直是会计盈余与证券价格经验研究的理论基础。这些概念以及会计盈余具有不同程度的持续性，在会计文献中已经达成了共识。根据 Herrmann 等（2000），基本财务报表分析表明，核心收益的持续性应当比特殊、偶发和非常项目的持续性更高。因为市场对持续性更高的盈余组成部分赋予更高的反应系数，所以基于持续性对盈余组成部分进行区分是有用的，这也是诸多研究发现和使用者所推荐的。

Freeman 等（1982）的证据表明，权益回报率本身遵循均值回归过程，并且权益回报率的变化与盈余的变化强相关。Lipe（1986）的证据表明，盈余的六个组成部分（毛利、管理费用、折旧费用、利息费用、所得税、其他）在盈余之外的增量信息含量与各自的时间序列特征（持续性）相关联。Bandyopadhyay（1994）结果表明，平均而言，成果法公司和完全成本法公司的盈余持续性不存在显著差异。Ali（1994）的理论分析和经验证据表明，大的盈余变动持续性更低。Basu（1997）发现，负盈余的持续性比正盈余的持续性更低。Gil-Alana 等（2008）探讨了每股收益（EPS）的持续性。证据表明，EPS 具有长期记忆和均值回归的特性。

盈余由经营活动现金流量和应计项目构成，前人的研究已经发现它们具有不同的持续性。尽管研究发现这种不同的持续性对投资者而言具有价值相关性，但研究也发现股票价格的表现方式是，好像投资者在做预测时没有充分地考虑盈余这两个组成部分的不同持续性（Sloan，1996；Barth 等，2001）。前人的研究探讨了经营活动现金流量和应计项目不同持续性的存在、原因和后果（Effects）。关于不同持续性的存在方面，各种研究使用公司年度的 Pooled 样本，发现在预测未来盈余时经营活动现金流量和应计项目具有不同的持续性（Sloan，1996；Collins 和 Hribar，2000；Barth 等，2001；Xie，2001；Elgers 等，2003）。有一些研究使用公司特定的估计重新检验了 2 个组成部分不同的持续性。例如，Francis 和 Smith（2005）检验了公司特定的不同持续性，研究发现，大约有 13% 的公司经营活动现金流量和应计项目表现出不同的持续性水平。尽管这个比例有点低，但是公司特定的时间序列回归仅基于 20~40 个年度观测值进行估计的。Call 等（2007）用不同的方法度量差异化的持续性，估计至少有 40% 的公司年度观测样本表现出差异化的持续性。Sloan（1996）把不同的持续性归因于计量和报告应计项目时比经营活动现金流量使用了更多的经理层判断。这一解释得到了 Xie（2001）的支持，他发现操控性应计的持续性显著低于经营活动现金流量和非操控性应计。其他的研究表明，不同的持续性源于公司成长对经营活动现金流量和应计项目具有不同的影响，而不是盈余管理（Fairfield 等，2003a，2003b；Dechow 等，2008）。无论不同持续性的原因是什么，前人的研究结果表明，美国的投资者面临着这样的一种经济，其既存在经营活动现金流量和应计项目的持续性不同的公司，也存在经营活动现金流量和应计项目的持续性相同的公司。两种类型公司的存在，使得投资者在预测盈余时面临着不确定性，并导致了不同的持续性如何影响投资者判断的问题。各种档案研究检验了不同持续性对投资者判断的影响，具体反映在股票价格中（Sloan，1996；Xie，2001；Desai 等，2004；Richardson 等，2005）。这类研究发现，股票价格的行为方式是，好像投资者在预测盈余时未能充分地考虑不同的持续性。

Sloan（1996）发现，在解释下一年度的盈余绩效（ROA）时，经营活动现金流量的持续性比经营性应计项目更高，并且股票市场没有正确地解读它们之间持续性的不同，造成错误定价。他推论道，投资者没有充分地理解应计项目估计中所牵涉到更大的主观性，从而使得他们作出有缺陷的投资决策。之后，出现了许多拓展性的后续研究，它们可以分为两个方向：第一，基于 Sloan（1996）的推测，盈余的应计项目部分持续性更低是源于应计项目估计牵涉到更大的主观性；第二，主张应计项目与一系列经济特征（比如公司成长性、风险、新增投资边际报酬率递减）相关联，并且这些相关的经济特征导致了盈余的应计项目部分持续性更低。例如，Xie（2001）的证据表明，应计项目的持续性更低主要是由于操控性应计，操控性应计更具有暂时性，这表明投资者误解了潜在的盈余管理。他推论道，应计项目的持续性更低主要归因于机会主义的经理层判断。Dechow 和 Dichev（2002）的证据表明，应计质量越低的公司，盈余的持续性也越低。Richardson 等（2005）详细地分析了短期和长期的经营性与金融资产和负债，并表明可靠性更低的资产和负债项目，其持续性更低。这些论文的基本结论是，盈余的应计项目部分持续性更低，可以归因于应计项目估计差错所导致的会计失真。要注意的是，这类会计失真既可能源于预测未来经济利益和义务过程中无意的差错，也可能源于管理层故意的操纵。Richardson 等（2006）的证据表明，暂时性的会计失真是导致盈余的应计项目部分持续性更低的一个重要因素。Fairfield 等（2003a）的证据表明，盈余的应计项目部分持续性更低，源于这两者的相互作用——公司成长和新增投资边际报酬率递减所导致更低的经济利润率。Fairfield 等（2003b）研究表明，应计项目的持续性比现金流量更低，可能不是由于盈余管理（即分子效应），而可能是由于投入资本增长对未来盈利能力中的效应（即分母效应）。Dechow 和 Richardson（2003）的证据表明，在提前一期未来盈余的预测模型中，操控性应计的回归系数显著低于现金流量或非操控性应计，这意味着盈余中更多暂时性的部分反映在操控性应计中。Francis 和 Smith（2005）的证据表明，考虑了时间特定性和公司特定性之后，应计项目和现金流量的持续性不存在显著差异。Dechow 等（2008）把盈余的现金部分进一步分解为三个部分：现金的变动，债务的举借/偿还，权益的发行/分红。证据表明，现金组成部分更高的持续性完全是由于权益的发行/分红。Cheng 和 Hollie（2008）发现，在预测未来现金流量时，与非核心现金流量相比，核心现金流量具有更大的持续性。Orpurt 和 Zang（2009）的证据表明，直接法下所披露的现金流量组成部分（用于预测未来现金流量或盈余时）具有不同的持续性。Chen 和 Shane（2014）对会计盈余的现金部分进行分解，并分析各个部分的持续性特征，其中特别关注现金的变化。他们研究发现，现金的次优增加和减少会影响盈余持续性。实际上，现金的次优增加（减少）比盈余的其他组成部分具有更小（更大）的持续性。

Hayn（1995）发现，与报告正盈余的公司相比，报告负盈余公司的盈余反应系数更小。她假设，这是因为股东总是可以选择清算公司，从而导致负盈余不能无限持续。Elliott 和 Hanna（1996）发现，市场对特殊项目赋予的权重要比核心盈余小。这与该论断是一致的——特殊项目代表着低质量或暂时性的盈余项目。Basu（1997）发现，负盈余的持续性比正盈余的持续性更低。Collins 等（1997）认为，无论公司报告非重复发生项目的原因是什么，这类项目都比核心盈余更具有暂时性。Barth 等（1999a）发现，应计项目和现金流量的持续性因行业而异，并且，区分盈余的应计项目和现金流量部分，有助于预测未来的异常盈余。Schmidt（2006）证据表明，盈余的税率变动部分与未来盈余显著正向关联，并且市场低估了税率变动部分的定价含义，这可能是由其中的暂时性部分所驱动的。Fairfield 等（2007）发现，对于经营活动盈利能力较低的公司，其特殊项目的持续性较低。而对于经营活动盈利能力较高的公司，其特殊项目的持续性很高，并且其持续性随着加总期的延长而增加。当加总期为5年时，经营利润和特殊项目的持续性没有差异。

林翔和陈汉文（2005）沿用了Sloan（1996）的方法并发现，盈余的应计成分持续性低于现金流量成分，增长的均值回归过程对应计的低持续性解释能力高于盈余管理。徐浩峰和王正位（2006）研究发现，相对于应计盈余，现金盈余有较高的盈余持续性及累计超额报酬解释力，并且我国投资者不能完全理解盈余性质差异对企业价值的影响，按应计盈余大小构建的套利组合能获取18%的超额收益。彭韶兵和黄益建（2007）的研究发现，会计信息可靠性与盈余持续性正相关，但资本市场不能充分理解会计信息可靠性与盈余持续性的关系，对会计信息可靠性给出了异常定价。高丹秋等（2007）基于Sloan（1996）研究方法的证据表明，经营活动现金流量的持续性高于应计项目成分的持续性。张国清和赵景文（2008）的理论分析表明可靠性更差的资产负债项目导致盈余的持续性更低。他们的经验证据表明，更不可靠的应计项目导致盈余的持续性更低，并且资本市场没有充分预期到这种联系从而作出错误反应。彭韶兵等（2008）发现，会计扭曲越严重，应计利润的持续性越差。信息可靠性越高（低），会计盈余持续性越高（低）。应计利润较现金收益的持续性差，且这种现象不因信息可靠性高或低而改变。Navissi等（2006）基于中国股市2004年之前的3 922个公司年度样本，研究发现，样本公司的盈余持续性水平较高（一阶自回归的系数均值为0.5），而且盈余持续性更多地归因于其现金流量部分。但是，中国的投资者未能预期盈余持续性中的信息，对盈余的现金流量和应计项目部分都过低地定价。张禾等（2011）选取757家沪深A股上市公司2006—2009年的数据作为研究样本，考察了在企业的现金流组成要素中，不同要素对于企业盈利现状的解释能力和对盈利前景的预测（预测提前一期的盈余）能力有何差异，以及不同要素的盈余持续性有何差异。研究发现：拆分后的现金流比现金流总额对盈余和股票报酬具有更强的解释和预测能力，核心现金流对盈余和股票报酬率的解释和预测作用比非核心现金流的要强，核心现金流的盈余持续性比非核心现金流的要强。刘文达和权小锋（2011）研究发现，公司盈余中应计成分持续性低于现金流量成分。

Burgstahler等（2002）研究发现，负的特殊项目基本上是暂时的。盈余预测方面的经验研究一般发现，负的特殊项目比盈余的其他组成部分更具有暂时性。与此相一致，大多数经验研究发现，市场对会计盈余中划分为非重复发生的组成部分所赋予的估价乘数（反应系数）显著更低（例如，Strong和Walker，1993；Elliott和Hanna，1996）。

Stephen Kean和Wells（2007）的证据发现，盈余不同组成部分的持续性存在差异。考虑的组成部分包括现金流量和应计项目，不同的财务比率，经营和融资活动。而且还发现，在评价盈余持续性的模型中，将盈余进行分解提高了解释能力。

Cready 等（2010）探讨了重复发生的特殊项目（Recurring Nonrecurring Items）的持续性及其市场估价含义。研究发现，随着报告负的特殊项目频率（用之前是否报告多次来度量）的增加，在预测未来盈余时这些项目的持续性显著增加，这些重复发生特殊项目的估价乘数（反应系数）也增加。换言之，更类似于盈余中其他重复发生组成部分，重复发生的特殊项目被市场定价了。

Oei 等（2008）基于澳大利亚的研究发现，在预测未来盈余时，应计项目的持续性比现金流量的持续性更低，但是非流动经营性应计项目的持续性显著高于营运资本应计项目或金融性应计项目，与 Richardson 等（2005）的发现相反。

Amir 等（2011）基于杜邦分析体系：RNOA（净经营资产收益率）=OPM（营业利润率）×ATO（总资产周转率），检验了杜邦分析比率的市场反应并发现，ATO 的无条件持续性要高于 OPM 的无条件持续性，但是，ATO 的条件持续性却低于 OPM 的条件持续性，进一步检验发现市场对 OPM 的反应要强于对 ATO 的反应。他们把 OPM、ATO 分别进一步分解，发现市场对一个组成部分的反应程度取决于其条件持续性。总之，他们研究发现，股票市场对盈余组成部分的反应程度取决于其条件持续性。

Ebaid（2011）基于埃及的研究发现，公司的盈余具有持续性，尽管持续性系数低于发达国家的。现金流量的持续性高于应计项目的持续性。可靠性更低的应计项目，其持续性也更低。

Johnson 等（2011）基于美国的研究发现，在过去的 30 年（1980—2009年），特殊项目的持续性显著增加。

Balachandran 和 Mohanram（2012）使用剩余收益（RI）将盈余增长分解为三部分：RI 的增长，所投资资本的增长，其他组成部分。研究发现来自 RI 增长的盈余增长更具有持续性，而来自所投资资本增长的盈余增长更可能逆转。

Kryzanowski 和 Mohsni（2012）研究发现，从短期来看，在市场层面和行业层面应计利润（Accrual Earnings，即应计项目）增长率（用 EPS 的年度增长率）具有持续性，从长期来看这两个层面的应计利润增长率不具有持续性和均值回归特征。对于现金流量增长率，他们发现了均值回归，并且，在市场层面和行业层面，短期、长期的现金流量增长率都不存在均值回归和持续性。

Shi 和 Zhang（2012）研究发现，如果投资者功能锁定于报告盈余，应计战略的有效性提高了股票价格对盈余的反应，并加大了现金流量相对于应计项目的差异化持续性，从而支持了盈余功能锁定假设能够解释最初由 Sloan（1996）发现的应计异象。

Chen（2004）检验了盈余持续性在预测盈余公布后股票超常回报中的作

用。其证据发现，盈余公布后股票超常回报与盈余变化之间的关联性，取决于盈余持续性水平。当盈余持续性水平高时，这种关联性为正，随后的股票回报的漂移的方向与盈余变动的方向相同；当盈余持续性水平低时，这种关联性为负，随后的股票回报的逆转方向与盈余变动的方向相反。这表明，股票价格对高持续性的盈余反应不足，对低持续性的盈余反应过度。通过利用由经济和会计基本面决定的盈余持续性差异来构建交易战略，能够赚取可观的套利组合超常回报。

非经常性损益具有偶发性、易于操纵和持续性较为低下的特征，在中国证券市场中是上市公司频繁采用的盈余管理手段（Chen 和 Yuan，2004），且以往研究发现市场对持续性低下的非经常性盈余构成不予定价（Chen 和 Wang，2004）。孟焰等（2008）研究发现，ST 公司在年报公布日报告的非经常性利得幅度越大，市场的负面反应越大；而在"摘帽宣告日"，非经常性利得幅度越大的 ST 公司伴随的市场正向反应越大，这意味着市场原本理性的预期受到了不完备监管的扰动。

邓秋云（2005）研究发现，盈余持续性的提高没有提高会计信息与股票价格的相关性，投资者只关心短期利润，而不区分持续利润和暂时利润。

徐浩峰等（2011）的实证研究发现，会计盈余中应计盈余持续性低于现金盈余持续性，持续性高的盈余向资本市场传递更多正面的信息，提高公司的市场反应，如果资本市场未能反映盈余持续性的信息，投资者据此制定的交易策略就能获得超额收益。

吕兆德（2011）研究发现，主营业务利润具有最好的持续性。将净利润分解为营业利润、非营业利润和所得税等项目后，这些分解信息较本年度净利润对下一年度净利润有更好的解释能力，其中本年营业利润对以后年度净利润的解释力最强且稳定，而非营业利润几乎没有解释能力。证券市场对利润分解后的增量信息没有产生应有的反应，尤其是低估了营业利润对下一期间净利润的解释能力。这说明在同样的净利润水平下，那些营业利润水平较高的企业股票价值可能会被低估，投资者可以据此获得套利机会。

石晓乐和陈小悦（2009）的研究结果表明，盈利中自由现金流的持续性明显高于资产增值部分的持续性。同时，自由现金流中留存的现金成分的持续性高于分配给投资者的现金成分的持续性。并且，在分配给投资者的现金流中，分配给债权人的现金成分的持续性高于分配给股东的现金成分的持续性。

王伟（2009）研究发现，我国上市公司同样存在着盈余的应计成分持续性低于现金流成分持续性的现象。

陆宇建和蒋玥（2012）研究发现，不同持续性的会计盈余信息在市场定价过程中发挥了不同的作用，以营业利润为代表的永久性盈余对公司的市场定价具有显著的正向影响。长时间窗口下，线下项目为代表的暂时性盈余对市场定价有显著影响，但营业利润在会计盈余定价中发挥着主导作用，说明我国资本市场对盈余的定价是有效率的，不存在"功能锁定"。

2.5.2   应计异象

Sloan（1996）发现的应计异象是，应计项目的持续性比现金流量的持续性更低，但市场"功能锁定"于会计盈余总额，而无法区别它们之间的这种持续性差异，从而导致股票市场对应计项目的持续性过高定价，基于应计项目的套利策略能够赚取超额回报。具体来讲，当期盈余中应计项目比较高的企业，投资者会高估其未来盈余水平，从而高估企业的价值；对于当期盈余中应计项目比较低的企业，投资者会低估其未来盈余水平，从而低估企业的价值。所以基于应计项目的套利策略（买入应计项目比例低的股票、卖出应计项目比例高的股票），能够在未来 1 年中赚取 10% 左右的超额回报，这表明投资者错误理解了当期盈余中应计项目的价值含义。应计异象与有效资本市场假设相违背，因此在国际范围内被检验。Richardson 等（2010）、李远鹏等（2008）对应计异象进行了国际、国内文献回顾。

Pincus 等（2007）基于 20 个国家（9 个成文法、11 个普通法）的研究发现，在某些国家存在应计异象（比如美国、英国、加拿大、澳大利亚），而在其他国家发现了相反的结果。应计异象倾向于在某些制度和会计结构下发生。应计异象的存在与应计制会计的广泛使用、普通法传统、低的所有权集中度、弱的投资者法律保护相关联。他们也发现，应计项目的持续性比现金流量的持续性更低，是因为盈余管理。

Hollister（2007）基于加拿大、法国、德国、中国香港、日本、马来西亚、英国检验了应计项目和现金流量的相对持续性以及是否存在应计异象，研究发现在所有国家应计项目的持续性都比现金流量的持续性更低，而只有加拿大公司不存在应计异象，即加拿大权益市场的定价在使用现金流量和应计项目信息方面是有效的。

Xu（2008）基于中国的研究发现，应计项目的持续性比现金流量的持续性更低，特别是对于高科技公司，而投资者没有正确地区分盈余这两部分的持续性，即存在应计异象。

Dechow 等（2008）的证据表明，现金组成部分更高的持续性完全是由于其第三个部分，即权益的发行/分红，并且，投资者正确地定价了现金组成部分的后两个部分，即债务和权益部分。这些结果意味着，投资者正确地定价了现金的债务和权益部分，但是对现金变动部分的定价方式类似于应计项目，都错误地定价。

Melendrez 等（2008）研究发现，未预期应计项目的持续性比未预期现金流量的持续性更低，但这种差异主要是由亏损公司驱动的。市场对未预期应计项目的反应更弱，对未预期现金流量的反应更强，而只有同时战胜盈余预期和现金流量预期的公司才能够获得更高的股票回报。

Soares 和 Stark（2009）基于英国股票市场的研究发现了应计异象，在预测下一期的盈余时，投资者过度看重了应计项目的持续性，而轻视了现金流量的持续性。

Hao（2009）探讨了经营周期对应计项目和现金流量不同持续性的影响，以及市场对不同经营周期公司的盈余不同组成部分的反应。研究发现，经营周期越长，应计项目越低。而且，经营周期越长公司应计项目的错误定价越严重，这表明投资者功能锁定于盈余，而忽略了不同盈余质量的公司的应计项目的持续性。

Dopuch 等（2010）研究发现，与亏损公司相比，盈利公司的应计项目错误定价更严重，因为亏损公司盈余的价值相关性更低，应计项目错误定价的程度也更轻。

Ahn 和 Kwon（2010）基于韩国 2000—2008 年的研究发现，盈余的持续性水平较高，并且更多地归因于现金流量而非应计项目。股票市场参与者对现金流量作出的反应比应计项目更高，因此没有支持应计异象。

Li（2011）研究发现，投资者在股票估价时未充分地考虑亏损的持续性，把所有的亏损都看做是暂时性的，因此，当预期会持续亏损的公司未来公布负的盈余时，投资者感到震惊（奇怪），并且这类公司在未来的 4 个季度存在显著为负的股票超常回报。

国内相关的研究也发现了应计异象，例如，刘云中（2003）、林翔和陈汉文（2005）、姜国华等（2006）、李远鹏和牛建军（2007）。

总体而言，经验证据表明，在评估未来盈余时，现金流量和应计项目有不同的含义。应计项目倾向于比现金流量更快地逆转，因此应计项目的持续性比现金流量的持续性更低，但是这没有充分地反映在股票价格中，即普遍存在应计异象。

2.6 公司估价模型与盈余持续性及其检验

主要利用会计信息估计权益价值的估价研究，从 20 世纪 90 年代以来就成为会计研究的核心话题。估计公司价值所使用的方式方法是公司财务的基本问题。财务领域所建立的估价模型支持了这一概念：预测未来的盈利能力是估价程序的一个基本组成部分（Lipe 和 Kormendi，1994）。公司价值估计的方法很多，比较著名的有托宾 Q、期权估价模型、股利折现模型和剩余收益模型等。根据 Lee（1999），权益估价的任务就是预测股东预期所获得收益的现值。在进行预测时，一般规定一个估价模型，并借助于基本面分析来预测有关的参数，GAAP下的历史财务报表对于估价是重要的，因为它们为预测提供了语言并提供了事后的结算机制。然而，来自历史财务报表的综合数字比如报告盈余或权益账面值，一般并不是预期收益流的充分统计量。FASB（1978）在财务会计概念公告第1号中指出，财务会计并非设计用来直接计量公司价值，但是它所提供的信息可能有助于报表使用者估计公司价值。财务分析师一般都是从预期盈余的角度来表达他们的预测，而不是从现金流量或股利的角度。估价模型是理解会计数字与公司价值之间关系的一种手段，但公司估价中的主要挑战是预测未来盈余。根据估价理论，分析师和投资者更看重高持续性盈余的预测，因为同样金额的高持续性盈余和低持续性盈余，高持续性盈余对估价的影响更大（Freeman和Tse，1992）。

Miller和Modigliani（1966）为探讨会计盈余和股票价值之间的关系奠定了基础。他们提出了永久盈余模型，它在有限的假定下将股票价格与盈余相联系，其中的假定包括完美和完全市场、会计盈余能够代表永久盈余。对于每个公司年度，基本的模型是：

$$P = E^*/r \tag{2.19}$$

其中，P是股票价格，r是折现率，E^*是永久盈余。如果把会计盈余（净利润 NI）当作永久盈余的替代变量，上式就转化如下：

$$P_{i,t} = \alpha_0 + \alpha_1 NI_{i,t} + \varepsilon_{i,t} \tag{2.20}$$

其中，截距 α_0 和残差项 $\varepsilon_{i,t}$ 反映了计量误差，比如会计盈余替代永久盈余产生的误差。

Feltham和Ohlson模型（简称"F-O模型"、"Ohlson模型"或"EBO模型"）是会计理论（即用会计数字正式地表达公司价值）的重大发展之一，也是最重要的研究之一。其中重要的文章包括Ohlson（1995，1999）以及Feltham和Ohlson（1995，1996），它们是财务会计的标志性研究成果。F-O模型基于一套共同的假定——包括权益价值等于预期未来股利的现值、净剩余关系、线性信息动力学，用权益账面价值和预期的超常盈余来表达权益市场价值：

$$P_t = b_t + \sum_{\tau=1}^{\infty} \frac{E_t[x_{t+\tau}^a]}{(1+r)^\tau} \tag{2.21}$$

其中，P_t 是公司第t期的权益价格，b_t 是第t期的权益账面值，r是折现率（假定为常数），$E_t[\ ]$ 表示基于第t时点信息的预期值符号，剩余收益或超常盈余界定为 $x_t^a = x_t - r \cdot b_{t-1}$，$x_t$ 是第t期的盈余。超常盈余线性信息动力学规定了当期信息与未来股利折现值之间关系的本质，即超常盈余满足以下修正的滞后一期自回归过程AR（1）：

$$x_{t+1}^a = \omega x_t^a + v_t + \varepsilon_{1,t+1} \tag{2.22}$$

$$v_{t+1} = \gamma v_t + \varepsilon_{2,t+1} \tag{2.23}$$

其中，v_t 是没有包括在当期超常盈余中的关于未来超常盈余的信息，满足滞后一期自回归过程 AR（1），$\varepsilon_{i,t}$ 是不可预测的 0 均值残差项，ω 和 γ 是固定的持续性参数，并且 $0 < \omega$、$\gamma < 1$。基于这些假定，公司价值就可以用当期的会计数字来表达，得到如下的估价模型：

$$P_t = b_t + \beta_1 x_t^a + \beta_2 v_t \tag{2.24}$$

其中，$\beta_1 = \omega/(1 + r - \omega)$（意味着超常盈余的持续性越大，盈余反应系数也越大），并且 $\beta_2 = (1 + r)/\left[(1 + r - \omega)(1 + r - \gamma)\right]$。

在 F-O 模型中，会计系统的许多重要特征发挥了作用，包括净剩余关系、权益账面值和盈余、盈余的永久性和暂时性部分、稳健性、延迟确认。例如，Ohlson（1999）将盈余分解为永久性和暂时性部分，通过模拟盈余组成部分对 Ohlson（1995）进行了拓展。拓展后的模型表明，盈余组成部分的价值相关性，取决于该组成部分在超常盈余之外预测未来超常盈余的增量能力以及它的持续性。后续的研究对 Ohlson（1995）模型的拓展改变了线性信息动力学，以包括更多的条件变量，例如 Barth 等（1999a）所探讨的应计项目和现金流量。因此，F-O 模型提供了一个丰富多彩的平台，能够进一步修改线性信息动力学，以考虑其他有趣的会计问题，Ohlson 模型为基于盈余的估价研究提供了统一的框架。

Ohlson 模型为研究盈余持续性与公司估价提供了新思路。例如，根据 Ohlson 模型，股票市场价值是权益账面价值、超常盈余和其他信息的线性函数，并且权重取决于以超常盈余的持续性参数、其他信息的持续性参数以及资本成本表示的系数。超常盈余的持续性参数越大，其在定价中的权重也越大。Ohlson（1995，1999）的估价模型阐明，持续性和预测未来异常盈余的能力是盈余组成部分的价值相关特征。Ohlson（1995）的研究表明，持续性越低的盈余，相应的定价乘数（ERC）就越低。根据 Easton（1998），Ohlson 模型清晰地界定了盈余的永久性、暂时性、价格无关部分，并且这种三分法有助于理解 ERC。永久性盈余和暂时性盈余之间的区分，辨别了利润表（通过盈余）和资产负债表（通过权益账面值）在估价中的相对权重。

F-O 模型激发了诸多经验研究。例如，Dechow 等（1999）主要分析 Ohlson 模型中的剩余收益信息动力学，发现剩余收益遵循均值回归过程，均值回归的速度是盈余质量的减函数，并且股票价格部分地反映了剩余收益的均值回归过程。Bryan（2002）的经验证据表明，当盈余持续性较高时，盈余相对于账面值的权重也较大，这与 Ohlson（1995）、Feltham 和 Ohlson（1995）的预测相符。Lee（1999）、Lo 和 Lys（2000）、Beaver（2002）、Richardson 和 Tinaikar（2004）、Ohlson（2009）、Easterday 等（2011）先后对这类文献进行了回顾。

2.7 盈余持续性的经济后果

盈余持续性经济后果方面的绝大多数研究，是探讨权益市场价值后果。只有少数几篇论文讨论了权益市场价值之外的后果[①]。

2.7.1 盈余持续性的市场反应

研究人员假设了盈余持续性的两个不同的权益市场后果。第一个预测是，更具持续性的盈余，将产生更高的权益市场估价，因此盈余持续性估计值的增加，将产生正面的（同期）权益市场回报。早期的研究比如 Kormendi 和 Lipe （1987）、Collins 和 Kothari （1989）、Easton 和 Zmijewski （1989），提供的证据表明，更具持续性的盈余伴随着更强的股票价格反应。

Kormendi 和 Lipe （1987）将股票回报模拟为对盈余预期的修订的函数，并假定盈余可用单变量时间序列来描述，后来的证据表明盈余的时间序列特性是股票回报–盈余关系中的一个重要因素。Easton 和 Zmijewski （1989）的证据表明，盈余创新对未来盈余的市场预期的影响越大，即盈余的持续性越强，股票价格变化或者盈余反应系数就越大。Collins 和 Kothari （1989）发现，盈余反应系数与公司成长性和盈余持续性呈正向关联，而与无风险利率和风险系数呈反向关联。Lipe （1990）在假定市场可以同时观察其他信息的情况下，检验了股票回报与盈余之间的关系。股票回报–盈余之间的关系取决于盈余和其他信息预测未来盈余的相对能力以及盈余在时间序列中的稳定性。其证据表明，盈余反应系数与预测能力和稳定性正相关。

Lev （1989）的文献回顾表明，关于盈余的组成部分与公司价值间关联性方面的研究，考虑的一个主要因素是盈余持续性。盈余持续性越大，在决定股票价格时当期盈余（或者其组成部分）的权重（乘数）就越大。他认为，与盈余持续性问题相关的一个问题是，未预期盈余是否能够充分地捕获盈余的信息贡献。他用一个简单的两期估价模型来说明，其中公司的价值等于第 1、2 期预期盈余 e_1、e_2 之和。为简化起见假定折现率为 0，那么在 0 时点（第 1 期初）的公司价值表达如下：

$$V_0 = E(e_1) + E(e_2) \tag{2.25}$$

在观察到 e_1 之后，第 1 期期末的公司价值 V_1 表达如下：

$$V_1 = e_1 + E(e_2|e_1) \tag{2.26}$$

因此，由于披露 e_1 之后公司价值的变动表达如下：

---

① Francis 等 （2005）研究发现，盈余更具持续性的公司，其债务资本成本和权益资本成本都更低。

$$\Delta V = V_1 - V_0 = [e_1 - E(e_1)] + [E(e_2|e_1) - E(e_2)] \qquad (2.27)$$

等式右边第一个中括号反映了经常在股票回报/盈余回归中所使用的未预期盈余,而第二个中括号反映了盈余公布之后预期未来盈余的修正。这意味着,为了充分地捕获某个盈余公布的信息含量,就必须把投资者对未来盈余的修正包括在回归方程中。Cornell 和 Landsman(1989)使用 IBES 一致预测来估计 $[E(e_2|e_1) - E(e_2)]$ 对股票回报的影响,结果表明,自变量的多数解释能力是由 $[E(e_2|e_1) - E(e_2)]$ 提供的,而非未预期盈余 $[e_1 - E(e_1)]$。

Ramesh 和 Thiagarajan(1995)的理论分析表明,ERC 的理论值与盈余持续性和股利的随机特性相关联,并且盈余持续性也反映在预期股票回报中。其证据显示,盈余持续性在解释预期股票回报的横截面变动中发挥作用。根据 Subramanyam 和 Wild(1996),估价理论认为,盈余创新与证券估价变动之间的关系,随着盈余创新持续性的增加而增强。DeFond 和 Park(1997)的研究显示,盈余的波动性减低将提高盈余持续性和股票价格。

Ramakrishnan 和 Thomas(1998)认为,事件的经济本质和现有的会计规则都使得报告盈余的不同组成部分具有差异化的估价含义。他们把盈余创新分解为三个部分:(1)永久性的创新,它使得所有未来盈余都会发生该创新金额的改变,并且与盈余的随机游走过程相关联;(2)暂时性的创新,它只影响当期盈余,并且与盈余的均值回归过程相关联;(3)价格无关的创新,也称为计量误差、会计确认滞后、噪音、失真或歪曲,它代表报告盈余和经济盈余之间的差异,例如由会计变更引起的盈余创新,既不会影响公司当前会计年度的经济业绩,也不会影响以后会计年度的经济业绩。并且,他们的模型分析表明,三类盈余创新的反应系数 ERC 分别是:(1+1/r)(r 为预期的回报率)、1 和 0。事实上,三种 ERC 在一张利润表上可能会同时出现。他们建议,投资者应当试图分别识别这三类 ERC,并对每一个 ERC 赋予不同的值,而不是估计一个平均的 ERC。

Barth 等(1999b)研究发现,盈余持续(连续 5 年)增长的公司,其盈余反应系数比其他公司更大,这表明盈余的持续增长具有价值相关性。一系列的盈余增长传递了公司具有竞争优势以及未来的盈余更可能增长的信号。平缓增长的盈余也可能传递经理努力工作的信号,因为平滑盈余的判断能够引导经理付出更多的努力而不是偷懒。

Michelson 等(2000)的研究表明,波动性越小的盈余,会导致更高的公司价值,而且,机构投资者和普通的投资者一般不会选择盈余波动性较大的公司,因此,其结果是这些股票的价格会下降。Easton 等(2000)的理论模型和经验证据表明,盈余的价值相关性系数可能取决于盈余的持续性程度。Schipper 和 Vincent(2003)认为,一个具有高持续性的盈余数字会被投资者看做是可持续的，即更多的永久性、更少的暂时性，在公司估价中也会被赋予更大的权重。Chen（2004）的证据表明，股票市场对高持续性的盈余反应不足，对低持续性的盈余反应过度。Nichols 和 Wahlen（2004）的研究表明，盈余变化越可能重复发生（即盈余持续性越高），股票回报的反应就越强烈。但是，股票回报与盈余减少的关联性程度对于低盈余持续性的公司和高盈余持续性的公司是相同的，因为盈余减少一般不会持续。O'Hanlon 等（2005）的证据发现，市场对未预期盈余的反应，取决于未预期盈余变动的持续性。

与权益市场后果相关的第二个预测放松了市场效率的假设，并采取财务分析的角度。具体而言，研究人员企图利用一些变量来帮助预测盈余持续性，然后探讨投资者是否知道这些变量对盈余持续性的不同影响[1]。Sloan（1996）研究发现，投资者没有充分地理解盈余中应计项目和现金流量的不同持续性水平，并且，买入应计项目低水平的公司、卖出应计项目高水平的公司，这种套利交易战略每年大约能够赚取 12% 的回报。后来有一些研究企图解释这种套利收益（应计异象）：（1）投资者误解超常应计（Xie，2001）；（2）投资者误解应计项目中的差错或可靠性（Richardson 等，2005；Hirshleifer 和 Teoh，2003）；（3）投资者误解反映在应计项目中的成长性（Desai 等，2004；Fairfield 等，2003a；Zhang，2007；（4）预期股票回报的错误度量或其他的研究设计问题（Khan，2008；Kraft 等，2006）。

有关文献进一步分解应计项目，并进检验特定的应计项目如何与盈余持续性相联系、对投资者有什么意义（如何影响股票回报）。一个广为探讨的领域是，注销（即特别大额的负的特别项目）对盈余持续性的意义。Bartov 等（1998）对注销方面的文献进行了回顾。早期的研究发现，特殊项目的公布会引起股票市场的负面反应，但是负面反应较小，并且，如果注销与重组或经营方面的变更相关联的话，公告期的股票回报就为正。他们的研究发现，注销公告后 2 年期间的年化超常股票回报为 -21%。Dechow 和 Ge（2006）研究发现，特殊项目所导致大额负的应计项目伴随着正的未来股票回报，这表明投资者倾向于过度看重特殊项目的应计。矛盾的研究结果可能源于特殊项目影响未来盈余的方式。如果经理将"洗大澡"看做是未来健康地反弹的方式（投资者不能预测），那么未来的股票回报就将是正的；如果公司未来还会注销，特殊项目只是一系列注销中的一个，未来还会有更多的坏消息，那么未来的股票回报还可能下降，如果消息被投资者所预期。

投资者对盈余持续性作出反应方面的研究，另外一个方向是关注特定的活动及其对未来盈余会计处理的意义。例如，投资者好像把费用化的 R&D 支出看做

---

[1] 对这类文献更详细的回顾参见本章的第 5 节。

资产，但是他们没有完美地定价 R&D 投资的完全含义（Lev 和 Sougiannis，1996）。此外，R&D 的削减将暂时地提升当期的盈余，而以牺牲未来盈余为代价，但是投资者没有充分地知晓这一点（Penman 和 Zhang，2002）。Ge（2007）研究发现，附注披露中关于租金增长的信息在预测盈余持续性时在应计项目之外具有增量贡献。但是投资者好像没有在股价中充分地反映其对盈余持续性的含义。类似地，Lee（2010）研究发现，M&D 中所报告的关于未来采购义务的信息，对于预测未来的销售额和盈余是有用的，但是该信息没有充分地反映到股价中。

Christensen 等（2005）的分析性研究考虑了会计盈余中永久性、暂时性、可逆部分的变化对盈余在公司估价中的影响。分析表明，增加永久性部分、去掉盈余中的暂时性部分、减少可逆部分，一般对于公司估价是理想的。Liu（2007）的证据表明，折旧应计项目的操控性部分与未来经营活动现金流量存在显著的负向关联，并且这种负向关联减低了盈余持续性，但是，市场忽视了这种较低的持续性，对于折旧会计更稳健公司的盈余赋予更大的估价权重。Amir 等（2008）的证据表明，投资者在给公司权益定价时，对分解后的盈余数据进行比率分析，以尽量发现各种类型的会计噪音并作出相应的调整，并得出盈余具有持续性的"核心"，以改善权益估价的基础。

Balachandran 和 Mohanram（2012）研究发现，市场低估了剩余收益（RI）的增长，高估了所投资资本的增长，而且市场更多地对 RI 的增长进行估价。未来的股票回报与 RI 的增长正向关联，而与所投资资本的增长负向关联。基于这些发现的交易规则能够产生显著的套利回报。

赵宇龙和王志台（1999）发现，中国证券市场存在明显的"功能锁定"现象，投资者对具有相同会计盈余但盈余持续性不同的公司股票不能对其区别定价，即我国证券市场不能辨别 EPS 中持续性成分的经济含义。王志台（2000）的研究表明，市场并没有区别对待不同质量的会计盈余，还不能从会计利润中辨别出永久盈余和暂时盈余的不同经济意义。李刚和夏冬林（2007）发现，2001—2004 年 A 股上市公司中具有连续 5 年盈余增长的公司，与同行业中的其他公司相比，其会计盈余具有更强的持续性以及更高的盈余信息含量，并且，买入连续 5 年盈余增长的公司、卖出其他公司的股票，该投资组合在未来 1 年内能赚取约 11% 的超额回报。胡延杰和李琳（2007）研究发现，盈余持续 5 年增长的公司比盈余未出现持续增长的公司具有更好的盈余持续性和更高的盈余反应系数。

此外，魏明海等（2013）研究表明，应计质量和盈余持续性的提高可显著降低交易成本，盈余越平滑或越波动都将导致交易成本的增加。经济意义显著性分析表明，相对于其他盈余质量指标，盈余持续性对交易成本的影响程度最大。

2.7.2　盈余持续性与公司价值

有些理论和经验研究直接探讨了盈余持续性与公司价值之间的关系。得出的主导结论是，高持续性的盈余变化与低持续性的盈余变化相比，更能标明公司价值的改变。

Bitner 和 Dolan（1996）检验了收益平滑与公司价值之间的关系并发现，美国股票市场为平滑的收益流支付溢价，并把平滑的收益流区分为自然的和受操纵的。Grahama 等（2005）针对 400 个公司 CFO 的问卷调查研究发现，78% 的 CFO 为了平滑盈余而牺牲长期价值，经理也尽力去维持盈余和财务披露的可预测性。绝大多数的 CFO 更喜欢平滑的盈余而非波动的盈余。如果保持现金流量不变，波动的盈余被认为比平滑的盈余风险更大。公司经理相信，可预测性更低的盈余（体现为达不到盈余目标或波动的盈余）在资本市场中需要风险溢价。Gaioa 和 Raposo（2011）使用 1990—2003 年期间 38 个国家的 7 000 家公司作为样本，研究发现，盈余持续性与公司价值（托宾 Q 值表示）之间呈显著的正向关联。对于存在更大投资机会、更多外部融资需求、更弱投资者法律保护国家的公司而言，这种正向关联特别强。

盈余持续性的反面是盈余波动性（Schipper 和 Vincent，2003；Dechow 等，2010）。盈余波动性对公司价值的重要性长期以来受到会计和财务文献的认可。通过与估价模型中的折现率或预期的现金流量（盈余）相关联，盈余波动性对公司价值产生影响。多数现有的研究主要关注其与折现率或资本成本的联系。在这一背景下取得的一致研究结果是，盈余波动性与资本成本的不同度量指标存在正向关系（例如 Francis 等，2004；许慧，2011）。Collins 和 Kothari（1989）、Barth 等（1999b）研究发现，随着盈余波动性的增加，市场对未预期盈余的反应程度降低。一些研究基于美国市场直接检验了盈余波动性与公司价值之间的关系。Barnes（2001）研究发现公司价值与盈余的波动性（各种盈余指标的变动系数）之间存在显著的负向关系，并且在控制经营活动现金流量的波动性后这种负向关系仍然成立，这意味着会计驱动的盈余波动性确实具有经济影响。而 Rountree 等（2008）则发现，在控制现金流量波动性后市场价值与盈余波动性这种负向关系变得不显著。Rountree 等（2008）的经验证据发现，现金流量的波动性被投资者认为有损公司价值。现金流量的波动性每增加 1%，会导致公司价值下降约 0.15%。但是他们的证据也发现，现金流量波动性的增加与公司经理的应计项目估计导致的盈余平滑不相关联。他们的研究结果与此相一致——市场偏好波动性更低的现金流量，并表明公司经理努力作出平滑的财务报表能够带来增值，但是只通过盈余的现金部分。

从盈余持续性权益市场经济后果方面的以上文献中看出，大量的研究探讨了盈余持续性与公司价值显著关联性，尤其是各个盈余组成部分与公司价值的关联性，得出的主导结论是高持续性的盈余变化与低持续性的盈余变化相比，更能标明公司价值的改变。

2.7.3 权益市场之外的经济后果

更高的盈余持续性对于其他决策使用者是否意味着更高质量，这方面的证据不多。这也许并不奇怪，既然一般的假定是——持续性对于投资者而言是一个有用的特性，因为它（更高的持续性）使得盈余能够为权益估价模型提供更有用的信息输入（Dechow 等，2010）。在其他的决策背景下，判断持续性是否为盈余的决策有用特性，需要决策背景特定的解释。

几篇论文探讨了盈余持续性在薪酬决策中的用途。Baber 等（1998）研究发现，经理薪酬对盈余的敏感度，直接随着盈余持续性的变动而变化。盈余持续性增强了未预期盈余和经理薪酬各个组成部分年度变化之间的正向关系。换言之，当盈余更具有持续性时，经理薪酬对盈余更加敏感。因此，如果薪酬合同中包含了变动的现金部分，那么在薪酬委员会制定总薪酬时，更具有持续性的盈余更具有决策有用性。Nwaeze 等（2006）研究发现，盈余持续性更低的公司，薪酬决策中盈余相对现金流量的权重更低。该结果意味着，薪酬委员会的决策受到盈余持续性的影响，因此持续性是决策有用的信息。以上这 2 篇论文都试图区分公司基本业绩和会计计量相关的持续性，Nwaeze 等（2006）从相对于现金流量持续性的角度计量盈余持续性，Baber 等（1998）则在模型中包括了股票回报；但是，并非所有的论文都发现薪酬委员会基于盈余组成部分的持续性调整薪酬。例如，Gaver 和 Gaver（1998）研究发现，经理因为利得而得到薪酬，尽管损失被忽略了。Ashley 和 Yang（2004）的研究表明，盈余的高持续性导致公司奖励经理的业绩更多地依赖于现金报酬（比如薪水和奖金），更少地依赖于权益报酬（比如股票期权）。杜征征和王伟（2010）采用中国证券市场 2004 年至 2008 年共 5 307 个公司年度数据，经验证据表明，中国上市公司高管薪酬决定考虑了盈余的持续性，相对于非经常损益，给予持续性盈余更高的权重，即盈余持续性越高的公司，高管的薪酬越高。总之，尽管薪酬委员会好像认识到盈余持续性是经理薪酬决策的一个有用特性，但是需要考虑不同的背景。

有些学者探讨了盈余持续性在盈利预测方面的作用。关于盈余持续性在管理层盈余预测中的作用，相关研究结果一般表明，盈余波动性更大的公司经理，提供盈余预测的可能性更低（例如，Verrecchia，1990；Waymire，1985）。Bradshaw 等（2001）研究发现，卖方分析师预测没有充分地考虑高应计项目公司（盈余持续性更差）相关联的可预测的盈余下降。此外，高应计项目的公司更可能得到非标审计意见或发生审计师变更。高应计项目的公司确实在后来会发生盈余的下降，这一点得到了 Bradshaw 等（2001）的确证。因此，他们对其研究发现的解释是，分析师和审计师好像不知晓高应计项目公司的质量问题。Grahama 等（2005）研究发现，平滑的盈余使得分析师更容易预测未来盈余。Nikola Petrovic 等（2009）基于英国的背景探讨了盈余波动性是否能够改善盈余的预测。他们的研究发现，盈余的波动性很大的公司盈余，倾向于更快地向均值回归，从而有利于盈余预测。Hewitt（2009）的实验研究发现，只有当分析师、MBA 学生被要求分别对经营活动现金流量和应计项目进行单独的预测，并且把利润表改造成提供经过分解的盈余现金流量和应计项目组成部分，他们对盈余的预测才会更准确，即经营活动现金流量和应计项目不同的持续性对盈余预测是有用的。李丹和贾宁（2009）研究发现，公司盈余持续性越高，分析师预测越准确、预测分歧度越小。

有些学者探讨了盈余持续性在债务契约中的作用。前人的研究发现，永久性盈余在股票价格中的权重更大（例如，Ball 和 Watts，1972；Collins 和 Kothari，1989；Ali 和 Zarowin，1992a，1992b；Ramakrishnan 和 Thomas，1998），在薪酬合同中的权重也更大（例如 Baber 等，1998）。Li（2010）的证据表明，债务契约在度量公司业绩时更可能使用永久性盈余而非暂时性盈余，这意味着暂时性盈余与债务契约的相关性更差。Bhojraj 和 Swaminathan（2007）研究发现，类似于权益投资者，债券投资者对高和低应计项目的公司错误定价。这些结果表明，权益投资者以外的利益相关者也可能误解盈余持续性。他们认为，该证据（以及权益市场错误定价）表明，规则的制定是重要的。如何设计会计规则，会计规则对盈余持续性（代表质量）的影响，会对许多决策使用者产生影响。总体而言，这些研究表明，利润表报告了一个盈余变量的清单（即永久性和暂时性部分），为使用者提供了比单一的底线数字更精细的信息集，用于估价和契约目的。

还有一些研究将盈余持续性与其他经济（会计）现象相联系，比如会计谨慎性、内幕交易、卖空卖者的交易行为、PEAD、盈余管理动机等。Basu（1997）检验了谨慎性在会计中的作用，并认为，在谨慎的会计系统下，公司必须让盈余更及时地反映坏消息。由于坏消息和好消息不对称的处理，盈余下降（或损失）要比盈余增加更具有暂时性。Beneish 和 Vargus（2002）的证据表明，内幕交易所包含的信号能够传递关于盈余持续性和应计项目估价含义的信息。Richardson（2003）的证据表明，卖空卖者并没有基于应计项目所包含的未来盈余信息进行交易，即没有利用应计项目所导致盈余持续性方面的信息。Cao 和 Narayanamoorthy（2012）研究发现，更低的事前盈余波动性导致更高的盈余公布后漂移（PEAD）。PEAD 是未预期盈余（Earnings Surprise）大小及其持续性的函数。PEAD异象[①]的背景下，他们发现市场好像未能及时地识别盈余波动性的效应。特别地，他们发现，更高的事前盈余波动性导致更低的盈余公布后漂移回报。魏涛等（2007）研究发现，我国上市公司利用非经常性损益进行盈余管理动机各异：亏损公司主要是为了实现扭亏和避免亏损等，高盈利公司则是为了平滑利润和避免利润下降。他们的实证结果还表明，非经常性损益确实对上市公司扭亏乃至后续年度是否继续亏损起到了重要作用，且其作用远大于扣除非经常性损益后的操控性应计利润。李刚等（2008）发现，盈余持续性与权益资本成本正相关，即盈余持续性越大，权益资本成本也越大（与预期的负相关相悖）。

　　总之，持续性是被广泛研究的一个盈余属性。然而迄今为止的盈余持续性方面的经验证据未取得一致的研究结论。因此，公司价值与盈余持续性之间的关系还是一个有待经验检验的问题，特别是在转型的中国经济背景下。

2.8　盈余持续性在我国的研究现状及未来的研究方向

　　盈余持续性研究在我国只有10多年的历史。赵宇龙和王志台（1999）的成果是第一篇系统地研究盈余持续性的论文，他们发现，中国证券市场存在明显的"功能锁定"现象，投资者对具有相同会计盈余但盈余持续性不同的公司股票不能对其区别定价，即我国证券市场不能辨别EPS中持续性成分的经济含义。从此盈余持续性研究在我国取得了长足发展。有些学者从盈余质量的角度进行探讨。例如，董红星（2007）的经验证据表明，随着股市的逐步发展，投资者已经能够识别盈余的不同成分，永久性盈余比暂时性盈余具有更多的信息含量，永久性盈余条件下经营现金流的信息含量增加。李刚和夏冬林（2007）发现，2001—2004年A股上市公司中具有连续5年盈余增长的公司，与同行业中的其他公司相比，其会计盈余具有更强的持续性以及更高的盈余信息含量。胡延杰和李琳（2008）选取净利润连续5年增长的上市公司为研究主样本，以盈余持续性、盈余的价值相关性、盈余和现金流的关联度和盈余披露的及时性作为衡量盈余质量的标准，证实了盈余持续增长的公司的盈余质量水平较高，其中收入同时持续增长的公司的盈余质量水平更高。有些学者探讨了盈余组成部分的持续性。例如，林翔和陈汉文（2005）沿用了Sloan（1996）的方法并发现，盈余的应计成分持续性低于现金流量成分，增长的均值回归过程对应计的低持续性解释能力高于盈余管理。徐浩峰和王正位（2006）研究发现，相对于应计盈余，现金盈余有较高的持续性及累计超额报酬解释力，并且我国投资者不能完全理解盈余性质差异对企业价值

---

　　① 盈余公布后漂移（PEAD）异象是指这样一个现象，根据过去的盈余信息所构建的投资组合能够赚取超额回报。

的影响，按应计盈余大小构建的套利组合能获取18%的超额收益。有些学者探讨了可靠性与盈余持续性之间的关系。例如，张国清和赵景文（2008）的理论分析表明可靠性更差的资产负债项目导致盈余的持续性更低。他们的经验证据表明，更不可靠的应计项目导致盈余的持续性更低，并且资本市场没有充分预期到这种联系从而作出错误反应。彭韶兵等（2008）发现，会计扭曲越严重，应计利润的持续性越差。信息可靠性越高（低），会计盈余持续性越高（低）。应计利润较现金收益的持续性差，且这种现象不因信息可靠性高或低而改变。王志台（2000）探讨了盈余持续性的市场定价，其证据表明，市场并没有区别对待不同质量的会计盈余，还不能从会计利润中辨别出永久盈余和暂时盈余的不同经济意义。伍利娜和李蕙伶（2007）基于税会差异的研究发现，会计利润–应税利润差异幅度较大的上市公司盈余持续性显著较低，但投资者对会计利润–应税利润差异幅度较大公司的盈余持续性高估程度很严重。李卓和宋玉（2007）基于股利政策的研究发现，中国上市公司中，发放现金股利的公司，其盈余持续性好于不发放现金股利的公司，大股东的存在并不会影响现金股利预测企业未来盈余持续性的能力，从而认为，中国上市公司的现金股利政策能够成为衡量企业未来盈余持续性的附加信号。总体而言，这些研究根据我国的国情，考虑了一些国外研究所没有的制度背景和变量，比如上市公司股权高度集中、终极控制人的产权性质、是否为ST公司、增发配股资格要求等，对盈余持续性研究具有一定的贡献，但是这些研究有待进一步深入，我们可以从诸多方面借鉴国外的盈余持续性研究。通过对国内外盈余持续性研究的综述，国内应当加强以下方面的研究：

（1）恰当地度量盈余持续性。尽管盈余持续性方面的研究有30多年的历史，研究人员也开发出盈余持续性的多种度量方法，但是，每种方法都有各自的优缺点，并且我国资本市场的实践背景导致时间序列模型和Ohlson模型框架下的信息动力学假说难以采用。目前国内学者主要利用财务报表信息或者线性一阶自回归模型估算盈余持续性，然而其理论基础较薄弱。因此，我们需要对盈余持续性流行的度量方法进行适当的改造，开发出可操作、具有一定理论支撑的盈余持续性指标，这是必须解决的关键问题之一。本书综合盈余持续性的多种度量方法，在不同的研究背景下采用恰当的方法，并对相关的度量方法进行一定的改造。

（2）恰当地区分盈余中的永久性、暂时性部分。会计对象的经济本质和现有的会计规则使得盈余及其不同组成部分具有不同的持续性，包括永久性、暂时性和价格无关的盈余项目，或者应计项目和现金流量，它们对公司价值具有差异化的标识作用，或者说盈余反应系数各不相同。尽管当前多步式的利润表区分了一些具有暂时性的盈余项目，但是对盈余其他组成部分是否可持续还不是很清晰，并且，将不同持续性水平的项目混合在一起，削弱了盈余预测未来业绩的能力。

因此，开展相关研究时需要适当地区分永久性盈余和暂时性盈余。

（3）更多地基于公司估价模型，研究盈余持续性与公司价值之间的关系。Ohlson模型为研究盈余持续性与公司价值提供了新视角，但我国还鲜有这方面的研究，而多角度地探讨盈余持续性与公司价值之间的关联性，具有十分重要的理论和实践意义。因此，在该领域应该有所作为。应当考虑如何在公司估价模型中考虑盈余持续性，并建立恰当的分析性模型。

（4）多角度地探讨盈余持续性。我国当前研究盈余持续性的视角还较少，导致无法更好地解读盈余持续性与更多经济（会计）现象之间的联系。所以应当多方位地探讨盈余持续性有关问题。例如，会计谨慎性如何以盈余持续性为桥梁影响权益估价，内部控制管制是否能够改善盈余持续性以及资本市场反应如何，应计项目和现金流量在预测未来盈余的能力与本身持续性方面的特征如何影响公司估价，盈余持续性如何影响高管薪酬，公司治理结构如何影响盈余持续性。

（5）更多地考虑我国会计制度的变迁对盈余持续性的影响。从上市公司所适用的 GAAP 来看，我国发生重大变化的时点包括 1993、1998、2001 和 2007 年。1998 年 1 月财政部颁布《股份有限公司会计制度》、随后又陆续颁发了 7 个新的具体《企业会计准则》，涉及现金流量表、收入、投资等，与过去的会计处理规范相比变化较大，并迅速影响到上市公司的会计信息披露。2001 年上市公司开始实行新的企业会计制度，新制度对于追溯调整、计提、非货币性交易和债务重组会计处理等作出了新的明确规定，业界普遍认为对于上市公司的影响比较大。自 2007 年，上市公司开始执行财政部颁布的 39 项会计准则，使得我国的会计规范向国际财务报告准则趋同。毫无疑问，会计制度的重大变迁，对盈余持续性的度量、市场定价等方面具有显著影响，因此在进行研究设计时需要恰当考虑会计制度变迁。

3 盈余时间序列持续性与盈余反应系数

本章通过关注公司盈余和股票回报的关联程度（ERC，盈余反应系数）及其与盈余时间序列持续性的联系，探讨公司报告盈余所包含信息的本质。我们借助经典的估价模型以及考虑了经济影响因素的盈余时间序列模型，推导出ERC与盈余持续性之间的正向关联性。基于255家公司1994—2011年期间的年度数据，我们的经验证据得到的结论是，盈余持续性越高，盈余反应系数就越大。总体而言，公司报告盈余向股票市场传递了信息，当期的盈余创新包含了当期权益和未来权益收益方面的信息。通过探讨盈余时间序列特征的估价含义，我们就能够揭露盈余信息含量的一种新维度。

3.1 引　言

经济、金融、会计领域的一个基本问题是公司所报告的会计盈余与股票价格或回报的关系，即公司盈余是否包含了在评估公司普通股价值时所使用的信息。自从Ball和Brown（1968）的开创性研究以来，许多研究通过检验同期股票回报和盈余之间的关系来探讨这个问题，得到的主导结论是报告盈余具有信息含量[1]。在此前提下继续要提出的问题是，报告盈余所包含信息的本质是什么？它如何与公司估价相联系？对这些问题进行回答的一个角度是探讨盈余持续性如何影响ERC[2]。本章通过关注公司盈余和股票回报的关联程度及其与盈余时间序列特性（持续性）的联系，来探讨这些问题[3]。

---

[1] Lev 和 Ohlson （1982）、Watts 和 Zimmerman （1986）、Kothari （2001）、Holthausen 和 Watts（2001）、Nichols 和 Wahlen （2004）、Dechow 等 （2010）、Richardson 等 （2010）先后对这类文献进行了综述与评价。
[2] 超常股票回报率与会计盈余公布时带来的新信息（盈余创新）相联系的系数，度量了股票价格对会计盈余公布的反应，称之为盈余反应系数（ERC）。这类研究属于信息观下的研究，经常采用短窗口下的事件研究法；另外一种方法下的 ERC，度量了股票价格变化与较长期间未预期盈余之间的关联性，比如12个月。这种方法没有检验会计盈余在估价中的信息作用，而是检验了会计盈余汇总反映在这个期间所到达信息的能力。这类研究属于计量观下的研究，经常采用长窗口下的关联研究法。本章关注的是后一种方法下的ERC。
[3] Beaver 等 （1980；1987）用不同于本章的方法探讨了公司盈余和股票回报关联程度的大小；Easton 和 Zmijewski （1989）采用类似我们的方法，但他们通过使用提前一个季度的分析师预测的修正来评估股东预期所能够获得未来利益修正的现值；本章的研究思路类似于 Kormendi 和 Lipe （1987）、Collins 和 Kothari （1989）、Easton 和 Zmijewski （1989），但额外考虑了 Farma 和 French （1992）等的三因子资本资产定价模型以及盈余持续性的其他影响因素。

EPS创新（未预期值）的持续性，对权益估价具有重要含义（Gil-Alana 和 Peláez，2008）。因为其在估价中的作用，盈余的时间序列特征一直受到会计、财务、经济学领域研究人员的关注。例如，Beaver（1970）认为，财务领域所建立的估价模型支持了这一概念：预测未来的盈利能力是估价程序的一个基本组成部分。如果不知道产生盈余观测值的基本过程，就不可能很好地进行盈余预测，因为对基本过程的了解是构建最优预测系统的先决条件。最近的一些研究探讨了盈余时间序列特征与证券估价之间的关系。Beaver（1981）较早地用数字阐述了盈余时间序列特征与证券估价之间的联系。Miller 和 Rock（1985）、Kormendi 和 Lipe（1987）的理论模型分析表明，证券价格对未预期盈余的反应，直接由盈余产生过程的时间序列参数等决定。对于盈余持续性更高的公司，当期未预期盈余意味着未来盈利能力更大的变化。因此，如果两个公司的盈余序列的持续性不同，即使未预期盈余相同也将经历不同的超常回报。Lipe（1986）、Kormendi 和 Lipe（1987）、Easton 和 Zmijewski（1989）、Collins 和 Kothari（1989）的实证研究发现，股票回报对盈余的反应与盈余持续性呈正向关联，即盈余持续性越高 ERC 就越大[①]。这些研究结果为古典估价理论的有效性以及不同公司盈余产生过程的差异提供了支持。但是，这些研究没有考虑股票回报的其他影响因素（如三因子资本资产定价模型中额外的三个因素），在利用时间序列模型度量盈余持续性时，没有考虑盈余持续性的其他影响因素（如公司规模、资本密集度、财务杠杆等）。

我国已经有些研究探讨了盈余持续性的股票市场反应，但得到的结论不一致。例如，赵宇龙和王志台（1999）发现，投资者对具有相同会计盈余但盈余持续性不同的公司股票不能对其区别定价。胡延杰和李琳（2007）发现，盈余持续5年增长的公司比盈余未出现持续增长的公司具有更好的盈余持续性和更高的盈余反应系数。

检验公司估价的标杆是经典的估价模型，即公司的股票价格等于股东预期所能够获得未来利益的现值。根据该模型，股票回报对某期盈余创新（即盈余中的新信息）的反应程度，应当与该盈余创新对股东预期所能够获得未来利益产生的影响相关联[②]。这一含义得到了 Miller 和 Rock（1985）的支持，他们的模型分析表明，股票回报对某期盈余创新的反应程度，应当是盈余持续性（盈余创新对预期未来盈余的影响）的一个函数。

在本章中，我们的研究设计直接检验该假设——股票回报和盈余之间的关系

[①] 有一个例外是，Bernard 和 Thomas（1990）基于季度盈余的研究发现，ERC 与盈余的时间序列持续性不相关联。

[②] 公司当期盈余对于股东预期所能够获得未来利益具有信息含量，前人的研究已涉及该假设，例如，Ohlson（1983）、Easton（1985）、Nichols 和 Wahlen（2004）、Beaver（2009）、Ohlson（2009）、Penman（2011）。

取决于盈余的持续性。基于255家公司1994—2011年期间的年度数据，在考虑F-F三因子资本资产定价模型以及盈余持续性的影响因素的情形下，我们共同估计每个公司盈余的时间序列特性以及盈余创新和股票回报之间的关系。然后，我们使用估计的盈余时间序列特性，来推导盈余创新导致的预值，这也就是盈余创新持续性的度量指标。在3个共同的假定下，ERC应当与盈余持续性度量指标正相关。这3个假定是：①股票价格等于股东预期所能够获得未来利益的现值；②预期未来盈余修正的现值接近于股东预期所能够获得未来利益修正的现值；③盈余的时间序列模型接近于市场预期。我们的经验证据支持了这种预测的截面关系，即盈余持续性越高，盈余反应系数就越大。

西方大量的研究探讨了ERC与盈余时间序列持续性之间的关系，得到的主导结论是盈余时间序列持续性越高，ERC就越大。西方也有一些研究检验了盈余持续性的影响因素，并从公司的基本面和经济因素的角度度量或评价盈余持续性。这两种方法度量的盈余持续性各有优缺点，但是，还没有研究结合时间序列和盈余持续性影响因素这两个角度，对盈余持续性进行度量，本章在两者结合方面有所创新。我们度量盈余持续性的方法是，综合盈余时间序列模型[①]和使用影响因素进行推断这两种方法，即在ARIMA时间序列模型中加入盈余持续性的其他影响因素[②]；国内尚没有研究直接探讨ERC与盈余持续性之间的关系，尽管有一些研究检验了股票市场如何解读公司的盈余持续性，然而得到的研究结论不一致，因此本章有助于拓展国内这方面的研究。通过探讨盈余时间序列特征的估价含义，我们就能够揭露盈余信息含量的一种新维度。

本章接下来安排如下：第2节是文献回顾；第3节基于经典的权益估价模型将时间序列角度的盈余持续性与ERC联系起来；第4节是主要的实证结果与分析；第5节是研究结论。

---

　　① 时间序列模型包括以下几种：随机游走模型（Random Walk Model），自回归模型（Autoregressive Model，AR），移动平均模型（MA Model），自回归移动平均合成模型（ARMA Model），以及自回归整合移动平均模型（ARIMA Model）。自回归模型是时间序列模型中最常见的基础模型，它是指变量除了受到误差项的影响之外，还受到变量本身历史资料（前一期、前二期等等）的影响。

　　② 尽管分析师、经理、投资者是否使用时间序列模型来预测盈余还不甚清楚，但是，不同的时间序列模型量化盈余持续性的能力，是在估价背景下选择某个特定时间序列模型的一个重要标准。当然，我们的研究对这些群体的重要性，取决于他们是否使用时间序列模型，或者为了改善其决策过程他们是否应当考虑时间序列模型。例如，Bernard和Thomas（1990）研究发现，投资者没能考虑盈余的时间序列特征，从而导致系统的、可预测的盈余预测误差。但是，Barberis等（1998）指出，投资者对历史盈余趋势进行外推，会导致其对盈余持续性评估的偏差。他们认为投资者相信，与历史趋势相反的盈余与实际相比更具有暂时性，与历史趋势相符的盈余与实际相比更具有永久性。

3.2　文献回顾[①]

盈余持续性受到诸多学者的关注，盈余持续性研究的主要目标是了解投资者对盈余公告作出的不同反应（Lev 和 Thiagarajan，1993），即盈余持续性与 ERC 之间的关系。Lev（1989）对盈余研究的文献回顾指出，自从 Ball 和 Brown（1968）的经典文献验证了盈余信息对股票定价的有用性后，诸多研究检验了（超常）股票回报与（未预期）盈余之间的关系，但是所报告的 R^2 都非常低（一般低于 10%）。R^2 非常低的原因可能包括，预期盈余和预期股票回报的度量存在问题，使用特别短的实验窗口，以及较低的盈余质量。另一个原因可能是没有考虑未预期盈余（盈余创新）的持续性。许多研究对最后一个原因进行了探讨，通过检验盈余反应系数（ERC）与盈余持续性和盈余创新本身之间的关系。对盈余持续性的强调，其主要目的在于缓解横截面研究中盈余反应系数一致的假定。投资者预期市场对不同公司盈余反应程度不同的原因，在于他们认为公司盈余中的持续性（永久性）部分在横截面和时序中都会发生变化（Lev，1989）。

一些研究基于盈余时间序列模型来度量盈余持续性，进而检验了盈余持续性与 ERC 之间的关联性。例如，Brown 等（1985）基于年度盈余的研究发现，市场对当期盈余创新的反应，部分地取决于盈余创新的变化引起未来盈余预期变化的程度（即 ERC 与盈余持续性正向关联）。Cornell 和 Landsman（1989）基于季度盈余的研究也得到类似的结果。Lipe（1986）研究发现，盈余的六个组成部分（毛利、管理费用、折旧费用、利息费用、所得税、其他）的持续性越高，相应的 ERC 就越大。Kormendi 和 Lipe（1987）基于会计关联性研究文献以及关于永久性收益假定方面的宏观经济文献，将股票回报模拟为对盈余预期的修订的函数，并假定盈余可用单变量时间序列来描述，后来的证据表明盈余的时间序列特性是股票回报-盈余关系中的一个重要因素，即盈余持续性越高，ERC 就越大。因此，ERC 将盈余的时间序列特征和折现率拟合到权益市场价值的变化中。例如，倘若盈余的时间序列特征是盈余创新表现为永久性，并假定盈余创新和净现金流量创新存在一一对应的关系，ERC 就等于永续性盈余创新的现值。年度盈余中 1 单位货币的永久性创新的现值等于 $(1+1/r)$，r 为年风险调整折现率。Easton 和 Zmijewski（1989）的证据表明，盈余创新（Earnings Innovation）对未来盈余的市场预期的影响越大，即盈余的持续性越强，股票价格变化或者盈余反应系数就越

---

① Brown（1993）回顾了盈余时间序列特征方面的主要文献。但是 Brown 认为，这类文献很快就会灭绝，因为有了更好的、成本更低的替代——分析师预测。Lev 和 Ohlson（1982）、Watts 和 Zimmerman（1986）、Kothari（2001）、Holthausen 和 Watts（2001）、Nichols 和 Wahlen（2004）、Dechow 等（2010）、Richardson 等（2010）先后对这类文献进行了概括。

大。Lipe（1990）在假定市场可以同时观察其他信息的情况下，检验了股票回报与盈余之间的关系。股票回报-盈余之间的关系取决于盈余和其他信息预测未来盈余的相对能力以及盈余在时间序列中的稳定性。其证据表明，盈余反应系数与预测能力和稳定性正相关。Bernard 和 Thomas（1990）基于季度盈余的研究发现，ERC 与盈余的时间序列持续性不相关联。O'Hanlon 等（1992）基于英国的证据发现，市场对盈余创新（Surprise）的反应，取决于未预期盈余变动的持续性，即资本市场认识到公司盈余持续性的差异。Ali 和 Zarowin（1992a）研究发现，如果不考虑盈余持续性，ERC 的估计差错会较大。Lipe 和 Kormendi（1994）研究发现，股票回报对盈余创新（Shock）的反应（ERC），与公司高阶的盈余持续性指标紧密相关，其中高阶的盈余持续性表现出明显的长期均值回归。Baginski 等（1999）研究发现，高阶的 ARIMA 模型能够更好地捕获当期盈余的价值相关性，这与 Lipe 和 Kormendi（1994）的研究结果相一致。Baginski 等（2003）基于纽约交易所上市公司季度盈余数据，发现 1967 到 2001 年期间季度会计盈余的持续性经历了显著下降，从而为盈余的价值相关性（盈余反应系数或调整 R 方）下降提供了一个解释。Chen（2013）研究发现，尽管股票市场反应的程度不随着盈余时间序列持续性的变动而变动，但是随着盈余横截面持续性的增加而增加[①]。

还有一些研究从盈余持续性影响因素的角度来度量盈余持续性，有些继而讨论了盈余持续性与 ERC 之间的关联性以及这种方法的优点。例如，Lev 和 Thiagarajan（1993）观察到，分析师和投资者会利用公司基本面信息（比如存货、应收账款、资本性支出、研究和开发、毛利、管理费用、坏账准备、实际税率、人力资源、LIFO 法、审计意见）来推断盈余持续性，进而用公司基本面信息的综合得分来度量盈余持续性。与基于时间序列的盈余持续性指标相比，其与盈余反应系数存在更强的相关性，这表明，基本面信息在捕捉盈余的永久性部分更加有效率。基本面信息能够捕捉盈余持续性的重要特征，并且，基本面综合得分能够更及时地获得——基于季度或年度，而不需要长期的、有时候不平稳的盈余时间序列。

Penman（1992）发现，财务报表所提供的盈余以及其他会计数字，有益于评估盈余持续性以及盈余创新的定价。这些会计数字随时间发生变化，因此盈余持续性及其定价乘数也随着时间发生变化。Penman（1992）认为，多数前人的研究把盈余持续性看做是静态的公司特定现象，能够描述盈余如何随时间发生变

---

① 学者们经常基于公司盈余的时间序列模型来推导盈余持续性指标，这称为盈余持续性的时间序列度量指标，或称为时间序列持续性（Time-series Persistence），即一个公司只有一个持续性系数；而 Chen（2013）认为在公司层面，盈余持续性随着变化的会计和经济基本面而发生变化，由这些因素决定的随时间而发生变化的盈余持续性称为盈余持续性的横截面度量指标，或称为随时间而变的持续性（Time-varying Persistence），即一个公司有多个持续性系数。

化。它们用盈余的时间序列数据估计盈余持续性参数（即每个公司一个持续性系数）。相应地，估计的盈余反应系数也是公司特定的常数。这种参数式的方法存在几个问题：（1）只利用盈余时间序列信息来预测未来盈余，没有利用一个理性的投资者用于评估盈余持续性的其他信息。因此，持续性可以通过用于预测未来盈余的信息予以识别。（2）既然用于预测未来盈余的信息随着时间发生变化，盈余的持续性也发生变化。因此参数式的方法假定盈余持续性是静态的，这不恰当。（3）一般地，这种评估方法牵涉到事后信息，因此该方法与投资者利用事前信息确定定价乘数的思维不相关。

Baginski 等（1999）认为，经济理论识别了能够使得盈余持续的一系列相对稳定的公司特征。这些特征包括公司规模、产品类型、进入壁垒、资本密集度等，它们使得分析师、研究人员、投资者和经理能够预期当期的盈余在中长期的持续性程度。他们的研究意味着，研究人员和其他的人在评估盈余持续性时可以直接使用经济特征，而非使用 ARIMA 模型。

Chen（2004）使用盈余持续性的影响因素来计算盈余持续性，即以提前一期的盈余为因变量，以盈余持续性的影响因素及其与当期盈余的交乘项为自变量，然后利用各个回归系数来计算盈余持续性。Chen（2004）检验了盈余持续性在预测盈余公布后股票超常回报中的作用。其证据发现，盈余公布后股票超常回报与盈余变化之间的关联性，取决于盈余持续性水平。当盈余持续性水平高时，这种关联性为正，随后的股票回报的漂移的方向与盈余变动的方向相同；当盈余持续性水平低时，这种关联性为负，随后的股票回报的逆转方向与盈余变动的方向相反。这表明，股票价格对高持续性的盈余反应不足，对低持续性的盈余反应过度。通过利用由经济和会计基本面决定的盈余持续性差异来构建交易战略，能够赚取可观的套利组合超常回报。

Chen（2013）在 PEAD（股票回报对盈余公布的推迟反应）背景下，检验投资者如何在股票价格中消化公司特定的盈余持续性。他将盈余持续性模拟为由各种变化的会计和经济基本面决定的一个随时间而发生变化的过程（盈余横截面持续性），而不是仅仅由历史盈余决定的一般不会变化的时间序列属性（盈余时间序列持续性）。其具体做法是，在盈余的一阶差分自回归模型中，加入盈余持续性的 14 个影响因素及其与盈余差分的交乘项，然后利用各个回归系数来计算盈余持续性。其经验证据表明，尽管 PEAD 的程度不随着盈余时间序列持续性的变动而变动，但是随着盈余横截面持续性的增加而增加，并且，在盈余公布后，投资者预期盈余持续性修正的方向与变化的基本面所标示的方向相一致。

盈余持续性研究在我国只有 10 多年的历史，尽管尚没有研究直接探讨 ERC 与盈余持续性之间的关系，但是，陆续有一些研究检验了股票市场如何解读公司的盈余持续性，然而得到的研究结论不一致。例如，赵宇龙和王志台（1999）将公司会计盈余分解为永久盈余（以主营业务利润作为永久盈余的表征变量）和暂时盈余两部分，考察市场能否解析上市公司会计盈余中的永久部分。证据表明，中国证券市场存在明显的"功能锁定"现象，投资者对具有相同会计盈余但盈余持续性不同的公司股票不能区别定价，即我国证券市场不能辨别EPS中持续性成分的经济含义。王志台（2000）采用公司的主营业务利润作为永久性盈余的表征变量，以主营业务利润比重（主营业务利润/利润总额）作为会计盈余持续性衡量的标准，探讨了盈余持续性的市场定价，其证据表明，市场并没有区别对待不同持续性的会计盈余，还不能从会计利润中辨别出永久盈余和暂时盈余的不同经济意义。李刚和夏冬林（2007）发现，2001—2004年A股上市公司中具有连续5年盈余增长的公司，与同行业中的其他公司相比，其会计盈余具有更强的持续性以及更高的盈余信息含量，并且，买入连续5年盈余增长的公司、卖出其他公司的股票，该投资组合在未来1年内能赚取约11%的超额回报。徐浩峰和王正位（2006）研究发现，相对于应计盈余，现金盈余有较高的持续性及累计超额报酬解释力，并且我国投资者不能完全理解盈余性质差异对企业价值的影响，按应计盈余大小构建的套利组合能获取18%的超额收益。胡延杰和李琳（2007）研究发现，盈余持续5年增长的公司比盈余未出现持续增长的公司具有更好的盈余持续性和更高的盈余反应系数。董红星（2007）的经验证据表明，随着股市的逐步发展，投资者已经能够识别盈余的不同成分，永久性盈余比暂时性盈余具有更多的信息含量，永久性盈余条件下经营现金流的信息含量增加。伍利娜和李蕙伶（2007）基于税会差异的研究发现，会计利润-应税利润差异幅度较大的上市公司盈余持续性显著较低，但投资者对会计利润-应税利润差异幅度较大公司的盈余持续性高估程度很严重。张国清和赵景文（2008）的理论分析表明可靠性更差的资产负债项目导致盈余的持续性更低。他们的经验证据表明，更不可靠的应计项目导致盈余的持续性更低，并且资本市场没有充分预期到这种联系从而作出错误反应。

综上，西方大量的研究探讨了ERC与盈余时间序列持续性之间的关系，得到的主导结论是盈余时间序列持续性越高，ERC就越大。西方也有一些研究检验了盈余持续性的影响因素，并从公司的基本面和经济因素的角度度量或评价盈余持续性。这两种方法度量的盈余持续性各有优缺点，但是，还没有研究结合时间序列和盈余持续性影响因素这两个角度，对盈余持续性进行度量，本章企图做一尝试。国内尚没有研究直接探讨ERC与盈余持续性之间的关系，尽管有一些研究检验了股票市场如何解读公司的盈余持续性，然而得到的研究结论不一致。因此本章企图拓展这方面的研究。

3.3 盈余持续性与盈余反应系数：基于时间序列的理论分析

3.3.1 代表股票回报和盈余间关系的一个系统

我们用以下两个等式来模拟某家公司股票回报 R_t 和盈余 X_t 之间的时间序列关系：

$$R_t = k_1 + \alpha_0 \frac{UX_t}{P_{t-1}} + UR_t \tag{3.1}$$

$$\Delta X_t = k_2 + \sum_{i=1}^{N} b_i \Delta X_{t-i} + UX_t \tag{3.2}$$

其中，R_t =（期初期末股价变化+每股股利）/期初股价。X_t 为每股收益（特殊项目之前，并经过股票分割和股票股利的调整）。UR_t 和 UX_t 是未被模型解释的残差，并假定 UR_t 和 UX_t 遵循独立白噪音过程。

等式（3.2）可理解为单变量盈余预测模型，记作"一阶差分自回归"。UX_t 是当期盈余所包含的新信息，因此就是盈余创新。等式（3.2）的重要简化假定是，市场在预测未来盈余时所能够获得的信息可以通过单变量时间序列模型来合理地接近。若等式（3.2）忽略了一些重要的信息，那么 UX_t 不仅会包括真实的盈余创新信息，而且还会包括一些老信息。这会导致我们的 UX_t 在度量期间 t 的真实盈余创新时带有误差。我们将在后文详细分析这种误差带来的影响。

等式（3.1）描述了盈余创新对股票回报的影响。UX_t 除以股票期初价格，使得它与 R_t 可比。我们可以把系数 α_0 理解为1美元的盈余创新对单位股票回报的影响。α_0 的大小应当等于1美元盈余创新所导致的股东当期和未来预期能够获得利益修正的现值。只要正的盈余创新（好消息）通常引起股东当期和未来预期所能够获得利益的非负（或者严格为正）修正，那么 $\alpha_0 > 0$ 就应当会成立。

有效市场假设隐含在等式（3.1）中，即只有盈余中的新信息会影响股票回报。因此，等式（3.1）和等式（3.2）构成的系统牵涉到标准理性预期形式的非线性等式间（Cross-equation）限定，它可以用如下的非限定系统表示：

$$R_t = k_1 + \sum_{i=0}^{N} \alpha_i \frac{\Delta X_{t-i}}{P_{t-1}} + UR_t \tag{3.3}$$

$$\Delta X_t = k_2 + \sum_{i=1}^{N} b_i \Delta X_{t-i} + UX_t \tag{3.4}$$

将（3.3）–（3.4）转化成（3.1）–（3.2）的限定条件是：

$$\alpha_i = -\alpha_0 \cdot b_i$$

其中，i=1，2，…，N。

为了考虑这些限定，我们共同估计（Jointly Estimate）等式（3.1）–等式（3.2）。因为同时利用股票回报和盈余序列所包含信息对参数进行估计，所以这种方法能够提高效率[①]。

3.3.2 盈余持续性与公司估价

我们主要关注盈余时间序列特征（即等式（3.2）中的系数 b_i ）和股票回报对盈余创新作出反应的程度（即等式（3.1）中的 α_0——盈余反应系数）之间的联系。模型分析的起点是经典的估价模型，即公司的股票价格等于预期未来现金流量的现值：

$$P_t = \sum_{s=1}^{\infty} \beta^s \left[CF_{t+s} \right]_t \tag{3.5}$$

其中，CF_t 是公司股东在期间 t 能够从公司获得的净现金流量（后文简称"现金流量"）。$\beta = 1/(1+r)$，r 是预期未来现金流量（盈余）的折现率，出于简化我们假定它为常数[②]，比如设定为 0.08、0.1 或 0.2。[ ] 表示在第 t 时点基于所有可获得的信息（包括 UX_t 和历史盈余等）进行的预期。

假如 $R(UX_t)$ 表示在期间 t 由盈余创新 UX_t 引起的股票回报比例。根据等式（3.5）我们可以推导出，$R(UX_t)$ 就是盈余创新所导致的当期和未来现金流量预期修正（变化）的现值：

$$R(UX_t) = \sum_{s=0}^{\infty} \beta^s \frac{\Delta \left[CF_{t+s} | UX_t \right]}{P_{t-1}} \tag{3.6}$$

其中，$\Delta \left[CF_{t+s} | UX_t \right]$ 表示第 t 期间由 UX_t 所导致预期 CF_{t+s} 的修正，并且 UX_t 可能是第 t 期间所有新信息的一个子集。

总的股票回报 R_t 与盈余创新引起的股票回报 $R(UX_t)$ 之间的关系表示如下：

$$R_t = R_t^e + R(UX_t) + UR_t \tag{3.7}$$

其中，R_t^e 表示无条件的预期股票回报，UR_t 是不能由 R_t^e 和 UX_t 解释的股票回报。UR_t 将反映与 R_t^e、UX_t 都不相关的所有信息，类似于残差项。

为了使得未来盈余直接进入等式（3.6），我们必须对现金流量和盈余之间的

[①] 一种备择方法是，首先估计盈余的时间序列模型也即等式（3.2），然后用估计得到的残差作为自变量对等式（3.1）进行回归。我们发现这种两步程序所产生的研究结果类似于共同估计所得到的结果。

[②] 我们假定折现率为常数。因此它不是随机的，不会受到当期盈余创新的影响。这个方面请参考 Beaver 等（1970），他们认为，盈余不会提供风险方面的信息。当然，后来的研究对这样的观点提出质疑，认为盈余也能够提供风险信息，例如，Francis 等（2004，2005）。

关系作出一些假定。我们假定，预期未来现金流量修正的现值等于预期未来盈余修正的现值。这样就可得到等式（3.8）：

$$R(UX_t) = \sum_{s=0}^{\infty} \beta^s \frac{\Delta[X_{t+s}|UX_t]}{P_{t-1}} \tag{3.8}$$

假定两种修正的现值相等，其所包含的限定弱于标准的盈余资本化假定，即预期盈余的现值等于预期未来现金流量的现值，它要求公司的预期净投资为0[①]。例如，如果盈余创新所引起的预期净投资的修正等于0，我们更弱的假定还是会成立。尽管我们的假定还是较强，但是我们后面进行的经验检验不要求等式（3.8）完全成立。

等式（3.2）中的盈余单变量时间序列模型能够接近股票市场对盈余的预期，根据这个假定我们就能够推导当期盈余创新所导致预期未来盈余的修正。首先，等式（3.2）可以用移动平均的形式重写如下：

$$X_t = \theta(L)UX_t \tag{3.9}$$

其中，$\theta(L) = 1 + \theta_1 L + \theta_2 L^2 + \cdots$，并且，L为滞后标示符。预期未来盈余的修正就可以表示如下[②]：

$$\Delta[X_{t+s}|UX_t] = \theta_s UX_t, \quad s = 0, 1, 2, \cdots, \infty \tag{3.10}$$

现在将等式（3.10）代入等式（3.8）就可以得出，当期盈余创新导致的股票回报只取决于该盈余创新和移动平均系数：

$$R(UX_t) = \left(1 + \sum_{s=1}^{\infty} \beta^s \theta_s\right) \frac{UX_t}{P_{t-1}} \tag{3.11}$$

等式（3.11）右边括号中的部分可以理解为是盈余乘数（即盈余反应系数）。"1"代表当期的盈余创新对股票回报产生一对一的效应。求和项 $\sum_{s=1}^{\infty} \beta^s \theta_s$ 代表当期的盈余创新对预期未来盈余修正现值的影响。根据 Miller 和 Rock（1985），我们把该现值称为盈余的持续性[③]。

描述盈余持续性的最后一步是，利用等式（3.2）中的自回归参数（b_i）重

---

① 预期净投资为0意味着，为了实现未来经营活动现金流量所需要未来投资的现值，等于未来折旧的现值。

② 根据等式（3.9），UX_t 导致的预期未来盈余的修正可表达如下：

$$\Delta[\theta(L)UX_{t+s}|UX_t] = \sum_{j=0}^{\infty} \theta_j \Delta[X_{t+s-j}|UX_t] = \theta_s UX_t$$

第一个等式成立，是因为 $\theta(L)$ 和预期操作符都是线性的；第二个等式成立有两个原因。一是 UX_t 没有提供未来盈余创新预期或过去盈余创新实现方面的信息，也即对于所有的 $j \neq s$，$\Delta[X_{t+s-j}|UX_t] = 0$；二是因为在知道 UX_t 之前 $[UX_t] = UX_t$，并且 $[UX_t|UX_t] = UX_t$，也即对于所有的 $j=s$，$\Delta[X_{t+s-j}|UX_t] = UX_t$。

③ Miller 和 Rock（1985）构造了一个2期间模型并假定盈余的随机部分遵循 MA（1）过程，其中 MA（1）过程的参数是 γ，也就相当于本章的 θ_s。当期和未来盈余预期修正的现值就可以表达如下：$\{[X_1] - [X_1]_0\} + \beta\{[X_2] - [X_2]_0\} = (1 + \beta\gamma)UX_1$，其中 1、2代表第 1、2期，$[\ ]_0$ 代表基于第 1期之前的信息进行的预期。在这种情形下，"盈余持续性"将等于 $\beta\gamma$。值得注意的是，Miller 和 Rock（1985）的"持续性系数"是指 γ，然而本章是指预期未来盈余修正的现值 $\sum \beta^s \theta_s$，以便考虑盈余的更高阶模型。

写等式（3.11）中的求和项[①]：

$$PER = \sum_{s=1}^{\infty} \beta^s \theta_s = \frac{1}{(1-\beta)(1-\sum_{i=1}^{N}\beta^i b_i)} - 1 \tag{3.12}$$

其中，$\beta = 1/(1+r)$，θ_s 为移动平均参数，b_i 为时间序列参数。盈余持续性 PER 就是 1 货币单位的当期盈余创新所引发的预期未来盈余修改的现值，它是盈余时间序列参数 b_i 和 β 中所假定折现率的函数。

为了阐明如何理解 PER 作为盈余持续性的度量指标，我们列举两种特殊的情形。如果盈余遵循纯粹的白噪音过程，那么 $X_t = UX_t$，此时对于所有的 $s \geq 1$，$\theta_s = 0$。在这种情形下，当期的盈余创新都完全是暂时性的，PER=0；如果盈余遵循随机游走过程，那么 $X_t - X_{t-1} = UX_t$，此时对于所有的 $s \geq 0$，$\theta_s = 1$，即 1 货币单位的当期盈余创新将引发所有未来期间的预期盈余修正 1 货币单位。在这种情形下，当期的盈余创新都完全是永久性的，PER=1/r，即单位年金的资本化。因此，PER 包含了以上两者极端情形以及任何一种中间状态。一般而言，自回归参数 b_i 越大，意味着移动平均参数 θ_s 也越大，PER 也越大。

本章主要的目的是探讨股票回报对盈余创新作出反应的程度。等式（3.1）中的 α_0 直接度量了这种程度，PER 也可以度量这种程度，而且 PER 根植于盈余的时间序列特性和经典的估价理论。因此，我们关注 α_0 和 PER 之间的关系。把等式（3.11）和等式（3.12）代入等式（3.7）便得到等式（3.13）：

$$R_t = R_t^e + (1 + PER)\frac{UX_t}{P_{t-1}} + UR_t \tag{3.13}$$

对等式（3.1）和等式（3.13）进行对比表明，基于以上所讨论的共同假设，α_0 应当等于（1+PER）：

$$\alpha_0 = 1 + PER = [(1-\beta)(1-\sum_{i=1}^{N}\beta^i b_i)]^{-1} \tag{3.14}$$

Collins 和 Kothari（1989）参考了 Flavin（1981）、Kormendi 和 Lipe（1987）的方法，提出了更具一般性的 ARIMA（p，d，q）模型，并且在后续研究中得到

[①] 根据 Flavin（1981），可以推导出移动平均参数 θ_i 折现之和与一般的自回归系数 ρ_j 之间的关系：
$\sum_{i=1}^{\infty}\beta^i\theta_i = (1-\sum_{j=1}^{\infty}\beta^j\rho_j)^{-1} - 1$
ρ_j 以如下的方式对应于等式（3.2）中的 b_i：
$\rho_1 = b_1 + 1$
$\rho_k = b_k - b_{k-1}$，$k = 2，3，4，\cdots，\infty$
$b_k = 0$，$k > N$
因此，下面的关系成立：
$\sum_{i=1}^{\infty}\beta^i\theta_i = \frac{1}{1 - [\beta(b_1+1) + \beta^2(b_2-b_1) + \beta^3(b_3-b_2) + \beta^4(b_4-b_3)\cdots]} - 1$
重新安排便得到如下的关系式：
$\sum_{i=1}^{\infty}\beta^i\theta_i = \frac{1}{(1-\beta) - \beta b_1(1-\beta) - \beta^2 b_2(1-\beta) - \beta^3 b_3(1-\beta) - \cdots} - 1$
重新整理便得到等式（3.12）。

广泛应用。根据 Miller 和 Rock（1985）、Kormendi 和 Lipe（1987）、Collins 和 Kothari（1989）、O'Hanlon 等（1992）、Baginski 等（1999）、Riahi-Belkaoui 和 Alnajjar（2002），假定盈余遵循 ARIMA（p，d，q）模型（p 为自回归阶数、d 为差分阶数、q 为移动平均阶数），盈余持续性就是自回归参数 b_i 和移动平均参数 θ_j 的一个函数，并在此基础上勾勒 α_0 和 PER 之间的关系：

$$PER = \frac{1 - \sum_{j=1}^{q}\beta^j\theta_j}{(1-\beta)^d(1-\sum_{i=1}^{p}\beta^i b_i)} - 1 \qquad (3.15)$$

$$\alpha_0 = 1 + PER = \frac{1 - \sum_{j=1}^{q}\beta^j\theta_j}{(1-\beta)^d(1-\sum_{i=1}^{p}\beta^i b_i)} \qquad (3.16)$$

其中，b_i 为 i 阶自回归参数，d 为连续的差分阶数，比如用连续 2 年盈余的差，d 就等于 1，θ_j 是 j 阶移动平均参数。一般假定 d=1，q=0，例如，Kormendi 和 Lipe（1987）、O'Hanlon 等（1992）、Lipe 和 Kormendi（1994）、吕兆德和何子衡（2012）。PER 也被用于其他研究中，包括 Lipe（1986，1990）。Collins 和 Kothari（1989）在度量盈余持续性时采用 ARIMA（0，1，1），即采用 θ_1。Easton 和 Zmijewski（1989）使用分析师预测的修正来度量盈余持续性。但是，这些研究在度量盈余持续性时所用的差分阶数都没有超过 1。因此，本章假定 d=1，q=0，并聚焦于探讨 p 带来的效应。

等式（3.14）是对等式系统（3.1）-（3.2）的一种非线性等式间限定。给定 β 为常数，就可以在考虑和不考虑等式（3.14）的情形下估计等式系统（3.1）-（3.2），并对零假设（该限定是非约束性的）进行似然比检验。如果等式（3.14）中的相等关系成立，那么股票回报作出反应的方式就如同共同假设所预测的，因此报告盈余中的新信息和盈余的时间序列特性在证券定价中都是有用的。然而，基于等式（3.14）中的相等关系进行的检验是过高的限定，原因如下：第一，PER 度量了某个盈余创新对预期未来盈余修正现值的影响，而非预期的未来现金流量。尽管可以预期 PER 与相应的现金流量概念正向关联，但是一对一关系的任何偏离都将使得零假设被拒绝，即使盈余创新提供未来现金流量方面的信息。第二，单变量时间序列模型只反映了历史盈余序列本身所包含的信息，而非市场参与者可以获得的所有信息。在这种情形下，UX_t 在度量真实的盈余创新时将带有误差，因此使得对 α_0 的估计偏小，从而导致拒绝等式（3.14）中的相等关系。第三，经验上对 PER 的度量都要求设定 β 值。如果所选择的 β 值不正确，那么所计算的 PER 就会有偏差，从而导致拒绝等式（3.14）中的相等关系。基于假设"α_0 恰好等于（1+PER）"进行的检验具有太强的限定性，所以我们转而构造"α_0 和 PER 是否正相关"的检验。接下来，我们将提出分析 α_0 和 PER 之间关系的横截面方法。这种方法能够恰当地克服上述三个方面的问题。

3.3.3 跨公司（Cross-firm）的检验

既然对"$\alpha_0 = 1 + PER$"进行检验存在诸多不可逾越的难题，所以我们检验更少限定性的假设——各个公司的 α_0 和 PER 线性相关。在这种情形下，等式（3.14）重写为：

$$\alpha_{0,j} = \delta_0 + \delta_1(1 + PER_j) + \varepsilon_j \tag{3.17}$$

其中，j 表示第 j 家公司，δ_0 和 δ_1 是参数，ε_j 是第 j 家公司的残差，并且与 PER_j 正交。等式（3.14）中严格的相等关系意味着，$\delta_0 = 0$，$\delta_1 = 1$，以及 $\varepsilon_j = 0$，处于前面讨论过的原因我们预期它们不成立，所以我们不予检验。我们检验更一般的假设 $\delta_1 > 0$，对应的零假设是 $\delta_1 = 0$。假设 $\delta_1 = 1$ 我们也感兴趣，它是一个过渡假设，比假设 $\delta_1 > 0$ 强但比等式（3.14）更弱。

我们使用三类检验方法。第一，针对各个样本公司估计由等式（3.1）和（3.2）构成的系统，然后计算 $\hat{\alpha}_{0,j}$ 和 $\hat{PER}_j$ 的普通相关系数和秩（Rank）相关系数。如果它们显著正相关，那就意味着 $\delta_1 > 0$。秩相关系数要特别关注，因为它对数据的分布特性和关系的函数形式都不敏感（即 Robust）。

第二，利用第一类方法得到的 $\hat{\alpha}_{0,j}$ 和 $\hat{PER}_j$ 对等式（3.17）进行辅助性的 OLS 回归，所得到的 $\hat{\delta}_1$ 与 1 和 0 相比较。因为 $\hat{\alpha}_{0,j}$ 和 $\hat{PER}_j$ 本身也是估计得到的参数，当时间序列观测数量不够大时可能会伴随抽样误差，所以 $\hat{PER}_j$ 隐含的抽样误差将使得 $\hat{\delta}_1$ 偏小。鉴于此，我们对 $\hat{\alpha}_{0,j}$ 和 $\hat{PER}_j$ 进行反向回归，以便获得 δ_1 的上限。

第三，为了检验 $\delta_1 = 0$，我们在等式（3.17）的限定下估计系统（3.1）-（3.2）。我们把等式（3.17）代入等式（3.1）并用第 j 家公司来标注所有的变量，因此等式（3.1）和（3.2）重写如下：

$$R_{j,t} = k_{1,j} + [\delta_0 + \delta_1(1 + PER_j)]\frac{UX_{j,t}}{P_{j,t-1}} + UR'_{j,t} \tag{3.18}$$

$$\Delta X_{j,t} = k_{2,j} + \sum_{i=1}^{N} b_{i,j}\Delta X_{j,t-i} + UX_{j,t} \tag{3.19}$$

其中，$UR'_{j,t} = \varepsilon_j UX_{j,t}/P_{j,t-1} + UR_{j,t}$。我们在 ε_j、$UR_{j,t}$ 和 $UX_{j,t}$ 相互独立的假定下估计等式（3.18）中的系数 δ_1。

持续性的度量指标 PER_j 是等式（3.19）中自相关参数 $b_{i,j}$ 的一个函数，因此，等式（3.18）和（3.19）构成的系统等价于等式（3.1）和（3.2）构成的系统，只是添加了等式间的限定，即将股票回报对盈余创新的反应系数 $\alpha_{0,j}$ 与盈余的时间序列参数 $b_{i,j}$ 联系起来。值得注意的是，在估计时通过施加这些限定，我们能够消除在辅助性的 OLS 回归中 $\hat{\alpha}_{0,j}$ 和 $\widehat{PER}_j$ 的估计误差所引起 $\hat{\delta}_1$ 偏小的问题。估计等式（3.18）和（3.19）构成的系统感兴趣的假设仍然是 $\delta_1 > 0$，此时 $\alpha_{0,j}$ 和 PER_j 的真值是正相关的。

3.4　主要的实证结果与分析

3.4.1　样本选择

我们选择样本公司的标准是，A 股非金融保险上市公司在 1994—2011 年期间有完整的年度盈余时间序列和年度股票回报数据，并且所需的其他财务数据也没有缺失。这样共获得 255 家公司。相关的数据来自 CSMAR 和 Wind。

3.4.2　模型和变量

由于时间序列观测值数量有限，所以我们把盈余自回归过程的滞后期设定为 N=2，即假设盈余遵循 ARIMA（2，1，0）过程[①]。因此我们可以把等式（3.1）和（3.2）构成的系统重写如下（j=1，2，…，255）：

$$R_{j,t} = k_{1,j} + \alpha_{0,j}\frac{UX_{j,t}}{P_{j,t-1}} + \gamma_{1,j}Beta_{j,t-1} + \gamma_{2,j}BTM_{j,t-1} + \gamma_{3,j}ME_{j,t-1} + UR_{j,t} \tag{3.20}$$

$$\Delta X_{j,t} = k_{2,j} + b_{1,j}\Delta X_{j,t-1} + b_{2,j}\Delta X_{j,t-2} + \lambda_{1,j}Size + \lambda_{2,j}AT + \lambda_{3,j}Lev + \lambda_{4,j}Growth + \lambda_{5,j}In\,tan +$$
$$\lambda_{6,j}Loss + UX_{j,t} \tag{3.21}$$

其中，$R_{j,t}$ 为年度（当年 5 月到次年 4 月）股票累积超常回报率。$X_{j,t}$ 为每股收益（采用营业利润或净利润/总股数）。为了克服 $UR_{j,t}$ 和 $UX_{j,t}$ 的横截面相关，本章对 $R_{j,t}$ 和 $X_{j,t}$ 剔除通货膨胀的影响，即分别减去 CPI（消费价格指数）的年度变化百

---

① O'Hanlon 等（1992）计算盈余持续性时，针对不同的公司使用不同的 ARIMA（p，d，q），比如 ARIMA（1，0，0）、ARIMA（1，1，0）、ARIMA（2，0，0）、ARIMA（1，0，1）、ARIMA（0，0，0）、ARIMA（0，0，1），但是其证据表明 ARIMA（2，1，0）表现最好。Baginski 等（1999）计算盈余持续性时，针对所有的公司依次使用的 ARIMA 模型包括 ARIMA（1，0，0）、ARIMA（4，0，0）、ARIMA（0，1，1）、ARIMA（2，1，0），ARIMA（4，1，0），其证据表明 ARIMA（2，1，0）表现最好。Baginski 等（1999）认为，研究人员如果使用高阶的 ARIMA 模型，与通常使用的低阶的 ARIMA 模型，所得到的盈余持续性指标更能够捕获盈余持续性经济影响因素（规模、产品类型、进入壁垒、资本密集度等）所隐含的盈余持续性，即基于高阶的 ARIMA 模型所得到的盈余持续性指标能够反映导致盈余持续性的经济特征。鉴于市场对盈余持续性的评估（反应）反映了这些经济因素，使用高阶的 ARIMA 模型来度量盈余持续性，将导致盈余持续性与 ERC 之间的关系更显著。Riahi-Belkaoui 和 Alnajjar（2002）也使用 ARIMA（2，1，0）和 ARIMA（4，1，0），并认为基于高阶的 ARIMA 模型所得到的盈余持续性指标能够反映导致盈余持续性的经济特征。吕兆德和何子衡（2012）以 1999 年 12 月 31 日前上市的公司作为研究对象，采集 1999—2009 共 11 年的年度财务数据为研究样本，采用高阶的 ARIMA（4，1，0）模型来计算公司的盈余持续性指标。

分比。

　　Fama和French（1992，1993，1995，1996，1997，1998）认为，CAPM将证券超额回报率简单看成市场证券组合回报率的线性函数太过于简化，应该考虑其他一些风险因素，考虑到绝大多数的均值回报异常现象彼此相关，他们引入了小公司股票组合回报与大公司股票组合回报的差、高账面价值/市值的公司股票组合回报与低账面价值/市值的公司股票组合回报的差，这两个因素与市场组合的超额回报一起能够很好地解释大部分的CAPM异常现象，最终将资产定价从CAPM的单因子（市场组合超额回报）模型扩展到F-F三因子模型。范龙振和余世典（2002）通过对中国股票市场从1995年7月至2000年6月所有A股股票月度收益率的研究，发现F-F三因子模型能够很好地解释各投资组合回报率之间的差异。同时，F-F三因子模型可以完全解释沪深两市大多数股票价格指数回报率的变化和差异。杨忻和陈展辉（2003）检验F-F三因子资产定价模型在国内A股市场的适用性。发现沪深A股市场存在着规模效应和账面市值比效应，三因子模型可以完全解释A股市场收益率的截面差异。邓长荣和马永开（2005）采用深市的股票收益率数据对三因子模型进行检验发现也是成立的。Chen（2013）在PEAD背景下，检验投资者如何在股票价格中消化公司特定的盈余持续性，正是基于F-F三因子资产定价模型进行检验的。因此，我们在等式（3.1）的基础上，加入F-F三因子，就得到了等式（3.17）：Beta是公司上年末的贝塔值，BTM是账面市值比（上年末股东权益账面值/股票市场价值），ME是上年末的公司股票市场价值（取常用对数）。

　　Penman（1992）认为，盈余持续性不是一个固定的公司特征，即一个公司并非只有一个盈余持续性。盈余持续性是动态的，因为它随着公司基本面的变化而变化。盈余持续性受到一些基本因素的影响，比如暂时性项目的发生、竞争力的变化。然而，考虑到时间序列模型所要求的盈余序列的长度，盈余时间序列持续性一般不会随时间发生变动。例如，O'Hanlon等（1992）度量盈余持续性时，每家公司必须具有1968—1988年共21年完整的年度盈余数字。Baginski等（1999）以美国162家公司为样本的研究，需要每家公司有完整的1967—1990年24个特殊项目前年度净利润。Mendenhall（2002）要求样本公司28个季度盈余观测点中至少有20个连续的季度盈余，这表明，盈余时间序列持续性没有反映估计期中公司基本面的变化。但是，等式（3.2）只考虑了公司盈余的时间序列特征，而没有考虑其横截面变化，没有考虑盈余持续性的一些基本影响因素。鉴于此，一些研究在度量盈余持续性时考虑了盈余持续性的影响因素。例如，Brown（1993）认为，尽管随机游走、IMA（1，1）、AR（1）模型能够合理地概括年度盈余的时间序列过程，但是，一旦加入额外的信息集合（比如股票价格、账面回报率或其他财务报表数据），它们就会得到改进。Fama和French（2000）

考虑了公司特定的盈余持续性影响因素，进行年度截面回归。Chen（2004）以提前一期的盈余为因变量，以盈余持续性的影响因素及其与当期盈余的交乘项为自变量，然后利用各个回归系数来计算盈余持续性。Chen（2013）为了度量随时间发生变化的持续性（盈余的横截面持续性），使用多因素模型，其容许每个公司基于各种会计和经济基本面的变化而每个季度更新盈余持续性，对盈余变化的一阶自回归模型进行截面回归，并考虑了 14 个盈余持续性的影响因素，即计算盈余的横截面持续性。根据前人的研究（例如，Lev，1983；Collins 和 Kothari，1989；Baginski 等，1999；Chambers 和 Payne，2011；Hsu 和 Hu，2011；Chen，2004，2012；孙世攀等，2011；潘征文，2012；吕兆德和何子衡，2012），我们在等式（3.2）的基础上进一步控制了盈余持续性的其他影响因素，得到了等式（3.18）：公司规模（Size，总资产账面值的常用对数值），总资产周转率（AT，营业收入÷期初期末总资产账面均值），资产负债率（Lev，总负债账面值÷总资产账面值），公司成长速度变量（Growth，（本期主营业务收入−上期主营业务收入）÷上期主营业务收入），无形资产占总资产的比重（Intan，无形资产账面值÷总资产账面值），以及当年是否亏损（Loss，当期净利润为负数，取值为 1，否则为 0）。这 6 个变量取第 t−1 和 t−2 年的均值。

等式（3.20）和（3.21）构成的系统类似于等式（3.1）和（3.2）构成的系统。特别地，$\alpha_{0,j}$ 估计了公司 j 的 1 美元盈余创新对公司 j 超常股票回报的影响。$b_{i,j}$ 度量了特定公司 j 盈余变化过程的自回归参数。公司 j 的持续性度量指标 PER_j，代表了公司 j 预期未来盈余修正的现值。

总之，一些研究基于 ARIMA 时间序列模型来度量盈余持续性（例如，Lipe，1986；Kormendi 和 Lipe，1987；Easton 和 Zmijewski，1989；Collins 和 Kothari，1989；Bernard 和 Thomas，1990；Lipe，1990；O'Hanlon 等，1992；Lev 和 Thiagarajan，1993；Lipe 和 Kormendi，1994；Baginski 等，1999，2003；Chen，2012；吕兆德和何子衡，2012），还有一些研究采用盈余持续性的经济决定因素来估算盈余持续性（例如，Easton 和 Zmijewski，1989；Penman，1992；Lev 和 Thiagarajan，1993；Chen，2004，2012），而我们将二者相结合，即在 ARIMA 时间序列模型中加入盈余持续性的一些影响因素。

3.4.3 基本盈余−回报系统的估计

我们用加权非线性最小二乘法（Weighted Nonlinear Least Squares）针对每家公司估计等式系统 (3.20)−(3.21)。表 3−1 报告了主要变量和参数估计值的描述性统计表，其中包括 $\alpha_{0,j}$、PER、1+PER、$b_{1,j}$ 和 $b_{2,j}$ 的均值、最小值、分位数、中位数和最大值。类似于 Kormendi 和 Lipe（1987）、Collins 和 Kothari（1989）、

O'Hanlon 等（1992）、Lipe 和 Kormendi（1994）、Baginski 等（1999）、Chen（2013）、吕兆德和何子衡（2012），在计算 PER 时本章假定折现率 r 等于 10%[①]。

表 3-1　　　　　　　　　主要变量和参数估计值的描述性统计表

变量	均值	最小值	1/4 分位数	中位数	3/4 分位数	最大值
A组						
$\alpha_{0,j}$	3.2846	−9.577	1.742	3.9753	6.197	11.519
$\alpha_{0,j}$ 的 t 值	2.487	−3.451	1.342	2.4037	3.0253	11.096
PER	2.153	−11.34	−0.701	2.5736	5.0581	11.509
1+PER	3.153	−10.34	0.299	3.5736	6.0581	12.509
$b_{1,j}$	−0.39	−1.391	−0.66	−0.449	−0.113	1.3842
$b_{2,j}$	−0.346	−1.302	−0.64	−0.341	−0.103	1.1133
B组						
CAR	0.0861	−0.863	−0.18	−0.014	0.2131	9.517
P	9.3402	1.16	5.3	7.83	11.42	80.69
Beta	1.0278	−7.053	0.841	1.0365	1.2302	3.4586
BTM	0.2949	−4.895	0.165	0.2707	0.4187	1.6639
ME	9.4121	8.2591	9.12	9.3814	9.6648	11.297
ΔX	−0.103	−18.37	−0.13	−0.007	0.097	20.522
Size	9.1628	6.0346	8.838	9.1246	9.4638	11.247
AT	0.6391	−0.065	0.284	0.4947	0.8066	10.068
Lev	0.9881	0.0095	0.379	0.508	0.6391	547.88
Growth	0.5682	−1.844	−0.03	0.1109	0.2878	200.33
Intan	0.0503	0	0.0184	0.0621	0.0784	0.4629
Loss	0.2322	0	0	0	0	1

　　根据表 3-1 的 A 组，$\alpha_{0,j}$ 的均值为 3.2846。而且，对于 81% 的公司 α_0 为正数。对于 73% 的公司，α_0 的 t 值超过了 1.653，即在 10% 的水平上显著（双尾）。$\alpha_{0,j}$ 显著大于 0，这意味着报告盈余向股票市场传递了信息；$\alpha_{0,j}$ 的均值大于 1，这意味着平均而言当期的盈余创新包含了当期权益和未来权益收益方面的信息。

　　PER 的均值为 2.153，与 Baginski 等（1999）所得到的 PER 均值 9.49 存在一定的差异，而 Kormendi 和 Lipe（1987）估算得到的 PER 均值是 8.93。要注意的是，如果盈余遵循随机游走过程，那么当折现率等于 10% 时，PER 就会等于 10。实际上，255 家样本公司中，有 248 家公司的 PER 小于 10。PER 的均值小于 10，其原因在于，通货膨胀调整后公司特定的盈余不像随机游走过程那样高度自

---

① 我们也适用了其他的折现率，比如 8%、12%、20%，但得到类似的研究结论。

相关。实际上，表3-1的A组显示，$b_{1,j}$、$b_{2,j}$平均而言都为负数。接下来我们检验α_0与PER是否正相关。

3.4.4　α_0与PER是否正相关——跨公司（Cross-firm）的检验

α_0直接度量了公司股票回报对1元盈余创新的反应程度。根据前面的假设，α_0应当等于1+PER。但是，根据前面的原因，我们预期该等式不会对于每个公司都成立，直接检验该等式是否成立的假设容易被拒绝。因此，我们检验限制性更低的假设，即股票回报对盈余创新的反应程度（α_0或ERC），是否与盈余持续性的度量指标（PER）正相关。我们依次使用三种方法进行检验。

第一，根据前面计算得到255家样本公司α_0和PER的估计值，我们估计α_0和PER的之间的相关性程度。图3-1列示了α_0与PER的散点图。根据图3-1，尽管存在一些异常值，但是总体而言α_0与PER表现出相当强的正相关。α_0与PER的Pearson相关系数为0.661（P值=0.000），Spearman相关系数为0.652（P值=0.000），秩相关（Rank Correlation）系数为0.517（P值=0.005）。因此，α_0与PER之间相关性的参数和非参数检验表明，α_0与PER不相关的零假设可以在低于1%的显著性水平下被拒绝。

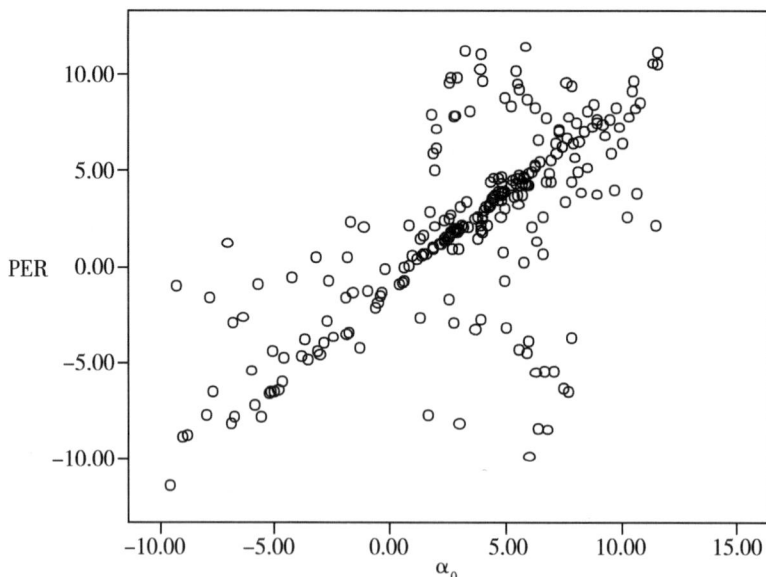

图3-1　α_0与PER的散点图

第二，基于前面计算得到255家样本公司α_0和PER的估计值，我们对等式（3.17）进行OLS回归。结果列示如下：

$$\alpha_{0,j} = 1.347(5.3) + 0.614(13.851)(1 + PER_j) + \varepsilon_j \tag{3.22}$$

　　括号中列示了估计系数的 t 值，模型的调整 R^2 为 0.429，F 值为 191.851。1+PER 的估计系数为 0.614，t 值为 13.851，表明 1+PER 的系数显著不同于 0 和 1。如前所述，因为 $\hat{\alpha}_{0,j}$ 和 $PE\hat{R}_j$ 本身也是估计得到的参数，当时间序列观测值不够大时可能会伴随抽样误差，所以 $PE\hat{R}_j$ 隐含的抽样误差将使得 1+PER 的估计系数偏小。鉴于此，我们对 α_0 和 PER 进行反向回归，以便获得 1+PER 的估计系数的上限：

$$(1 + PER_j) = \frac{\delta_0}{\delta_1} + \frac{1}{\delta_1}\alpha_{0,j} + \varepsilon_j^{'} \tag{3.23}$$

　　估计得到的 δ_1[①] 等于 1.4245。综合这两种估计，意味着 $0.614 \leqslant \delta_1 \leqslant 1.4245$，其取值区间包括了较强的假设 $\delta_1 = 1$。

　　第三，用加权非线性最小二乘法，估计受限制的等式组（3.18）-（3.19）。综合考虑 F-F 三因子资本资产定价模型以及盈余持续性的影响因素（即等式（3.20）和（3.21）），实际上我们是针对每家样本公司估计以下等式组（3.21）、（3.24）：

$$R_{j,t} = k_{1,j} + \left[\delta_0 + \delta_1(1 + PER_j)\right]\frac{UX_{j,t}}{P_{j,t-1}} + \gamma_{1,j}Beta_{j,t-1} + \gamma_{2,j}BTM_{j,t-1} + \gamma_{3,j}ME_{j,t-1} + UR_{j,t} \tag{3.24}$$

其中，等式（3.24）中的 PER_j 是根据前面的公式计算出来的。我们感兴趣的参数主要是 δ_1。基于所有 255 家样本公司，估计得到 δ_1 的均值是 0.752，标准差是 0.43，$\delta_1 = 0$ 的零假设在 1% 的显著性水平下被拒绝。为了便于比较，我们在不受限制的等式组下估算等式（3.17）得到 δ_1 的估计值，也即前面第二种方法下得到的 δ_1（0.614）。根据受限制等式组估计得到的 δ_1 要大于不受限制等式组估计所得到的。总体而言，基于受限制等式组估计得到的结果，支持了限制更少的假设—— α_0 与 PER 正向关联，也即盈余持续性越高，盈余反应系数就越大。

3.5　研究结论

　　EPS 创新（未预期值）的持续性，对权益估价具有重要含义（Gil-Alana 和 Peláez，2008）。因为其在估价中的作用，盈余的时间序列特征一直受到会计、财务、经济学领域研究人员的关注。本章通过关注公司盈余和股票回报的关联程度（ERC）及其与盈余时间序列持续性的联系，探讨公司报告盈余所包含信息的本质。西方大量的研究探讨了 ERC 与盈余时间序列持续性之间的关系，得到的主导结论是盈余时间序列持续性越高，ERC 就越大。西方也有一些研究检验了

---

① δ_1 度量了 α_0 和 1+PER 之间的关系，如果 $\delta_1 = 1$，就意味着 $\alpha_0 = 1+PER$。

盈余持续性的影响因素，并从公司的基本面和经济因素的角度度量或评价盈余持续性。这两种方法度量的盈余持续性各有优缺点，但是，还没有研究结合时间序列和盈余持续性影响因素这两个角度，对盈余持续性进行度量。我们度量盈余持续性的方法是，综合盈余时间序列模型和使用影响因素进行推断这两种方法，即在 ARIMA 时间序列模型中加入盈余持续性的其他影响因素；国内尚没有研究直接探讨 ERC 与盈余持续性之间的关系，尽管有一些研究检验了股票市场如何解读公司的盈余持续性，然而得到的研究结论不一致，因此本章有助于拓展国内这方面的研究。通过探讨盈余时间序列特征的估价含义，我们就能够揭露盈余信息含量的一种新维度。

我们借助经典的估价模型，即公司的股票价格等于股东预期所能够获得未来利益的现值。根据该模型，股票回报对某期盈余创新（即盈余中的新信息）的反应程度，应当与该盈余创新对股东预期所能够获得未来利益产生的影响相关联。考虑了盈余持续性经济影响因素的盈余时间序列模型分析表明，股票回报对某期盈余创新的反应程度，应当是盈余持续性的一个函数，并推导出 ERC 与盈余持续性之间的正向关联性。具体而言，在 3 个共同的假定下，股票回报对盈余创新的反应程度（ERC）应当与盈余持续性度量指标正相关。这 3 个假定是：（1）股票价格等于股东预期所能够获得未来利益的现值；（2）预期未来盈余修正的现值接近于股东预期所能够获得未来利益修正的现值；（3）盈余的时间序列模型接近于市场预期。

我们的研究设计直接检验该假设——股票回报和盈余之间的关系取决于盈余的持续性。基于 255 家公司 1994—2011 年期间的年度数据，我们使用估计的盈余时间序列特性，来推导盈余创新导致的预期未来盈余修正的现值，这也就是盈余创新持续性的度量指标。在考虑 F-F 三因子资本资产定价模型以及盈余持续性的影响因素的情形下，我们共同估计每个公司盈余的时间序列特性以及盈余创新和股票回报之间的关系。我们的经验证据支持了我们的假设，也即盈余持续性越高，盈余反应系数就越大。

4 资产负债项目可靠性、盈余持续性及其市场反应

本章将资产负债项目的可靠性和盈余的持续性相联系，并探讨资本市场是否能够解读这种联系。首先，我们建立一个模型，企图表明可靠性更差的资产负债项目导致盈余的持续性更低。其次，我们对资产负债表的应计项目进行分类，并对这些应计项目的可靠性进行评价。最后，我们基于1995—2011年期间267家 A 股公司的经验证据表明，更不可靠的资产负债项目导致盈余的持续性更低，并且投资者没有充分预期到更低的盈余持续性，导致资本市场作出错误反应。这些结果表明，将可靠性更低的应计项目包括在财务报表中会导致重大的成本，相关性的获得不应以牺牲可靠性为代价。

4.1 引 言

可靠性是构成会计信息有用性的一个重要特性。会计信息在许多背景下被广泛应用，这意味着报表使用者认为它足够可靠。迄今为止，关于会计信息可靠性及其特征的论述，还是FASB的概念框架比较完整。概念框架阐述道，"会计信息如实表述它应当反映的经济状况和事件，从这个意义而言会计信息是可靠的。"（FASB，1980）它强调了可靠性的三个特性：反映真实性，可验证性，以及中立性。其中，反映真实性是指会计信息应能如实反映实际情况；中立性是指会计信息应做到不偏不倚地表述经济活动的过程和结果，避免倾向于预定的结果或某一特定利益集团的需要；可验证性则是指不同的会计人员按相同的方法和程序对同一计量对象进行计量时应获得相同或相近的结果。概念框架进一步指出，可靠性不是有或无的问题，是一个度的问题。会计信息要对投资者、债权人和其他报表使用者有用，就必须具有一定水准的可靠性。

众所周知，最大化应计制会计信息的有用性，牵涉到相关性和可靠性之间的权衡（Dechow，1994；Dechow 等，1998，2008；Kothari，2001；Richardson 等，2005，2006）。大量的会计文献从相关性这一角度评价了会计信息（Houlthausen 和 Watts，2001）。但是，从可靠性这一角度评价会计信息的经验研究不多。Maines 和 Wahlen（2006）的文献回顾发现，多数研究只提供了可靠性方面的间接

证据，基本上是从会计信息与资本市场股票价格或未来现金流量之间的关系，或者从财务报告程序方面来推断可靠性程度，因为基础经济构成难以观察，几乎没有研究提供了会计数字与基础经济构成匹配程度方面的直接证据①。在西方，研究会计信息可靠性主要从两个方面着手：一是财务报告本身的编制及其内容影响会计信息的可信性，二是审计在提高财务报告可信性方面所发挥的作用。

关于审计与会计信息可靠性的关系，Wallman（1996）认为，独立审计对提高会计信息的可靠性相当重要；Lambert（2001）认为，坚持要对财务报告进行独立审计的原因之一是，我们不相信企业管理层自身会发布客观真实的报告。Francis 等（1999）则探讨了聘请六大会计师事务所是否能够提高会计信息的可信性，其中用应计项目的大小来衡量财务报告的可信性，证据表明六大会计师事务所能够限制激进的、可能是机会主义地报告应计项目。

对于一个财务事项，予以表内确认还是表外披露，这个问题在会计文献中一直倍受青睐。Bernard 和 Schipper（1994）描述了披露与确认之间所存在差异的重要性，并且认为，决定一个项目在表内确认还是表外披露，其中一个重要的决定因素是可靠性。他们认为，管制者所提出的许多政策都隐含着这样一个假定，即披露是一种有效的报告方式，即使是对于可以确认的项目。Barth、Clinch 和 Shibano（2001）的分析性研究表明，确认非常不可靠的会计数字而不只是披露它，能导致股票价格的信息含量更大。确认非常可靠的金额则会导致股票价格的信息含量更小。确认还是披露也影响着股票价格与会计数字进行回归的系数，即使当该会计数字的相关性和可靠性都相同。这意味着，确认还是披露的决策只基于可靠性，这显得太简单，关键是要看相对于相关性的可靠性，而不是可靠性本身。Davis-Friday 等（2004）提供的经验证据表明，市场认为表内确认的养老金以外的退休福利（PRB）负债比表外披露的 PRB 负债更可靠。根据 Libby 等（2006）所做的文献回顾，以前的研究表明，披露的数字具有相关性，但其可靠性要打折扣。与披露的信息相比，市场对确认的信息反应更强烈。信息的位置会影响财务报表使用者作出的反应。关于契约的文献所提供的证据表明，已确认的数字比已披露的数字更受青睐。Libby 等（2006）分析表明，可靠性能够决定信息的位置（表内确认或附注披露），或者财务概念框架以外的因素比如政治压力也能够决定信息的位置，即可靠性与信息的位置无关。他们用实验的方法，检验了是否存在这样的情形——信息的位置影响其可靠性。具体检验的预测是，保持已发现的误报金额不变，审计师愿意容忍所披露的数字所含的错误比已确认的数字所含的错误更大，这应当会降低所披露数字的可靠性。Zhang（2012）的分析性研究探讨了信息特征之间的关联性，比如可靠性、相关性、持续性、公开披露

---

① 关于会计信息可靠性研究的文献回顾，可以进一步参考 Maines 和 Wahlen（2006）。

政策。结果表明，最优的会计系统经常涉及强制披露和自愿披露的均衡，其中强制披露关注更可靠的信息。对可靠性的强调，使得福利最大化的强制性报告总是滞后于包含价值相关信息的金融市场。

有一些研究探讨了现行价值估价的可靠性。例如，Muller（1999）和 Aboody等（1999）都以英国为背景，提供了资产"现行价值"或"市场价值"估价的可靠性方面的经验证据。Muller 发现，基于外购商标的估价进行资本化，这种决策受到契约中激励因素的影响，这表明这类资产估价的可靠性由于受到管理层的操纵而要打折扣。Aboody 等发现，固定资产重估价与同期的股票价格和未来经营业绩之间都存在统计上显著的关联性。Sloan（1999）则对这两项研究进行了评价，认为 Muller 只提供了关于确认决策方面的证据。很难评价 Aboody 等所发现关于资产重估价可靠性的结果，因为股票价格和经营业绩还受到其他许多因素的影响。解决会计上的确认难题天生具有主观性，会计准则制定者必须就所考虑项目的相关性和可靠性作出判断，并考虑这种判断对利益相关方的成本效益影响，认为这些问题能够通过盈余管理或资本市场研究中的 t 检验或调整 R^2 予以解决，这是很天真的。Cotter 等（2003）以澳大利亚为背景，通过将财务数据与股票价格和同期股票回报率相联系，检验了房地产重估价增值予以确认或附注披露的价值相关性。证据表明，由于确认或披露所隐含的可靠性程度存在差异，与已确认重估价增值相比，已披露的重估价增值被市场打折扣。这说明，确认而不只是披露房地产重估价增值，传递了关于重估价可靠性的正面信号，即确认本身就标明了计量的可靠性程度。Blacconiere 等（2011）研究发现，经审计财务报告自愿披露对强制性公允价值信息可靠性的否认，具有信息含量，能够向报表使用者传递公允价值估计可靠性方面的信息，但是有限的证据表明经理机会主义地利用这种对公允价值信息可靠性的否认。

有一些研究从可靠性和相关性权衡的角度进行了研究。例如，Dye 等（2003）建立了分析性模型，对可靠性和相关性的权衡进行评价，并涉及到信息综合的效率。Richardson 等（2005）对应计项目的可靠性进行完整而详尽的评价，并将其与会计盈余的持续性和未来股票回报相联系。Lantto（2006）则基于三个问卷调查，考察了 IFRS 下所提供的会计信息是否更可靠、更相关、更有用。Barth、Beaver 和 Landsman（2001）认为，学术文献中的价值相关性检验，代表了操作 FASB 所阐述两个会计信息质量特征相关性和可靠性的一种方法，即价值相关性检验一般是对相关性和可靠性的共同检验。尽管发现价值相关性表明会计数字某种程度上是相关且可靠的，但是难以将缺乏价值相关性归因于其中一个属性。相关性和可靠性都不是一种"两分"属性，FASB 也没有规定"多少"相关性或可靠性能够达到其会计信息质量标准。此外，难以分开检验某个会计数字的相关性和可靠性。

还有其他的一些研究探讨了会计信息可靠性的其他动因。例如，Andersona
等（2004）的经验证据发现，独立的董事会和独立的审计委员会能够提高公司财
务报告的可靠性。Boumosleh（2009）用总应计项目来度量盈余管理水平。经验
证据发现，董事的股票期权薪酬与更高水平的总应计项目相关联。对该结果的解
释是，董事的股票期权更可能使得董事和经理的利益相一致，并且，这种利益一
致表现为公司财务信息的低透明度、低可靠性。该结果表明，董事的股票期权薪
酬激励着董事在公司的财务报告程序中的监督作用打折扣。

在中国，关于会计信息相关性和可靠性的研究也存在一边倒的倾向。关于会
计信息相关性的研究可谓汗牛充栋，比如赵宇龙（1998）、陈晓等（1999）、刘旻
（2001）、孙铮等(2001)、陆静等（2002）、王化成等（2004）、赵春光（2004）、
张国清等（2006）。但是关于会计信息可靠性的研究可谓稀少。Yang等（2005）
以中国1998—2000年为研究背景，探讨了投资者对成本与市价孰低会计
（LCM）和历史成本会计（HCA）的相关性和可靠性作出的反应。方法是分别基
于LCM和HCA，检验净资产账面值与权益市场价值之间的关联性以及会计盈余
与股票回报之间的关联性。经验证据表明，LCM改革提高了会计信息的价值相
关性，但是研究期间HCA的可靠性并没有增加，而且某些期间由于LCM具有自
愿性以及某些样本公司具有机会主义使得可靠性降低。本章的动机正是为了拓展
该领域的研究。

本章主要探讨资产负债项目的可靠性与盈余持续性之间的关系。Sloan
（1996）的研究表明，盈余中应计项目的持续性比现金流量的更低，并将这种差
异归因于应计项目具有更强的主观性。与Sloan所谓的"主观性"概念不同，我
们这里借用众所周知的"可靠性"会计概念。我们所建立的模型预测，可靠性更
差的应计项目导致盈余的持续性更低。我们的经验检验使用经过完整分类的应计
项目，并且根据可靠性对每类应计项目进行评价。总体而言，经验证据验证了模
型的预测。来自股票市场的证据也表明，投资者没有预期到可靠性更低的应计项
目持续性更低，这导致了资本市场作出错误反应。

本章有三个贡献。第一，我们直接将可靠性与会计数字在经验上可观察到的
特性相联系。可靠性和相关性被认为是使得会计信息对决策有用的两个主要特
性，但是尽管有大量的研究检验了会计数字的价值相关性，但是对可靠性的研究
罕见。偏重相关性的一个后果是，倡导在会计数字中确认更相关但更不可靠的信
息（Lev和Sougiannis，1996）。然而，正如Watts（2003）所主张的，允许可靠性
更差的估计进入会计数字会严重地损害它们的有用性。我们的研究强调了在相关
性和可靠性之间权衡的重要性。我们的分析表明，确认可靠性更差的应计项目，
引入了计量误差，减低了盈余的持续性，并导致证券被错误定价。第二，我们完
整地定义应计项目并进行分类。从Healy（1985）开始，大量的研究使用狭义上

的应计项目，主要指营运资金应计项目，而遗漏了非流动应计项目，比如资本化的设备购置支出。既然现金流量一般计算为盈余和应计项目之差，因此，遗漏非流动应计项目，导致应计项目和现金流量的计量都变得不甚"干净"。我们的证据表明，Healy定义所遗漏许多应计项目的可靠性比较低，并倡导以后的研究有必要考虑这些应计项目。第三，我们强化并扩展了Sloan关于市场在应计项目信息有效性方面的研究发现。Sloan的研究表明，投资者没有预期到盈余中应计项目更低的持续性，这导致证券被错误定价。我们从以下两个方面加强并扩展了Sloan的结果：（1）我们更全面地定义了应计项目，并表明它与市场作出错误反应相关联。（2）我们的证据表明，盈余的持续性及其与市场作出错误反应的关联程度直接与应计项目的可靠性相关。

尽管本研究检验了资产负债项目的可靠性对盈余持续性的影响，但是我们特别指出我们的结果还存在其他解释。Fairfield等（2003）认为，Sloan（1996）的研究发现是更一般成长效应（归因于投资边际报酬递减）和谨慎性会计的一种特例。另外一种解释是，特别的应计项目可能是由对盈余产生暂时性经济影响的销售额的极端变化引起。Xie（2001）和Richardson等（2006）发现，即使控制了销售额增长以后，应计项目更低的持续性仍然存在，这些研究结果支持了我们从应计项目可靠性角度提出的解释。然而，关于我们的研究结果还可能存在其他的解释，要区分竞争性的解释，还需要更深入的研究。

本章的结构安排如下：第二部分是会计信息可靠性与盈余持续性的理论联系；第三部分是相关文献与研究设计，第四部分描述数据，第五部分是主要的经验结果，第六部分是结论。

4.2　会计信息可靠性与盈余持续性的理论联系

尽管可靠性对财务报告的重要性不言而喻，但是其是会计信息的一个复杂而难以捉摸的特征。许多类型会计信息的可靠性都难以直接观察或测评。这可能会导致财务报告程序中的个人错误地估计会计信息的可靠性，或者错误地将判断误差的其他诱因归因于会计信息可靠性方面的缺陷。为了将可靠性阐明为一个会计信息特征并与盈余持续性联系起来，我们借助Maines和Wahlen（2006）的理论框架，它将会计信息描述为对决定公司未来现金流量的基础经济构成的一种反映。这种描述与FASB所阐述的财务报告目标相一致：提供信息以帮助投资者、债权人等评估有关企业未来现金净流量的金额、时间和不确定性（FASB，1978）。该框架适用于描述企业总体活动的会计信息（比如净利润）或者特定活动的会计信息（比如应收账款）。如图4-1所示，该框架包括以下三种关系：（1）经济关系，即当期基础经济构成与未来现金流量之间的关系；（2）会计关系，即当期基础经济构成与反映这种构成的当期会计信息之间的关系；（3）预期关系，即当期会计信息与未来现金流量之间的关系。

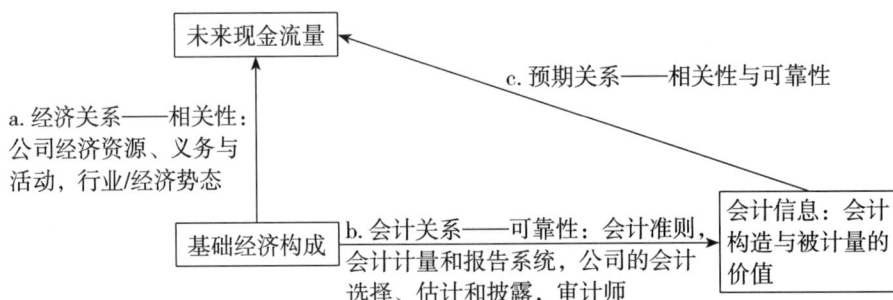

图 4-1　会计信息框架示意图

4.2.1　经济关系（相关性）

利益相关者基本上对公司的当期基础经济构成与其未来现金净流量之间的关联性也即图 4-1 中的"关系 a"感兴趣。这些基础经济构成从经济状态、行业动态以及公司战略角度涵盖了企业当期的经济资源、义务、活动和事件。这些基础经济构成将催生未来的现金流量，因此与预测未来现金流量相关。基础经济构成的相关性程度因决策而异，即利益相关者的决策背景决定着未来现金流量与基础经济构成的关联程度。尽管公司管理层和利益相关者都不能完美地观察当期的基础经济构成，但是，重要的是要知道，即使他们能够无偏差地观察到基础经济构成，他们也不能够完美地预测未来现金流量。未来期间所发生的未预期因素（也即特定公司、特定行业、或者经济整体中的随机事件）将影响现金流量，因此导致预测误差。

4.2.2　会计关系（可靠性）

由于公司的基础经济构成不能被完美地观察，所有公司必须利用会计信息来报告这些构成的替代物。图 4-1 中的会计关系，体现了公司利用当期的会计信息反映当期的基础经济构成，其中会计信息由反映基础经济构成的会计构造以及该会计构造下被计量的价值构成。会计关系体现了可靠性——会计信息反映基础经济构成的客观程度。某项会计信息的可靠程度内在于该信息本身，独立于该信息的使用。然而，会计信息所反映基础经济构成的相关性，是会计信息可靠性的必备条件。最具有潜力影响使用者决策的会计信息才最需要可靠的计量和报告。而且，即使是最具相关性的会计信息，其较低的可靠性也可能减损其有用性。因此，可靠性是相关信息变成有用信息的必要非充分条件。

4.2.3　预期关系

图4-1中的预期关系代表了一个公司的会计信息与未来现金流量之间的关联性。预期关系包含了经济关系和会计关系，并且体现了会计信息的有用性。预期关系描述了相关且可靠的会计信息在提高报表使用者预测公司未来现金流量金额、时间、不确定性能力的潜力（FASB，1978）。预期关系表明，会计信息的有用性依赖于它在反映决定公司未来现金流量的有关基础经济构成时的可靠程度。

因此，根据上述理论框架，可靠性更高的会计信息系统，所产生的会计信息能够更客观地反映公司的基础经济构成（即基础经济业绩），能够更好地反映公司未来的现金流量，提升盈余的持续性，从而有助于利益相关者更好地预测未来现金流量，提升会计信息的有用性。

4.3　相关文献与研究设计

4.3.1　相关文献回顾

有一些研究探讨了会计信息可靠性与盈余持续性之间的关系。例如，Richardson等（2001）认为应计制会计的本质是对过去、当期和预期的未来现金流入和流出进行应计、递延、摊配等。应计制程序牵涉到对未来的现金流入和流出进行估计、对过去的现金流入和流出进行主观的摊配，因此，应计制程序所产生的会计数字可靠性程度不一。对各种资产、负债、收入、费用进行估计所伴随的有意或无意的差错将导致盈余的持续性更低。Richardson等（2005）详细地分析了短期和长期的经营性与金融资产和负债关系，结果表明可靠性更低的资产和负债项目，其持续性更低。Richardson等（2006）的证据表明，应计项目的低持续性至少部分地可以归因于应计制会计所产生的失真，这对财务会计具有重要含义。应计制会计牵涉到更多相关性（与应计未来的经济利益和义务相关联）和更低可靠性（估计这些未来的经济利益和义务金额）之间的权衡。我们的研究结果表明，应计制会计更低的可靠性导致暂时性的会计失真，对盈余持续性具有重要影响。当前的会计准则更加推崇公允价值会计，其可能增加会计失真的频率和程度，进而导致盈余持续性和可靠性的减低。Chambers和Payne（2007）的证据表明，后SOX时代应计项目的可靠性显著增加，并且应计项目的可靠性与审计质量正向关联。Oei等（2008）基于澳大利亚的研究发现，在预测未来盈余时，应计项目的持续性比现金流量的持续性更低。他进一步提出假设——应计项目组成部分的持续性与它们的可靠性正向关联，但是证据表明非流动经营性应计项目的持续性显著高于营运资本应计项目或金融性应计项目，好像其属于可靠性更高的应计项目组成部分，与 Richardson 等（2005）的发现相反。一个可能的解释是——尽管澳大利亚公司的非流动经营性应计项目可靠性更低，但是它们比美国的研究更好地捕获了未来盈余的有关信息。Ebaid（2011）基于埃及的研究发现，可靠性更低的应计项目，其持续性也更低。Khansalar（2012）的研究目的是，探讨应计项目的可靠性在现金流量预测中的作用。本章依据资产负债表计算三类应计项目，即交易性、非交易性、金融性应计项目，并根据其预期的被操纵程度依次将其可靠性划分为中、低、高三等。其经验证据发现，应计项目的可靠性越高，对未来现金流量的预测能力越强。Lai 等（2013）基于澳大利亚上市公司的研究发现，强制采用国际财务报告准则（IFRS）之后，应计项目的可靠性显著下降，这至少意味着相关性与可靠性之间要进行一定程度的权衡。彭韶兵和黄益建（2007）的研究发现，会计信息可靠性与盈余持续性正相关，但资本市场不能充分理解会计信息可靠性与盈余持续性的关系，对会计信息可靠性给出了异常定价。彭韶兵等（2008）发现，会计扭曲越严重，应计利润的持续性越差；信息可靠性越高（低），会计盈余持续性越高（低）。

因此，尽管会计信息可靠性与盈余持续性之间关系的研究日益增多，但是它们得到的结论不尽相同，会计信息可靠性与盈余持续性之间的经验关系仍然有待探讨。

4.3.2　研究设计

确认是将一个项目正式地包括在财务报表中。财务报告的主要目标是向投资者和债权人提供有用的信息。确认一个项目是否将提供有用信息，这种决策的基本标准是相关性和可靠性。根据 FASB，相关性是指信息能够使得使用者作出差别决策，可靠性是指信息具有真实性、可验证性和中立性。相关性基本上是这样要求的，如果一个项目的基本属性（比如固定资产的现行价值）得到比较完美的计量，所得到的计量将对投资者有用；可靠性要求计量一个项目的基本属性时没有太多的不完美。可靠性很重要，主要是由于确认一个项目将使得它进入综合指标比如盈余和账面价值的计算。由于投资者倾向于看重这样的综合指标，所以这些综合指标的可靠性受到其所包含单个组成部分可靠性的影响。因此，没有达到一定可靠性标准的项目不在财务报表中确认，但是还可以通过报表附注或其他披露方式传达给报表使用者。

我们的研究假设建立在 Sloan（1996）的基本研究假设基础之上。Sloan 的假设来自构成应计制会计基础的概念框架。应计制会计下会计盈余及其组成部分的信息，与当期现金收入和支出信息相比，能够更好地表明企业的业绩。应计制会计企图在交易、事项、环境发生的期间记录它们对企业的财务影响，而不是只在收到或支付现金的期间记录。因此，应计制会计企图确认企业某个期间预期未来的财务利益与应当承担的义务。应计制会计程序牵涉到应计、递延、摊配等步骤。但是，应计制会计没办法记录所有预期未来的利益和义务。应计制会计牵涉到可靠性和相关性之间的权衡。尽管关于预期未来的利益和义务方面的信息被认为与报表使用者相关，但是与现金收支方面的信息相比，它们也被认为更不可靠。所以，许多具有很大不确定性的预期未来利益和义务，被认为缺乏足够的可靠性而没有在应计制会计中确认。尽管如此，为了向投资者提供相关的信息，应计制会计在可靠性方面还是要作出一些让步。Sloan 的基本假设就是基于应计制会计下可靠性和相关性之间的权衡。他认为，会计盈余由两部分组成。现金组成部分提供相关而可靠的信息，应计项目组成部分也提供相关信息，但是其可靠性可能要打折扣。因为预期到应计项目组成部分的可靠性比现金组成部分的更低，Sloan 假设应计项目组成部分的持续性更低。

Sloan（1996）认为，盈余中应计项目和现金流量之间的主要差异是，应计项目牵涉到更多的主观性。应计项目一般包括未来现金流量的估计、过去现金流量的递延、摊配和估价，这些都比简单地计量期间现金流量更具有主观性。这使得 Sloan 推理道，"当盈余中的应计项目特别高或特别低时，盈余的持续性将更低"。

接下来我们依次从三个角度进行分析：（1）建立一个简单的模型，将应计项目的主观性与盈余的持续性联系起来；（2）重新考虑应计项目的标准定义，并提出一个更全面的新定义；（3）对应计项目进行分类，并评价每一类别的相对可靠性。

1）应计项目的主观性与盈余的持续性

估计应计项目时涉及到更多的主观性，这是导致应计项目和现金流量具有不同特性的主要因素。从更一般意义上讲，会计计量中所涉及到的主观性程度，用该计量的可验证性和真实性来衡量。可验证性和真实性构成了可靠性的基础。

最大化应计会计信息有用性，牵涉到相关性和可靠性之间的权衡。大量的会计文献从相关性这一角度评价了会计信息（Houlthausen and Watts，2001）。但是，从可靠性这一角度评价会计信息的研究稀少。既然这一领域的研究呈现一边倒的趋势，所以看到这样的现象不足为奇：一些学者和管制者呼吁在财务报表中包括更具有价值相关性而更不可靠的估计。正如 Watts（2003）所认为的，作出这种呼吁的学者和管制者应当考虑相应的成本。FASB 在对可靠性进行定义时明显地描述了其中一种成本，即在更不可靠的、更不可验证的会计数字中，更可能隐含着计量误差。因此，接下来我们模拟应计项目中的计量误差对盈余持续性的影响。

　　盈余的主要作用是计量一个企业某个期间的财务业绩。我们把某个企业某个期间的真实财务业绩记作 E^*。人们对这一点已经达成共识：竞争导致经济租金趋于消散，并且预期会导致财务业绩向均值回归。因此，即使不存在可靠性问题，我们仍然可以预期财务业绩（以适当的投资资本指标作分母）遵循某种均值回归的过程[①]：

$$E^*_{t+1} = \alpha E^*_t + \varepsilon_{t+1} \tag{4.1}$$

其中，$0 < \alpha < 1$，竞争性更大，α 值更低。

　　我们举例说明真实的财务业绩 E^* 与报告的盈余 E 之间的差异。我们从一个特例开始：一个企业的交易和事项所产生的现金后果都发生在单个期间。当一个企业的经营和投资周期非常短时就可能出现这种情形。此时，该企业的现金收支净额就完全能够可靠地代表期间业绩。假如现金收支净额记作 C，那么 $E^* = C$。

　　接下来我们考察更真实的情形：交易和事项导致的实际现金收入和支出发生在不同期间。此时 E^* 未必等于 C，并且为了更完整地计量期间业绩就需要引入应计制会计。应计制会计涉及到过去、当期和预期未来现金收支的应计与递延。但是，应计制会计所产生的盈余不会与 E^* 完全吻合，其中的原因包括：（1）GAAP 不允许可靠性不足的未来经济利益被应计或递延（比如研究开发成本的直接费用化）。这导致本章的研究存在忽略变量的问题。（2）GAAP 所要求的多数应计项目，在计量当期交易和事项的未来经济利益时具有误差。第 2 种情形正是本章所主要关注的。

　　为了强化对第 2 种情形的认识，我们考察销售收入的确认。如果现金销售1 000 元（假定不存在退货和售后服务），那么很明显要在当期盈余中记录 1 000元的收入。但是，如果换成信用销售 1 100 元，其中 1 000 元要到下个期间才能收到现金，那么在当期盈余中所记录的相应金额就存在不确定性。激进的经理可能记录销售收入 1 100 元，使得当期应计项目和盈余产生 +100 元的误差；谨慎的经理可能记录销售收入 900 元，使得当期应计项目和盈余产生 −100 元的误差。这就导致应计项目中存在误差，因为所观察到的应计项目在计量未来真实利益或义务时具有噪音。

　　要注意的是，尽管我们将误差描述为源于激进会计或谨慎性会计，但是这并不意味着所有的误差来源于故意的盈余管理。误差可能导源于应用 GAAP（比如LIFO 下清算存货产生的一次性利得），也可能导源于非故意的差错（比如高估新客户的信用、或高估在产品的未来售价）。

　　[①] 在等式（4.1）中我们用的是零截矩模型，即假设 E^* 向零均值回归。如果按照这个逻辑，就意味着整个经济系统中的企业价值都趋于零，这与现实不符。为此，仿照 Griliches 和 Ringstad（1971）中的附录 C，我们也可以将 E^* 重新界定为向某个非零均值回归，也即在等式（4.1）中加入一个非零截矩项。加入非零截矩项，我们后续的理论和经验分析同样适用。

更正式地，我们将不可观察的真实应计项目记作 A^*，它将导致真实的盈余 E^*，即 $E^* = A^* + C$。回到上面的例子，A^* 就表示信用销售中最终将收到的金额 1 000 元。接下来，我们将观察到的应计项目 A 界定为：$A = A^* + e$，其中 e 是独立、同分布、零均值的误差项，并且假定与 C 和 A^* 都不相关。对于上面的例子，对于激进的经理，e 等于 +100 元；对于保守的经理，e 等于 −100 元。真实盈余的持续性关系可用等式（4.2）表示：

$$E^*_{t+1} = \alpha C_t + \alpha A^*_t + \varepsilon_{t+1} \tag{4.2}$$

如果我们分别用观测值 E 和 A 替代相应的真实值，那就可以得到经典的"两变量误差变量模型"，其中的一个解释变量带有误差[1]：

$$E_{t+1} = \alpha C_t + \alpha A_t + \delta_{t+1} \tag{4.3}$$

其中：

$$\delta_{t+1} = \varepsilon_{t+1} + e_{t+1} - \alpha e_t [2]$$

既然 A_t 和 δ_{t+1} 都包括 e_t，因此 δ_{t+1} 与 A_t 是相关的，通过等式（4.2）所估计 C 的系数 α_C 和 A 的系数 α_A 将是 α 的有偏估计[3]：

$$\alpha_A - \alpha = \frac{-\alpha \dfrac{\mathrm{Var}(e)}{\mathrm{Var}(A)}}{1 - \rho^2_{C,A}} \tag{4.4}$$

$$\alpha_C - \alpha = -\rho_{C,A}(\alpha_A - \alpha) \tag{4.5}$$

其中，$\mathrm{Var}(e)$ 和 $\mathrm{Var}(A)$ 分别表示 e 和 A 的方差，可靠性更低的应计项目会引入更大的误差，从而导致 $\mathrm{Var}(e)$ 更大，因此，$\mathrm{Var}(e)/\mathrm{Var}(A)$ 表示所观测到应计项目（A）的总方差中归因于计量误差的比例，可以用来测度应计项目的可靠性，$\mathrm{Var}(e)/\mathrm{Var}(A)$ 的值越大，应计项目的可靠性就越低。$\rho_{C,A}$ 表示 C 和 A 之间的相关系数，根据前人的研究 $\rho_{C,A}$ 一般为负数。根据等式（4.4），因为 $1 - \rho^2_{C,A}$ 大于零，$-\alpha$ 小于零，$\alpha_A - \alpha$ 会越来越负，也就是说 α_A 的偏差随着 $\mathrm{Var}(e)/\mathrm{Var}(A)$ 的逐渐增大而越来越偏离于零。等式（4.4）也意味着 α_A 的偏差随着现金流量和应计项目之间相关性的增加而增加。等式（4.5）意味着 α_C 的偏差由

---

[1] 我们所提出的模型主要有三个方面的局限性：第一，等式（4.2）和（4.3）假定持续性系数 α 对于 A^* 和 C 是一样的；第二，假定误差项 e 独立、同分布，并且与 C 和 A^* 都不相关；第三，假定现金流量的计量没有误差，即 C 的观测值（C）和真实值（C^*）是相等的。

[2] 如果将等式（4.3）减去等式（4.2），就可以得到 E_{t+1} 的误差项 ξ_{t+1}，即 $\xi_{t+1} = E_{t+1} - E^*_{t+1} = \alpha e_t - \varepsilon_{t+1} + \delta_{t+1}$，移项即得 $\delta_{t+1} = \varepsilon_{t+1} + \xi_{t+1} - \alpha e_t$；如果将 "$E_{t+1} = A_{t+1} + C_{t+1}$" 和 "$E^*_{t+1} = A^*_{t+1} + C^*_{t+1}$" 代入前式，很容易得到：$\xi_{t+1} = A_{t+1} - A^*_{t+1} = e_{t+1}$。

[3] 因为 $A_t = A^*_t + e_t$，并且 $E_{t+1} = E^*_{t+1} + e_{t+1}$，所以：

$$\begin{cases} \delta_{t+1} = \varepsilon_{t+1} + e_{t+1} - \alpha e_t \\ \mathrm{Cov}(A_t, \delta_{t+1}) = \mathrm{Cov}(A^*_t + e_t, \varepsilon_{t+1} + e_{t+1} - \alpha e_t) = \mathrm{Cov}(e_t, -\alpha e_t) = -\alpha \mathrm{Var}(e) \end{cases}$$

根据 Griliches 和 Ringstad（1971），我们得到：

$$\begin{cases} \alpha_A - \alpha = \dfrac{\mathrm{Cov}(\delta_{t+1}, A_t)/\mathrm{Var}(A_t)}{1 - \rho^2_{C,A}} = \dfrac{-\alpha \mathrm{Var}(e)/\mathrm{Var}(A)}{1 - \rho^2_{C,A}} \\ \alpha_C - \alpha = -\left(\dfrac{\mathrm{Cov}(A_t, C_t)}{\mathrm{Var}(C_t)}\right)(\alpha_A - \alpha) = -\rho_{C,A}(\alpha_A - \alpha) \end{cases}$$

以下两个因素决定：所观测到现金流量与应计项目之间的相关性，以及 α_A 的偏差。

以上的理论模型分析为我们提供了两个可检验的预测：（1）假定其他条件相同的情形下，应计项目持续性系数的偏离程度总是比现金流量持续性系数的偏离程度大，即 $\alpha_A - \alpha_C < 0$；（2）假定其他条件相同的情形下，应计项目持续性系数的偏离程度相对于现金流量持续性系数的偏离程度——（ $\alpha_A - \alpha_C$ ）随着应计项目的总方差中归因于计量误差的比例增大而增加。由此引申出的预测是：可靠性更低的应计项目，相应的（ $\alpha_A - \alpha_C$ ）更倾向于为负数。

我们所提出的模型主要具有三个方面的局限性。第一，等式（4.1）假定持续性系数 α 对于 A^* 和 C 是一样的；第二，假定误差项 e 独立同分布，并且与 C 和 A^* 都不相关；第三，假定现金流量的计量没有误差。

2）应计项目的定义

在市场收益率、会计盈余质量、收益平滑、会计盈余及其组成部分的价值相关性、现金流量预测等研究中，经常要将盈余分解为现金组成部分和应计项目组成部分。前人的研究采取多种分解方法。应计项目的定义发生过几次变化：（1）在强制披露现金流量表之前，应计项目一般被定义为非现金运营资本和折旧，一般基于运营资本表或资产负债表进行计算。早期的研究比如 Healy（1985）、Jones（1991）、Sloan（1996）、赵宇龙等（1999）、陈小悦等（2000）都用这种定义；（2）在强制披露现金流量表之后，应计项目被定义为盈余减去现金流量，其中现金流量来自现金流量表。这种方法的动机源于 Hribar 和 Collins（2002），他们认为这种定义能够减轻兼并收购引起的误差。这些定义只注重经营活动现金流量与流动性应计项目之间的差异，将应计项目定义为"非现金性营运资金的变化减去折旧费用"，并且与 SFAS NO.95《现金流量表》所使用的"经营性应计项目"的定义很接近。但是，这些定义忽略了与非流动性经营资产、非流动性经营负债、非现金性金融资产和负债相关的许多应计与递延项目，并且经营活动现金流量也包括与投资活动有关的应计项目。例如，企业可以选择对某些项目费用化或资本化（如进行资产维护还是改良），这将影响所报告的经营活动现金流量。最近的研究扩展了应计项目的定义，将长期资产净投资包括在其中。Richardson 等（2005，2006）认为，这种扩展了的定义更全面地计量了应计项目，能够详细地分析可靠性程度存在差异的应计项目组成部分的持续性及其市场反应。

为了更完整地计量应计项目，我们首先考察不存在应计制会计的情形。在完全的现金制会计下，资产负债表上出现的唯一资产或负债将是现金账户。所有其他资产和负债账户都是应计程序的产物。因此，净资产等于现金，所有者权益也将等于现金，即：现金制下的净资产＝现金＝现金制下的所有者权益。现金制下的盈余——现金制盈余，可以通过净剩余关系得到：现金制盈余＝现金制下所有者权益的变化＋对所有者分配的净现金＝现金的变化＋对所有者分配的净现金，即现金制盈余代表着企业的现金收支净额，其中不包括现金股利、发行新股等资本交易导致的现金变化。

传统的应计制下的盈余可以通过净资产的定义来界定：应计制盈余＝所有者权益的变化＋对所有者分配的净现金＝净资产的变化＋对所有者分配的净现金＝资产的变化－负债的变化＋对所有者分配的净现金。

应计项目代表了应计制盈余与现金制盈余之间的差异：应计项目＝应计制盈余－现金制盈余＝非现金性资产的变化－负债的变化。

总之，不存在应计制会计时，唯一的资产或负债是现金，因此应计项目代表非现金性资产的变化减去负债的变化。

应计项目的这种完整定义在以下几方面区别于前人的定义。第一，该定义包括了与非流动性经营资产相关的应计项目，比如资本性支出。Healy 的定义忽略了非流动性经营资产相关应计项目的产生，而是通过减去折旧费用只包含其中一部分的逆转。第二，我们的定义包含了与非流动性经营负债相关的应计项目，比如长期应付款。第三，我们的定义包含了与金融资产相关的应计项目，比如长期应收票据。第四，我们的定义包含了与金融负债相关的应计项目，比如长期借款。尽管这些应计项目代表着多种不同的交易和事项，但是它们都是应计会计程序的产物。因此，我们的经验分析就从应计项目的完整定义开始。

3）应计项目的分类及其可靠性评价

资产负债表根据应计项目所代表的经济利益或义务本质，对其进行了系统的分类。某些资产负债项目，比如应付票据，其计量具有较高的可靠性；其他一些资产负债项目，比如应收账款和无形资产，其计量的可靠性就较低。在这里，我们将按照资产负债项目对应计项目进行分解，并对每个类别应计项目的相对可靠性予以定性评价。在预测持续性系数的大小时，这些定性评价提供了良好的基础。

根据企业基本业务活动的本质，我们对资产负债项目进行完整的分解，并列示在表4-1中，应计项目可靠性的定性评价列示在表4-2中。我们使用企业活动中的三类：短期经营活动，长期经营活动，以及融资活动。与之对应的三类应计项目分别称为：非现金性营运资金变动（ΔWC），长期经营性资产净变动（ΔNCO），以及金融资产净变动（ΔFIN），即：

应计项目（TACC）＝ΔWC＋ΔNCO＋ΔFIN

表 4-1   **资产负债项目在应计项目中的归类**

非现金资产			负债		
项目	一级分类	二级分类	项目	一级分类	二级分类
短期投资	ΔFIN	ΔSTI	短期借款	ΔFIN	$\Delta FINL$
应收账款	ΔWC	ΔCOA	应付账款	ΔWC	ΔCOL
存货	ΔWC	ΔCOA	应交税金	ΔWC	ΔCOL
其他流动资产	ΔWC	ΔCOA	其他流动负债	ΔWC	ΔCOL
固定资产净值	ΔNCO	$\Delta NCOA$	应付债券和长期借款	ΔFIN	$\Delta FINL$
投资——权益法	ΔNCO	$\Delta NCOA$	其他长期负债	ΔNCO	$\Delta NCOL$
投资——其他	ΔFIN	ΔLTI	递延税款贷项	ΔNCO	$\Delta NCOL$
无形资产	ΔNCO	$\Delta NCOA$	少数股东权益	ΔNCO	$\Delta NCOL$
其他长期资产	ΔNCO	$\Delta NCOA$			

表 4-2   **对各类应计项目可靠性的评价**

项目	级别	可靠性	对可靠性评级的原因分析
ΔCOA	二级	低	包括应收账款和存货等。应收账款需估计相应的坏账,是一种 EM 工具。存货应计项目需要各种成本流假定、分配和计价方法、主观性的减值
ΔCOL	二级	高	主要由应付款组成,代表了企业的财务义务,其计量的可靠性较高
ΔWC	一级	中	由可靠性低的 ΔCOA 和可靠性高的 ΔCOL 组成
$\Delta NCOA$	二级	低	包括固定资产和无形资产等。牵涉到较主观的资本化、摊销和减值政策
$\Delta NCOL$	二级	中	主要包括长期应付款、递延税款、少数股东权益等,其可靠性程度各异,因此混合后其可靠性为中等
ΔNCO	一级	低/中	由可靠性低的 $\Delta NCOA$ 和可靠性中等的 $\Delta NCOL$ 组成
ΔSTI	二级	高	预期将于 1 年内出售的金融证券,其市场价值的计量具有较高的可靠性
ΔLTI	二级	中	主要包括长期应收账款和预期将持有 1 年以上的可出售证券投资,其可靠性程度各异,因此混合后其可靠性为中等
$\Delta FINL$	二级	高	主要包括需要支付利息的银行借款和应付债券,可靠性较高
ΔFIN	一级	高	由可靠性高的 ΔSTI、可靠性中等的 ΔLTI、可靠性高的 $\Delta FINL$ 组成

WC表示非现金性营运资金，其计算公式为WC=流动性经营资产（COA）-流动性经营负债（COL），其中，COA=流动资产（CA）-现金（C）-短期投资（STI），COL=流动负债（CL）-流动负债中的短期借款（SL）。ΔWC构成了Sloan（1996）等所使用传统应计项目计量的核心。类似于Sloan，我们也认为这类应计项目的计量存在相当大的的主观性。但是，其资产和负债组成部分还存在重大差异，因此我们将ΔWC进一步分解为资产部分（ΔCOA）和负债部分（ΔCOL），即ΔWC=ΔCOA-ΔCOL。ΔCOA的主要组成部分是应收账款和存货，计量这两个项目的可靠性都相对较低，因为应收账款的计量牵涉到坏账的估计，并且经常用作盈余管理的手段；存货的计量牵涉到多种计价方法和主观的成本分配，并且还可能需要计提存货跌价准备。ΔCOL的主要组成部分是应付账款，其计量的可靠性相对较高。应付账款是以面值记录的对供应商的财务义务，如果企业要持续经营的话，它总是要全额向供应商付款。

NCO表示长期经营性净资产，其计算公式为NCO=长期经营性资产（NCOA）-长期经营性负债（NCOL），其中，NCOA=总资产（A）-流动资产-非权益法核算的长期投资（LTI），NCOL=负债总额（L）-流动负债-应付债券和长期借款（LL）+少数股东权益（ME）。ΔNCO所包含的应计项目是前人研究所忽略的，并且我们认为这些应计项目带有较大的主观性，可靠性较差。类似地，我们将ΔNCO进一步分解为资产部分（ΔNCOA）和负债部分（ΔNCOL），即ΔNCO=ΔNCOA-ΔNCOL。ΔNCOA的主要组成部分是固定资产和无形资产，这些应计项目的估计带有相当大的主观性：哪些支出项目应当资本化为固定资产和内部产生的无形资产，折旧和摊销方法的确定，是否需要减值、如何减值。ΔNCOL包括各种债务，比如长期应付款、递延税款贷项、少数股东权益等，其计量的可靠性程度各异，因此我们将其可靠性评价为中等。

ΔFIN表示金融资产净变动，金融净资产（FIN）的计算公式为FIN=金融资产（FINA）-金融负债（FINL），其中FINA=短期投资（STI）+非权益法核算下的长期投资（LTI），FINL=流动负债中的短期借款（SL）+应付债券和长期借款（LL）。ΔFIN所包含的应计项目是前人研究所忽略的，计量这些应计项目的可靠性较高，类似于现金。实际上其中的某些项目称为现金等价物。为了强调ΔFIN组成部分之间的差异，我们将它进一步划分为ΔSTI、ΔLTI和ΔFINL，即ΔFIN=ΔSTI+ΔLTI-ΔFINL。短期投资由预期在1年以内变现的证券组成，其市场价值很容易观察到，金融负债主要由银行借款和应付债券组成，因此计量短期投资和金融负债的可靠性较高。非权益法核算下的长期投资主要包括成本法下核算的股权投资、长期债券投资和其他长期投资，其中长期债券投资多数流动性较强的证券市场，计量的可靠性较高，但是其他两项的可靠性较低，因此我们认为ΔLTI的可靠性为中等。

表4-2列示了资产负债表项目一、二级分类后相应的可靠性评价，其中一级分类的可靠性评价依据是二级分类的可靠性评价。ΔWC 的可靠性评价为"中"，因为它由可靠性低的 ΔCOA 和可靠性高的 ΔCOL 组成；ΔNCO 的可靠性评价为"低/中"，因为它由可靠性低的 $\Delta NCOA$ 和可靠性为"中"的 $\Delta NCOL$ 组成；ΔFIN 的可靠性评价为"高"，因为它由两类可靠性高的项目和一类的可靠性为"中"的项目组成。

我们预测，可靠性高的应计项目类别，其持续系数高，但略低于现金流量的持续系数；可靠性中/低的应计项目类别，其持续系数较低。

4.4　样本与数据

我们按照以下标准选择样本：（1）截止到1995年底上市的沪、深A股公司；（2）剔除金融保险业上市公司；（3）剔除截止到2012年4月底进入"三板"市场的公司；（4）剔除在CSMAR或Wind数据库中所需交易数据和财务数据不全的公司。经过上述程序共获得267家样本公司。

应计项目（TACC）的计算公式为（以期初期末平均总资产为公分母）：

$$TACC = \Delta WC + \Delta NCO + \Delta FIN \tag{4.6}$$

其中，$\quad \Delta WC = \Delta COA - \Delta COL \tag{4.7}$

$$\Delta NCO = \Delta NCOA - \Delta NCOL \tag{4.8}$$

$$\Delta FIN = \Delta STI + \Delta LTI - \Delta FINL \tag{4.9}$$

为了分析盈余各个组成部分的持续性，我们使用资产报酬率（ROA），用营业利润除以平均总资产。为了消除奇异值的影响，回归分析时盈余的每个组成变量都用（-1，+1）进行Winsorized。

我们的股票收益率检验使用股票累积超常收益率（RET）。与Fan和Wong（2002）一致，本章采用市场调整模型计算累计超常收益率，即股票实际的月收益率减去对应的市场收益率，再进行年度累计，其中累计窗口为12个月，即年度报告当年的5月份至下一年度的4月份（例如，对于2008年年报，其累计窗口为2008年5月至2009年4月）[①]。

我们研究设计上的一个缺陷是使用资产负债表来计算应计项目。Hribar和Collins（2002）指出，使用资产负债表数据计算应计项目将带来误差，特别是存在兼并和收购事项时。因此，我们拟采用三种方法进行补救：第一，当任何一个回归变量的观测值的绝对值超过1时，我们就去掉这个样本（而不是Winsorized）。第二，根据现金流量表计算TACC。但是，现金流量表1998年以后

[①]　此外，我们使用了与会计年度相对应的累计窗口（即年度报告当年的1月至12月）作为敏感性分析，所得到的检验结果无重大差异。

才要求披露，因此尽管我们能够计算 TACC，但是不使用资产负债表我们无法计算 TACC 的组成部分。其中，TACC=营业利润－来自经营、投资和筹资活动的现金流量+发行股票的现金收入－现金股利。使用这种方法计算 TACC 所得到的结果与使用资产负债表法计算 TACC 所得到的结果在性质上类似。第三，去掉研究期间进行重大并购活动的样本公司（考察商誉，或查询 CSMAR 并购库）重新进行实证分析。在考虑以上三个方面后，本章所得到的经验证据基本保持不变。

4.5　主要的实证结果

4.5.1　变量的描述性统计以及相关性分析

表 4-3 列示了各个变量的描述性统计量。根据表 4-3，应计项目（TACC）的均值为 0.01，表明样本公司的应计项目平均只占总资产的 1%。张国清等（2006）和 Sloan（1996）所报告的应计项目平均值都为负数，这主要是由于我们界定应计项目时依据其产生的根源。应计项目一级分类下的三个组成部分，非现金性营运资金变动（ΔWC）和长期经营性资产净变动（ΔNCO）的均值为正，而金融资产净变动（ΔFIN）的均值为负，这表明，平均而言，上市公司增加其净经营性资产，同时减少其净金融资产，以便为公司才成长融资。从它们的标准差来看，ΔWC（0.166）的最大，ΔNCO（0.135）和 ΔFIN（0.134）比较接近，这表明尽管考虑了应计项目的两个新的组成部分，但是 ΔWC 仍然解释了应计项目变动的大部分。变量之间的相关分析（处于篇幅考虑未列报）表明，ΔWC 与 ΔNCO 显著负相关，这意味着上市公司未必协调地发展期短期经营活动和长期经营活动；ΔFIN 和 ΔWC、ΔNCO 都显著负相关，这表明上市公司倾向于耗费其金融资产或产生金融性负债来为其净经营性资产的增长提供资金。总之，金融资产净变动（ΔFIN）与经营性应计项目（ΔWC 和 ΔNCO）的行为模式差别较大。

应计项目二级分类下一共七个组成部分，其描述性统计量也列示在表 4-3 中。根据表 4-3 所列示各个组成部分的标准差，ΔWC 的变动主要归因于 ΔCOA，ΔNCO 的变动主要归因于 $\Delta NCOA$，ΔFIN 的变动主要归因于 $\Delta FINL$。因此，经营性应计项目的变动由资产账户主导，而融资性应计项目的变动则由负债账户主导。通过计算变量之间的相关系数，我们就能够进一步了解经营性资产与融资性负债之间的关系。要提请注意的是，从应计项目中的资产部分减去应计项目中的负债部分，以便得到相应的应计项目净额。因此，资产部分和负债部分之间正相关，表明对应计项目总额具有相互抵消的效应。$\Delta FINL$ 与 ΔCOA、$\Delta NCOA$ 都显著正相关，这表明融资性负债是经营性资产增长的重要资金来源。ΔCOA 与 ΔCOL、$\Delta NCOA$ 与 $\Delta NCOL$ 之间都显著正相关，这表明扩大其经营规模的公司

表 4-3 变量描述性统计表

变量	最小值	1/4分位数	中位数	3/4分位数	最大值	均值	标准差
TACC	−1.75	−0.035	0.0128	0.063	1.572	0.01	0.159
ΔCOA	−1.117	−0.034	0.024	0.0881	1.048	0.0273	0.165
ΔCOL	−2.25	−0.023	0.0188	0.071	1.106	0.0269	0.135
ΔWC	−1.91	−0.054	0.0046	0.0631	2.2486	0.0004	0.166
ΔNCOA	−1.85	−0.016	0.0224	0.0909	0.9719	0.043	0.132
ΔNCOL	−0.76	−0.002	0.0003	0.0093	2.171	0.0065	0.064
ΔNCO	−2.27	−0.02	0.0206	0.0815	0.9709	0.0368	0.135
ΔSTI	−0.4	−0.0017	0	0	0.352	−0.0009	0.033
ΔLTI	−0.451	−0.0005	0	0	0.421	−0.005	0.05
ΔFINL	−1.397	−0.025	0.0147	0.0697	0.79	0.0213	0.123
ΔFIN	−0.88	−0.088	−0.019	0.0298	1.4	−0.027	0.134
ROA	−1.3	−0.002	0.0234	0.0568	1.316	0.018	0.097
ROA1	−1.302	−0.0035	0.0219	0.0547	1.3158	0.0144	0.1
FROA	−0.492	−0.012	0.02	0.0497	0.252	0.012	0.074
RET1	−0.84	−0.205	−0.06	0.1101	3.007	0.0012	0.348
RET	−0.84	−0.199	−0.06	0.1089	3.007	0.0013	0.343

一般倾向于增加其经营性资产和经营性负债，并且经营性负债是经营性资产增长的其他资金来源。增加 ΔCOA、ΔNCOA、ΔSTI 和 ΔLTI 的直接效应是增加 TACC，因此可以预测 TACC 与这些组成部分之间呈现正向相关；增加 ΔCOL、ΔNCOL 和 ΔFINL 的直接效应是减少 TACC，因此可以预测 TACC 与这些组成部分之间呈现负向相关；我们所计算的变量之间相关系数与这些预测相吻合。在下一部分我们将看到，应计项目中的经营性资产和经营性负债部分之间显著的正向相关使得我们解释回归结果时更加复杂。

4.5.2 关于盈余持续性的结果

关于盈余的现金流量和应计项目组成部分的持续性，前面的分析产生了两个预测。第一，应计项目的持续性比现金流量更低。我们将财务业绩和应计项目的差额（ROA − TACC）记为"盈余的现金流量部分"。因此我们通过下面的模型（4.10）来检验第一个预测：

$$\text{ROA}_{t+1} = \alpha_0 + \alpha_1(\text{ROA}_t - \text{TACC}_t) + \alpha_2\text{TACC}_t + \varepsilon_{t+1} \tag{4.10}$$

其中，α_1 测度现金流量的持续性，α_2 测度应计项目的持续性，并且我们的第一个预测是（$\alpha_2 - \alpha_1$）< 0。为了重点关注应计项目的相对持续性，我们将模型（4.10）变换成模型（4.11），用盈余的持续性替代现金流量的持续性：

$$ROA_{t+1} = \beta_0 + \beta_1 ROA_t + \beta_2 TACC_t + \varepsilon_{t+1} \qquad (4.11)$$

模型（4.11）和模型（4.10）参数之间的关系如下：$\alpha_1 = \beta_1$，$\beta_2 = (\alpha_2 - \alpha_1)$。因此，估计模型（4.11）使得我们第一个预测变成了 $\beta_2 < 0$。

我们的第二个预测是可靠性更低的应计项目其持续性更低。表4-2提供了对各类应计项目可靠性的评级。为了检验第二个预测，我们必须逐个地考察各类应计项目的持续性。为此，我们使用单变量和多变量回归分析。比如，为了检验应计项目中营运资金部分（ΔWC）的持续性，我们估计模型（4.12）：

$$ROA_{t+1} = \beta_0 + \beta_1 ROA_t + \beta_2 \Delta WC_t + \varepsilon_{t+1} \qquad (4.12)$$

类似于前面，模型（4.12）是由模型（4.13）变换过来的：

$$ROA_{t+1} = \alpha_0 + \alpha_1 (ROA_t - \Delta WC_t) + \alpha_2 \Delta WC_t + \varepsilon_{t+1} \qquad (4.13)$$

因此，这里 β_1（即 α_1）测度营运资金部分（ΔWC）之外所有盈余组成部分的持续性，而 β_2 测度 ΔWC 的持续性与 ΔWC 之外所有盈余组成部分的持续性之间的差异。既然 ΔWC 是 TACC 的一个子集，所以 β_1 现在是测度现金流量和应计项目其他组成部分的综合持续性。第二个预测是可靠性更低的应计项目其持续性更低，即 $\beta_2 < 0$，但是对于更可靠的应计项目，β_2 也可能为正数，因为 β_1 是测度现金流量和应计项目其他组成部分（可靠性可能更低）的综合持续性，更不可靠其他应计项目的存在可能使得 $\beta_2 > 0$。但是，总是可以预测更不可靠的应计项目其 β_2 更低。

单变量模型存在两个缺点。第一，无法在统计上检验应计项目各个组成部分所对应 β_2 估计值之间的差异；第二，无法直接比较应计项目组成部分的持续性与现金流量持续性。鉴于此，我们建立一个包括所有应计项目组成部分的多变量模型（4.14）：

$$ROA_{t+1} = \beta_0 + \beta_1 ROA_t + \beta_2 \Delta WC_t + \beta_3 \Delta NCO_t + \beta_4 \Delta FIN_t + \varepsilon_{t+1} \qquad (4.14)$$

模型（4.14）是将模型（4.10）中的 TACC 替换为它的三个组成部分并经过简化而得到的，因此，β_1 现在测度现金流量的持续性，β_2、β_3 和 β_4 分别测度 TACC 的三个组成部分相对于现金流量的持续性。

进行回归分析时，我们采用 Fama 和 Macbeth（1973）的方法，进行年度截面回归分析，并报告所得到回归系数的时间序列平均值和 t 统计量。表4-4报告了有关的结果。表4-4中的 A 组报告了应计项目的回归结果。第一个是盈余的自回归模型，目的是为后续的回归模型提供一个基准，它的持续性系数大约是0.532，表明会计盈余逐渐向均值回归，这与 Sloan（1996）年所报告的结果类似。其次提供的是模型（4.12）的回归结果。与我们的预测一致，β_2 为负（-0.253）而且显著（t=-5.18），这表明会计盈余的应计项目组成部分的持续性不如其现金流量组成部分。

表4-4 关于盈余持续性的实证结果

A组:总应计项目的OLS回归

$$ROA_{t+1} = \beta_0 + \beta_1 ROA_t + \beta_2 TACC_t + \varepsilon_{t+1} \tag{4.11}$$

	截距	ROA	TACC	调整 R^2
系数均值(t值)	−0.015(−2.72)	0.532(10.51)		0.291
系数均值(t值)	0.018(2.06)	0.569(9.72)	−0.253(−5.18)	0.304

B组:应计项目一级分类的OLS回归

$$ROA_{t+1} = \beta_0 + \beta_1 ROA_t + \beta_2 \Delta WC_t + \beta_3 \Delta NCO_t + \beta_4 \Delta FIN_t + \varepsilon_{t+1} \tag{4.14}$$

	截距	ROA	ΔWC	ΔNCO	ΔFIN	调整 R^2
系数均值(t值)	−0.01(−2.54)	0.55(9.41)	−0.187(−5.09)			0.321
系数均值(t值)	−0.014(−2.87)	0.51(9.1)		−0.02(−4.88)		0.291
系数均值(t值)	−0.012(−2.65)	0.51(11.0)			0.01(2.8)	0.285
系数均值(t值)	−0.013(−2.63)	0.56(8.5)	−0.361(−6.00)	−0.26(−3.91)	−0.2(−2.3)	0.321

C组:应计项目二级分类的OLS回归

$$ROA_{t+1} = \beta_0 + \beta_1 ROA_t + \beta_2 \Delta COA_t - \beta_3 \Delta COL_t + \beta_4 \Delta NCOA_t - \beta_5 \Delta NCOL_t + \beta_6 \Delta STI_t + \beta_7 \Delta LTI_t - \beta_8 \Delta FINL_t + \varepsilon_{t+1} \tag{4.15}$$

	截距	ROA	ΔCOA	−ΔCOL	ΔNCOA	−ΔNCOL	ΔSTI	ΔLTI	−ΔFINL	调整 R^2
系数均值(t值)	0.01 (2.42)	0.54 (9.85)	−0.25 (−4.58)							0.30
系数均值(t值)	0.01 (2.32)	0.52 (10.1)		−0.09 (−2.43)						0.29
系数均值(t值)	−0.01 (−3.39)	0.51 (9.89)			−0.19 (−3.42)					0.29
系数均值(t值)	0.01 (2.24)	0.52 (10.1)				0.02 (0.26)				0.29
系数均值(t值)	0.01 (2.39)	0.52 (10.7)					0.02 (0.51)			0.29
系数均值(t值)	−0.01 (−3.54)	0.52 (10.9)						−0.05 (−1.32)		0.28
系数均值(t值)	0.01 (2.47)	0.51 (10.1)							0.14 (3.24)	0.30
系数均值(t值)	−0.01 (−2.74)	0.58 (9.24)	−0.45 (−6.21)	−0.34 (−5.67)	−0.09 (−1.09)	−0.34 (−4.39)	0.13 (0.53)	−0.02 (−0.01)	−0.25 (−3.19)	0.21

注释:样本包括从1995年到2011年的267家公司共4 005个样本。表中所报告的是1996—2010年共15个年度截面回归系数的时间序列均值和t值。显著性水平为5%（双尾检验）。

表4-4中的B组报告了模型（4.14）的回归结果，即对应计项目进行一级分类。根据表4-2，ΔWC、ΔNCO的可靠性评级分别为中、中/低，因此预测其持续性系数较小；而ΔFIN的可靠性评级分别为高，因此预测其持续性系数较大。B组所报告的单变量回归结果与这些预测相一致。ΔWC的系数-0.187　（t=-5.09）显著为负，ΔNCO的系数-0.021（t=-4.88）显著也为负，而ΔFIN的系数0.003（t=2.83）接近于零。B组最后一行报告了模型（4.14）的多变量回归结果。没有报告的F统计量表明，ΔWC、ΔNCO的系数与ΔFIN的系数之间存在显著差异。应计项目三个组成部分持续性的排名类似于单变量回归结果，但是在以下两个方面仍然存在差异：第一，三个组成部分的系数都比相应的单变量回归情形下的要低；第二，ΔFIN的系数-0.219（t=-2.28）显著为负。存在一种很自然的解释是，在单变量情形下，意味着被忽略的应计项目组成部分与现金流量归集在一起，而这些应计项目组成部分较低的持续性使得β_1较小；在多变量情形下，β_1只代表现金流量的系数，这使得β_1增加，而可靠性更低的应计项目组成部分的系数相应下降。

表4-4的C组报告了对应计项目进行二级分类的回归结果。根据表4-2，经营性应计项目的资产部分，即ΔCOA和ΔNCOA的可靠性评级为低，因此我们预测其系数最小。C组所报告的单变量回归结果与我们的预测相一致，ΔCOA和ΔNCOA的系数最小而且显著。根据表4-2，ΔCOL和ΔNCOL的可靠性评级分别为高和中，但是我们的结果表明ΔCOL的系数-0.091（t=-2.43）显著为负，而ΔNCOL的系数0.014为正，一个可能的解释是，ΔNCOL主要包括长期应付款、递延税款、少数股东权益等，可能需要多个期间才能够逆转。我们把融资性应计项目进行三分，也即短期投资应计项目（ΔSTI）、非权益法核算下的长期投资应计项目（ΔLTI）、金融负债应计项目（ΔFINL）。根据表4-2，ΔSTI和ΔFINL的可靠性评级为高，因此其持续性类似于现金流量，而ΔLTI的可靠性评级为中，因此其持续性低于现金流量。根据C组的单变量回归结果，ΔLTI的系数-0.054是融资性应计项目三个组成部分中最低的，ΔSTI的系数0.02（t=0.51）更接近于零，而ΔFINL的系数0.136（t=3.24）显著为正。ΔFINL的系数显著为正有些奇怪，但是在单变量模型中，β_1代表了会计盈余其他组成部分的综合持续性，其中包括了可靠性较低的经营性资产应计项目，使得β_1更小而ΔFINL的系数更高。C组最后一行报告了二级分类下的多变量回归结果。由于该模型包括了应计项目所有组成部分，所以β_1只代表现金流量的持续性。因此，ROA的系数0.583比C组中所有单变量模型下的β_1都高。ΔCOA、ΔNCOA、ΔLTI的系数仍然为负（统计上显著或不够显著），这与它们的可靠性评级为低或中相一致；ΔSTI的系数（0.129）是应计项目所有组成部分中最高的，这与其可靠性评级为

"高"相一致；但是，ΔCOL、ΔNCOL、ΔFINL的持续性在多变量模型中都不如单变量模型。对于单变量和多变量模型所存在的这些差异，我们将在下一部分进行解释。

4.5.3　关于盈余持续性的进一步检验

关于盈余的持续性，有两个问题值得进一步探讨。第一，有可能出现的情形是，非流动经营性应计项目的持续性系数与测度盈余持续性的窗口有关；第二，经营性资产与经营性负债对应的应计项目之间可能相互作用，使得单变量模型和多变量模型所估计的持续性系数存在重大差异。应计项目的误差可能要几个年度后才能够逆转，特别是与非流动性资产和负债有关的应计项目。为了检验前面的结果相对于持续性计量窗口的敏感性，我们把因变量换成未来3年的平均财务业绩（FROA），重新执行表4-4所报告的检验程序，结果列示在表4-5中。正如所预期的，长期会计盈余的使用使得ROA的持续性系数降低。长期应计项目的持续性系数相对于短期应计项目而言下降，例如，C组的单变量模型中，表4-4中ΔNCOL的系数比ΔCOL大，而在表4-5中却比ΔCOL小。这印证了：从更长期来看，由于其基础构成具有长期的本质，因此ΔNCOL的可靠性更低。

关于应计项目中的经营性资产部分在会计盈余中的持续性更低，表4-4和表4-5都提供了类似的证据；但是关于应计项目中的经营性负债部分，其证据不一致。根据表4-4中的C组，ΔCOL和ΔNCOL在单变量模型中都有相对较高的持续性系数，但是在多变量模型中的持续性系数相对较低。从统计角度来看，产生这类结果的原因可能是应计项目中的经营性负债部分与其他的组成部分之间显著相关，例如，变量间相关分析的结果显示ΔCOA与ΔCOL、ΔNCOA与ΔNCOL之间都显著正相关。应计项目中的经营性资产部分与经营性负债部分之间显著正相关，其后的经济原因很直白。一般而言，公司业务规模的扩张，会导致经营性资产和经营性负债同时增加。经营性资产和经营性负债之间正向相关，在单变量模型中导致被忽略的相关变量偏差，而在多变量模型中不存在这种偏差。正因为如此，只有多变量回归模型中的持续性系数代表了特定应计项目组成部分的边际持续性，即保持所有其他的组成部分不变。特别地，应计项目中的经营性负债部分持续性系数为负，表明转用经营性负债为经营性资产融资导致更高的盈余持续性[①]。

---

① 负债的变化以负号进入回归模型，这是因为负债的增加（减少）代表负的（正的）应计项目。应计项目中的经营性负债部分持续性系数为负，表明经营性负债的增加导致盈余持续性的增加，其原因也就在此。

表4-5　　　　　　　　　　应计项目组成部分与FROA的关系：实证结果

A组：总应计项目的OLS回归

$$FROA_{t+3} = \beta_0 + \beta_1 ROA_t + \beta_2 TACC_t + \varepsilon_{t+3} \qquad (4.16)$$

	截距	ROA	TACC	调整 R^2
系数均值（t值）	−0.01（−3.03）	0.452（9.57）		0.251
系数均值（t值）	0.08（1.83）	0.468（8.32）	−0.021（−2.55）	0.25

B组：应计项目一级分类的OLS回归

$$FROA_{t+3} = \beta_0 + \beta_1 ROA_t + \beta_2 \Delta WC_t + \beta_3 \Delta NCO_t + \beta_4 \Delta FIN_t + \varepsilon_{t+3} \qquad (4.17)$$

	截距	ROA	ΔWC	ΔNCO	ΔFIN	调整 R^2
系数均值（t值）	−0.01（−2.97）	0.481（9.38）	−0.06（−2.55）			0.257
系数均值（t值）	−0.011（−2.96）	0.448（9.16）		−0.01（−3.64）		0.249
系数均值（t值）	0.01（2.06）	0.456（9.6）			0.02（1.8）	0.252
系数均值（t值）	−0.009（−2.61）	0.48（8.2）	−0.05（−2.15）	−0.01（−1.41）	0.01（2.3）	0.254

C组：应计项目二级分类的OLS回归

$$FROA_{t+3} = \beta_0 + \beta_1 ROA_t + \beta_2 \Delta COA_t - \beta_3 \Delta COL_t + \beta_4 \Delta NCOA_t - \beta_5 \Delta NCOL_t + \beta_6 \Delta STI_t + \beta_7 \Delta LTI_t -$$
$$\beta_8 \Delta FINL_t + \varepsilon_{t+3} \qquad (4.18)$$

	截距	ROA	ΔCOA	−ΔCOL	ΔNCOA	−ΔNCOL	ΔSTI	ΔLTI	−ΔFINL	调整 R^2
系数均值（t值）	−0.01（−2.3）	0.48（9.38）	−0.09（−2.76）							0.255
系数均值（t值）	−0.01（−3.26）	0.45（9.27）		0.07（2.33）						0.253
系数均值（t值）	−0.01（−2.92）	0.45（9.07）			−0.08（−2.75）					0.249
系数均值（t值）	−0.01（−2.99）	0.45（9.46）				0.04（1.28）				0.248
系数均值（t值）	−0.01（−3.01）	0.45（9.53）					0.02（1.65）			0.248
系数均值（t值）	−0.01（−3.05）	0.45（9.48）						−0.05（−1.23）		0.249
系数均值（t值）	−0.01（−2.41）	0.46（9.62）							0.1（2.45）	0.254
系数均值（t值）	−0.01（−2.63）	0.49（7.75）	−0.1（−1.89）	−0.13（−2.42）	−0.07（−1.42）	−0.16（−1.4）	0.07（0.475）	−0.05（−0.02）	0.12（2.41）	0.254

注释：样本包括从1995年到2009年的267家公司共3 471个样本。表中所报告的是1996—2008年共13个年度截面回归系数的时间序列均值和t值。显著性水平为5%（双尾检验）。

4.5.4 股票收益率方面的检验

本部分要检验投资者是否预期到应计项目可靠性对盈余持续性的影响，进而引起股票价格作出调整。如果投资者理解了应计项目可靠性对盈余持续性的影响，那么应计项目与未来的股票超常收益率之间应当不相关联。但是，如果天真的投资者不能预期到可靠性更低的应计项目其持续性更低，那么应计项目组成部分与未来的股票超常收益率之间就负向关联。因此，根据天真的投资者假设，我们预测应计项目与未来股票收益率之间负向关联，并且对于更不可靠的应计项目存在更强的负向关联。我们的方法是：将前面各个模型中的因变量换成股票累积超常收益率（RET）（提前1年）。相关的结果报告在表4-6中。

表4-6　　　　　　股票报酬与应计项目组成部分的可靠性：实证结果

A组：总应计项目的OLS回归

$$RET_{t+1} = \beta_0 + \beta_1 ROA_t + \beta_2 TACC_t + \varepsilon_{t+1} \tag{4.19}$$

	截距	ROA	TACC	调整 R^2
系数均值（t值）	−0.152（−4.53）	2.218（5.31）		0.051
系数均值（t值）	−0.153（−4.15）	2.22（5.12）	−0.308（−2.32）	0.047

B组：应计项目一级分类的OLS回归

$$RET_{t+1} = \beta_0 + \beta_1 ROA_t + \beta_2 \Delta WC_t + \beta_3 \Delta NCO_t + \beta_4 \Delta FIN_t + \varepsilon_{t+1} \tag{4.20}$$

	截距	ROA	ΔWC	ΔNCO	ΔFIN	调整 R^2
系数均值（t值）	−0.161（−4.68）	2.22（5.28）	−0.11（−3.1）			0.046
系数均值（t值）	−0.128（−3.67）	2.33（5.55）		−0.07（−2.93）		0.051
系数均值（t值）	−0.147（−4.27）	2.09（5.13）			0.11（3.7）	0.047
系数均值（t值）	−0.131（−3.7）	2.25（5.45）	−0.13（−5.2）	−0.18（−4.29）	−0.12（−3.2）	0.052

C组：应计项目二级分类的OLS回归

$$RET_{t+1} = \beta_0 + \beta_1 ROA_t + \beta_2 \Delta COA_t - \beta_3 \Delta COL_t + \beta_4 \Delta NCOA_t - \beta_5 \Delta NCOL_t + \beta_6 \Delta STI_t + \beta_7 \Delta LTI_t - \beta_8 \Delta FINL_t + \varepsilon_{t+1} \tag{4.21}$$

续表

	截距	ROA	ΔCOA	−ΔCOL	ΔNCOA	−ΔNCOL	ΔSTI	ΔLTI	−ΔFINL	调整 R²
系数均值(t值)	−0.16 (−5.16)	2.05 (4.86)	−0.31 (−3.65)							0.051
系数均值(t值)	−0.02 (−4.65)	1.94 (4.43)		0.24 (3.21)						0.049
系数均值(t值)	−0.13 (−3.73)	2.34 (5.61)			−0.23 (−2.88)					0.05
系数均值(t值)	−0.15 (−4.65)	2.32 (5.38)				0.02 (0.66)				0.045
系数均值(t值)	−0.15 (−4.68)	2.24 (5.29)					0.03 (0.53)			0.046
系数均值(t值)	−0.16 (−4.73)	2.24 (5.21)						−0.16 (−2.27)		0.046
系数均值(t值)	−0.15 (−4.23)	2.24 (5.31)							0.19 (4.32)	0.046
系数均值(t值)	−0.17 (−4.12)	2.08 (4.32)	−0.407 (−6.24)	−0.169 (−2.74)	−0.28 (−3.82)	−0.24 (−4.42)	0.02 (0.35)	−0.33 (−3.32)	−0.02 (−0.61)	0.048

注释：样本包括从1995年到2011年的267家公司共4 005个样本。表中所报告的是1996—2010年共15个年度截面回归系数的时间序列均值和t值。显著性水平为5%（双尾检验）。

表4-6中的A组报告了股票回报与会计盈余和应计项目进行回归的结果，TACC的系数显著为负，这与天真的投资者假设相一致；B组报告了对应计项目进行一级分类项目的回归结果。与天真的投资者假设相一致，应计项目三个组成部分所对应系数的相对排名类似于表4-4中的B组。ΔWC和ΔNCO的系数都显著为负；C组报告了对应计项目进行二级分类项目的回归结果。应计项目各个组成部分所对应系数的相对排名仍然类似于表4-4中的C组。ΔCOA、ΔNCOA和ΔLTI的系数都显著为负，我们判断这些项目的可靠性较低，在表4-4中它们的持续性系数也最低。关于应计项目中的经营性负债部分的结果业类似于表4-4，具体而言，与单变量模型相比，ΔCOL和ΔNCOL的系数在多变量模型中都显著下降。总体而言，未来的股票回报率与应计项目负向相关，并且可靠性越低的应计项目组成部分其负向相关越强。

4.5.5　稳健性检验

首先，前面所使用Fama-MacBeth回归方法主要是用于解决存在截面相关时导致的OLS回归的t统计量被高估的问题。但是，Fama-MacBeth回归方法并不能有效地解决序列相关问题。当数据同时存在异方差和序列相关时，如果仅使用OLS方法估计参数，将会导致标准差估计有偏。Newey和West（1987）所提出的方法能够有效地克服这个问题。这种方法并不改变参数估计值，只是以更为稳健的方法估计参数的标准差，以期获得一致的t统计量，该方法已经在经验会计领域得到了大量应用，比如Francis等（2004，2005）除了基于Fama-MacBeth回归方法来完成参数估计外，他们还基于Newey和West（1987）的标准差估计方法进行了混合数据回归。鉴于此，我们基于混合数据（Pooled Data）对表4-4、表4-6中的模型重新进行OLS估计，但使用Newey和West（1987）所提出的方法估计标准差，进而估计出各参数的t统计量并进行假设检验，相应的结果列示在表4-7、表4-8中，其结果基本支持了本章前面的研究结论。其次，我们使用了与会计年度对应的股票收益率累计窗口（即年度报告的当年1月至12月）作为敏感性分析，所得到的检验结果无重大差异。最后，我们采用了多元回归的方法，为了检验是否存在多重共线性问题，我们计算了各个多元回归模型中各个自变量的方差膨胀因子（VIF），其最小值为1.01，最大值为4.26，平均值为1.97，表明模型不存在严重的多重共线性问题。

表4-7 关于盈余持续性的实证结果（混合数据回归）

A组：总应计项目的OLS回归

$$ROA_{t+1} = \beta_0 + \beta_1 ROA_t + \beta_2 TACC_t + \varepsilon_{t+1} \quad (4.11)$$

	截距	ROA	TACC	调整 R^2
系数均值（t值）	0.005（0.79）	0.381（3.39）		0.146
系数均值（t值）	0.005（0.80）	0.404（3.18）	−0.025（−2.97）	0.147

B组：应计项目一级分类的OLS回归

$$ROA_{t+1} = \beta_0 + \beta_1 ROA_t + \beta_2 \Delta WC_t + \beta_3 \Delta NCO_t + \beta_4 \Delta FIN_t + \varepsilon_{t+1} \quad (4.14)$$

	截距	ROA	ΔWC	ΔNCO	ΔFIN	调整 R^2
系数均值（t值）	0.005（0.74）	0.418（3.57）	−0.052（−2.50）			0.152
系数均值（t值）	0.004（0.65）	0.366（3.15）		−0.045（−2.15）		0.149
系数均值（t值）	0.005（0.79）	0.381（3.38）			0.002（3.09）	0.146
系数均值（t值）	0.004（0.66）	0.409（3.07）	−0.049（−2.96）	−0.019（−3.52）	−0.011（−3.50）	0.153

C组：应计项目二级分类的OLS回归

$$ROA_{t+1} = \beta_0 + \beta_1 ROA_t + \beta_2 \Delta COA_t - \beta_3 \Delta COL_t + \beta_4 \Delta NCOA_t - \beta_5 \Delta NCOL_t + \beta_6 \Delta STI_t + \beta_7 \Delta LTI_t - \beta_8 \Delta FINL_t + \varepsilon_{t+1} \quad (4.15)$$

续表

	截距	ROA	ΔCOA	-ΔCOL	ΔNCOA	-ΔNCOL	ΔSTI	ΔLTI	-ΔFINL	调整 R²
系数均值	0.01	0.40	-0.03							0.148
（t值）	(0.93)	(3.55)	(-2.16)							
系数均值	0.01	0.38		-0.01						0.148
（t值）	(0.64)	(3.37)		(-1.67)						
系数均值	0.01	0.36			-0.05					0.149
（t值）	(0.60)	(3.06)			(-1.99)					
系数均值	0.01	0.38				0.01				0.146
（t值）	(0.79)	(3.38)				(0.05)				
系数均值	0.01	0.38					0.03			0.146
（t值）	(0.80)	(3.38)					(1.10)			
系数均值	0.01	0.38						-0.02		0.146
（t值）	(0.78)	(3.38)						(-1.48)		
系数均值	0.01	0.38							0.08	0.146
（t值）	(0.78)	(3.36)							(3.14)	
系数均值	0.01	0.41	-0.26	-0.05	0.03	-0.13	0.02	0.02	-0.13	0.154
（t值）	(0.60)	(3.01)	(-4.76)	(-3.53)	(0.76)	(-3.79)	(0.66)	(0.48)	(-2.48)	

表4-8　　　　股票报酬与应计项目组成部分的可靠性（混合数据回归）

A组：总应计项目的OLS回归

$$RET_{t+1} = \beta_0 + \beta_1 ROA_t + \beta_2 TACC_t + \varepsilon_{t+1} \tag{4.19}$$

	截距	ROA	TACC	调整 R²
系数均值（t值）	-0.024(-1.46)	0.286(3.45)		0.031
系数均值（t值）	-0.024(-1.45)	0.310(2.63)	-0.26(-2.39)	0.031

B组：应计项目一级分类的OLS回归

$$RET_{t+1} = \beta_0 + \beta_1 ROA_t + \beta_2 \Delta WC_t + \beta_3 \Delta NCO_t + \beta_4 \Delta FIN_t + \varepsilon_{t+1} \tag{4.20}$$

	截距	ROA	ΔWC	ΔNCO	ΔFIN	调整 R²
系数均值（t值）	-0.025(-1.47)	0.319(3.21)	-0.046(-2.86)			0.032
系数均值（t值）	-0.024(-1.43)	0.295(3.28)		-0.030(-2.49)		0.031
系数均值（t值）	-0.024(-1.42)	0.292(3.46)			0.06(2.02)	0.032
系数均值（t值）	-0.024(-1.40)	0.342(2.66)	-0.053(-2.69)	-0.046(-2.57)	0.03(1.33)	0.032

C组：应计项目二级分类的OLS回归

$$RET_{t+1} = \beta_0 + \beta_1 ROA_t + \beta_2 \Delta COA_t - \beta_3 \Delta COL_t + \beta_4 \Delta NCOA_t - \beta_5 \Delta NCOL_t + \beta_6 \Delta STI_t + \beta_7 \Delta LTI_t - \beta_8 \Delta FINL_t + \varepsilon_{t+1} \tag{4.21}$$

	截距	ROA	ΔCOA	−ΔCOL	ΔNCOA	−ΔNCOL	ΔSTI	ΔLTI	−ΔFINL	调整 R²
系数均值 （t值）	−0.02 （−1.37）	0.32 （3.47）	−0.045 （−4.80）							0.032
系数均值 （t值）	−0.02 （−1.46）	0.29 （3.44）		0.01 （2.01）						0.032
系数均值 （t值）	−0.02 （−1.42）	0.30 （3.24）			−0.03 （−3.51）					0.031
系数均值 （t值）	−0.02 （−1.46）	0.29 （3.44）				0.01 （0.01）				0.031
系数均值 （t值）	−0.02 （−1.45）	0.29 （3.45）					0.08 （0.45）			0.031
系数均值 （t值）	−0.02 （−1.43）	0.29 （3.47）						−0.13 （−3.64）		0.032
系数均值 （t值）	−0.02 （−1.41）	0.30 （3.50）							0.08 （2.28）	0.032
系数均值 （t值）	−0.02 （−1.35）	0.35 （2.71）	−0.06 （−4.68）	−0.05 （−2.64）	−0.05 （−3.81）	−0.07 （−3.65）	0.05 （0.27）	−0.17 （−2.78）	0.04 （0.48）	0.033

4.6 结论与启示

我们所建立的模型表明可靠性更差的应计项目导致盈余的持续性更低，在此基础上我们对资产负债表的应计项目进行分类，并对这些应计项目的可靠性进行评价，我们的经验证据表明，更不可靠的应计项目导致盈余的持续性更低，并且投资者没有充分预期到盈余的持续性更低，导致资本市场作出错误反应。我们从中可以得到若干启示。第一，将可靠性更低的应计项目包括在财务报表中会导致重大的成本。可靠性更低的应计项目导致盈余的持续性更低，而投资者无法充分预期到这种低的持续性，从而导致资本市场作出错误的反应。在应计制会计中对相关性和可靠性进行权衡显得相当重要，引入相关性强当可靠性不够的新项目不一定恰当。第二，我们完整地定义应计项目并进行两级分类，其中的很多类别是前人的研究所忽视的，笔者建议，基于应计项目的研究所考虑的应计项目应当比Healy（1985）所倡导的定义更广泛。Healy的定义所遗漏许多应计项目比如长期经营性应计项目和融资性应计项目的可靠性比较低。第三，我们的经验证据印证了，在评价企业业绩时区分会计盈余和自由现金流量显得很重要。根据自由现金流量的标准定义，是在会计盈余的基础上加回折旧和摊销、减去营运资本的变动、减去资本性支出。这种调整过程类似于本章所建立的经营性应计项目组成部分。推导自由现金流量时，融资性应计项目一般都没有加回。因此，我们所发现可靠性较低的应计项目接近于会计盈余向自由现金流量的调整。自由现金流量代表着实际现金流量加上比较可靠的融资性应计项目。

财政部2006年2月15日颁布了企业会计基本准则和38项具体会计准则，制定会计准则的基本思路与国际财务报告准则（IFRS）趋同，在会计计量方面历史成本与公允价值并重，在有条件的情况下公允价值优先（孙铮等，2006）。在会计信息质量要求方面，可靠性首当其冲，其次是相关性，并且在新的企业会计准则体系中，"可靠"这个术语出现过17次（财政部，2006）。本章的研究是基于老的企业会计准则体系和会计制度下的会计信息，在新的企业会计准则体系下，由于公允价值的广泛采用，需要财务报告编制者判断的情形更多，更多可靠性较低的项目进入资产负债表，这是否会降低会计盈余的持续性？进而损害会计信息的相关性？在新的企业会计准则体系下，权衡可靠性和相关性的格局是否会发生重大变化？这些都是待研究的课题。

5 内部控制质量、盈余持续性与公司价值

本章从内部控制质量的角度探讨盈余持续性的动因之一，从公司价值的角度探讨盈余持续性的一个经济后果。我们基于有关的理论框架和前人研究成果提出两个假设：公司内部控制质量越高，盈余持续性越好；公司的盈余持续性越好，公司价值越高。我们基于2007—2010年A股上市公司的年报、有关公告以及股价等信息，选取了6 648家样本公司，以无保留内部控制审计意见代表高质量的内部控制（其中1 657个样本获得标准内控审计意见），用类似于Sloan（1996）、Francis等（2004）以及Dichev和Tang（2009）等的方法度量盈余持续性，用托宾Q表示公司价值。经验证据发现，公司的内部控制质量与盈余持续性正向关联，盈余持续性与公司价值也正向关联，支持了我们所提出的假设。这表明，我国上市公司内部控制管制初见成效，有利于提高上市公司的盈余质量，也有利于公司估价。

5.1 引　言

现有研究已经探讨了盈余持续性的诸多动因。例如，盈余中应计项目所占的比例越高，盈余的持续性就可能越低，因此应计项目是盈余持续性的影响因素（Sloan，1996；Dechow等，2010）。Dechow等（2010）认为，盈余持续性是由公司的基本经济业绩和会计系统共同决定的。盈余持续性的其他影响因素还包括破产概率、财务重述、盈余管理、会计谨慎性、审计质量、公司规模、经营周期、无形资产、成长性、资本密集度、股利发放、企业竞争力、企业性质、成本结构等（Lev，1983；Collins和Kothari，1989；Kormendi和Zarowin，1996；Kryzanowski和Mohsni，2012；Gulraze Wakil和Alam，2012；徐浩峰等，2011；宋建波等，2012；潘征文，2012），但有关的研究得到的结论不尽一致；也有大量的文献检验了内部控制质量如何影响盈余质量，但是这类研究还没有基于盈余持续性的角度。例如，报告内部控制重大弱点的公司，其应计质量更低（Doyle等，2007a；Ashbaugh-Skaife等，2008），财务报告重大错报的概率更高（Nagy，2010），经理更多地利用操纵性应计来操纵利润（Epps和Guthrie，2010），会计

谨慎性越高（Goh 和 Li，2011），发生财务重述的概率更高（Myllymäki，2014）。中国的研究也发现，内部控制质量越高，应计质量越高（张龙平等，2010；董望和陈汉文，2011；方红星和金玉娜，2011）。

许多研究探讨了盈余持续性的经济后果。例如，Baber 等（1998）研究发现，当盈余更具有持续性时，经理薪酬对盈余更加敏感；Grahama 等（2005）研究发现，平滑的盈余使得分析师更容易预测未来盈余；Francis 等（2004）研究发现，盈余持续性越好，公司的权益资本成本越低。尽管有一些研究探讨了收益平滑（Income or Earning Smoothing）、盈余波动性（Earnings Volatility）如何影响公司价值，例如，Barnes（2001）、Rountree 等（2008）都发现公司价值与盈余的波动性之间存在显著的负向关系，并且一般认为，收益越平滑，盈余波动就越小，盈余持续性就越好（Schipper 和 Vincent，2003；Rountree 等，2008；Dichev 和 Tang，2009；Dechow 等，2010），但是还没有研究直接探讨盈余持续性如何影响公司价值。与本章最相关的一篇论文是黄惠平和宋晓静（2012）的，他们研究发现，披露内部控制自我评估报告、审计报告的公司的会计信息质量、企业价值都高于未披露内控自评报告和内控审计报告的公司并在1%水平上显著；另一篇论文是林斌等（2013）的，他们以2000—2007年沪深主板 A 股上市公司为样本，研究发现，相对于内部控制质量较好的公司，内部控制质量越差的公司，其被诉讼的概率越大。相比其他公司，陷入诉讼的企业，其公司价值更低。进一步的研究发现，更低的内部控制质量加剧了被诉公司价值的降低。他们的研究表明，加强内部控制有助于实现公司经营合法合规的目标，最大限度地避免因诉讼而遭受的损失，进而提升公司的价值。

作为一种公司内部治理机制的内部控制，其质量高低如何影响盈余持续性？盈余持续性如何影响公司价值？这些问题都有待探讨。因此，本章拟从内部控制质量的角度探讨盈余持续性的动因之一，从公司价值的角度探讨盈余持续性的一个经济后果。

首先，我们认为高质量的内部控制能够限制对外报告信息的故意操纵，降低会计处理和财务报告中无意的程序和估计差错风险，减轻可能影响财务报告信息质量的企业经营和战略的内在风险，可以有效地对公司高管人员的行为进行监督，降低内部代理成本，有利于创造和保持高持续性的盈余，从而提高盈余持续性。其次，根据我们建立的理论模型，更高的盈余持续性，通过正向影响公司估价的"分子方面"——高持续性的现金流量和更准确的未来现金流量预测，负向影响公司估价的"分母方面"——更低的资本成本即风险调整折现率，与更高的公司价值相关联。

我们用无保留内部控制审计意见代表高质量的内部控制；采用类似于 Sloan（1996）、Francis 等（2004）以及 Dichev 和 Tang（2009）的方法度量盈余持续性，并在模型中加入内部控制质量变量；使用 Tobin's Q 表示公司价值；基于2007—2010 年 A 股上市公司的年报、有关公告以及股价等信息，选取了 6 648 家样本公司，其中 1 657 个样本获得标准内控审计意见；通过多元回归分析等方法，我们的经验证据支持了我们所提出的假设，即公司的内部控制质量与盈余持续性正向关联，盈余持续性与公司价值也正向关联。

本章从公司内部治理机制之一的内部控制质量角度探讨盈余持续性的动因之一，从公司价值的角度探讨盈余持续性的一个经济后果，从而贡献于现有文献。第一，内部控制被认为是公司内部治理的一个重要方面（Hazarika 等，2012），从公司内部治理的角度来看，明确盈余持续性的影响因素就可以采取适当的措施，有效防止上市公司财务舞弊案件的发生，对提高会计信息质量有积极意义。因此，本章研究公司治理特征对企业会计盈余持续性的影响，寻找会计盈余持续性的公司治理方面的经验证据，从而为提高会计盈余质量提供有益的借鉴，并为我国上市公司内部控制管制成效提供了经验证据。第二，建立了盈余持续性与公司价值之间的理论联系，并提供了相关的经验证据。更高的盈余持续性，能够降低信息风险，更准确地预测未来盈余和未来现金流量，从而有利于公司估价，为估价模型输入有益信息。

本章的结构安排如下：第二部分是文献回顾、理论分析和研究假设；第三部分是研究设计；第四部分是主要的实证结果与分析；第五部分是研究结论。

5.2 文献回顾、理论分析和研究假设

5.2.1 内部控制质量与盈余持续性

尽管以前的文献已经建议了内部控制质量与会计信息质量之间的关联性（Kinney，2000），裴宗舜和柯东昌（2005）也认为公司内部控制的有效和完善在很大程度上决定了会计信息的质量，刘亚莉等（2004）则认为内部控制与财务报告质量、公司质量之间存在着相关关系，但是，由于缺乏关于内部控制的公开数据，并且内部控制质量一般难以直接观察或验证，人们对一个公司如何实现高质量的内部控制知之甚少。在后 SOX 法案时代，美国、中国、日本、法国、加拿大、许多欧盟国家等陆续采用公司内控管制，特别是随着 SOX 法案 302、404 条款、AS2、AS5 的执行，上市公司的内控缺陷和内控审计报告可以公开获得，能够向市场传递公司内控质量和控制风险的可靠信号，为直接观察内控质量提供了依据。诸多研究探讨了公司内控质量的经济后果，有一个分支就是内部控制质量如何影响盈余质量。

Doyle 等（2005）以 2002 年 8 月到 2004 年 11 月期间披露内控重大弱点的 261

家公司为研究样本，发现内部控制存在重大弱点的公司，其盈余质量也更低；Bédard（2006）研究发现，根据SOX法案302条款披露的内部控制缺陷的公司在披露内控缺陷之前其盈余质量没有表现得更低，而在披露之后其盈余质量得到显著改进，这与内部控制管制的目标相一致。Doyle等（2007a）以美国2002年8月到2005年11月期间报告内部控制重大弱点（Material Weakness）的705家公司为主要样本，发现所报告的内部控制重大弱点与较低的应计质量相关联，并推论"内部控制问题正是应计质量较低的根源"。Beneish等（2008）的证据表明，内部控制重大弱点的披露意味着公司的财务报告可信性较低。Chan（2008）的证据表明，根据SOX法案404条款披露内部控制重大弱点公司的操控性应计的绝对值更大、正的操控性应计也更多。既然审计师根据404条款所发现的低效内部控制可能会促使公司去改善其内部控制，因此，404条款有潜力减少故意的和无意的会计差错并提高所报告盈余的质量。Ashbaugh-Skaife（2008）的证据表明，报告内部控制缺陷的公司其应计质量更低，并且在随后的年度里得到不同内部控制审计意见的公司其应计质量的变化与内部控制质量的变化相一致。Altamuro和Beatty（2010）基于银行业的经验证据表明，执行内部控制审计的公司财务报告质量更高，即盈余持续性更高、现金流量的可预测性更好、会计谨慎性更低。Brown等（2014）以德国为背景的研究发现，通过有效的内部控制改善了盈余质量，这意味着实现了内部控制管制的主要目标之一。Nagy（2010）研究发现，前一年度至少报告一个内部控制重大弱点的公司，其财务报告重大错报的概率更高，即财务报告质量更低。Epps和Guthrie（2010）研究发现，根据SOX法案404条款报告内部控制重大弱点的公司，其盈余质量更低，经理更多地利用操纵性应计来操纵利润。Goh和Li（2011）研究发现，公司内部控制质量越高，会计谨慎性越高，财务报告的质量越高。Singer和You（2011）研究发现，公司执行SOX法案404条款后，盈余的可靠性、相关性、持续性都提高了，投资者的信心好像得到了恢复。Impink等（2012）研究发现，遵循404条款披露内部控制重大弱点的公司，10-K申报的及时性更差。Krishnan和Yu（2012）研究发现，强制执行ICFR审计的（加速申报）公司，与未执行ICFR审计的（非加速申报）公司相比，收入质量（超常收入/总资产）显著更高（平均高出1.3%），盈余对未来现金流量的预测能力（即盈余持续性）更高，其权益账面值和盈余更多地被市场估价。Arping和Sautner（2013）研究发现，SOX法案404条款提高了公司的透明度，对公司信息披露质量具有正面影响。Chen等（2013）研究发现，对于得到无保留ICFR审计报告的公司，其会计盈余信息含量（CAR）在404条款的采用年比之前一个年度的更大，但是作为控制样本的非加速申报公司的会计盈余信息含量（在这两个年度）没有变化。Goh等（2013）研究发现，否定的内部控制审计意见显著地提高了出具非标财务报表审计意见（可作为盈余质量的指标）的可能性，审计师确实通过出具非标财务报表审计意见对否定内部控制审计意见相关的不确定性作出反应。Foster 和 Shastri（2013）采用"基于收入的应计模型"来计算得到"重大超常收入应计"。研究发现，披露内部控制重大弱点的公司和内部控制有效的公司，其重大超常收入应计不存在显著差异，即其盈余管理程度没有显著差异。Myllymäki（2014）研究发现，与未曾报告过内部控制重大弱点的公司相比，曾经报告过内部控制重大弱点公司在最后一次报告之后的 2 年期间财务信息发生错报的概率仍然显著更高，即内部控制重大弱点公司财务报告的低质量持续到重大弱点得到改正后的期间。这种效应随间隔的时间呈非线性的递减。李明辉等（2003）基于我国上市公司年报中的内部控制信息披露状况的分析表明，内部控制信息披露与财务报告质量、公司质量之间存在一定的关联。杨有红等（2008）通过描述性统计对 2006 年沪市年报内部控制信息披露的现状进行了分析，上市公司内部控制信息披露与财务报告质量有一定关系，财务报告质量较高的公司更愿意披露内部控制信息，财务报告质量较低的公司披露内部控制信息的动机不足。张龙平等（2010）实证分析了沪市 A 股公司 2006—2008 年内部控制审计的经验证据，发现内部控制审计提升了公司会计盈余质量。董望和陈汉文（2011）利用自行构建的内部控制评价指数和是否进行财务报告重述作为内部控制质量的代理变量，研究发现，内部控制质量越高，应计质量越高，盈余反应系数越大。方红星和金玉娜（2011）研究发现，披露内部控制鉴证报告的公司具有更低的盈余管理程度。雷英等（2013）基于 2011 年度沪市 A 股公司的证据发现，披露内部控制审计报告的公司会计盈余质量要高于未披露内部控制审计报告的公司，首次披露内部控制审计报告的上市公司盈余质量要高于上一年度，即内部控制审计能够提高公司会计盈余质量。杨七中和马蓓丽（2014）以 2012 年 A 股主板上市公司为研究对象，使用迪博的内部控制指数，研究发现，内部控制可以显著地抑制应计项盈余管理，却无法显著地抑制真实活动盈余管理。内控质量越高，企业倾向于通过改变现金流支出和酌量性支出来进行真实活动盈余管理。总之，证据表明内部控制质量影响应计质量。

根据财政部 2008 年颁布实施的《企业内部控制基本规范》，内部控制是指由企业董事会、管理层和全体员工共同实施的、旨在合理保证实现以下基本目标的一系列控制活动：企业战略，经营的效率和效果，财务报告及管理信息的真实、可靠和完整，资产的安全完整，以及遵循国家法律法规和有关监管要求；有义务对外提供财务报告的企业，应当确保财务报告及管理信息的真实、可靠和完整[①]。按照该定义，更高质量的内部控制本身以及决策者对其所设置内部控制质

---

① COSO 对内部控制的定义是：是受到一个主体的董事会、管理层和其他人事影响的程序，设计用来合理地保证实现以下目标——经营的效率和效果、财务信息的可靠性、遵循有关的法律规章制度。我国的内部控制定义类似于 COSO，都包括合理确保财务信息的可靠性，但是目标更宽泛。

量的信任，能够为更可靠的财务信息提供合理保证，内部控制的目标之一是预防或发现可能会导致财务报表误报的错弊。

关于良好的、有效的内部控制应当会导致可靠（高质量）财务信息的观点，得到诸多学者的认同。例如，Jiambalvo（1996）认为，有效的内部控制能够限制公司经理绕过内部控制操纵会计盈余的能力。Doyle 等（2005）认为，高质量的内部控制有助于实现较高的应计质量和盈余质量，途经是通过限制管理层的盈余管理能力（例如要求不相容职务分离）而减低故意有偏的操控性应计，或者通过减少难以估计的应计项目中的差错。Bédard（2006）认为，记录、报告和评估财务控制的有效性将提高财务报告质量，增加外部使用者对财务报告的信心。Doyle 等（2007a）认为，从概念上来看，好的（有效的）内部控制系统是高质量财务报告的基石，因为较强的内部控制有可能限制程序上的错误、估计中的误差以及盈余管理。Ashbaugh-Skaife 等（2008）认为，财务报告的可靠性被认为是公司内部控制有效性的一个函数。有效的内部控制从长期来看能够带来重大利益，比如提高财务报告的正确性，导致更高质量的财务信息。更好的内部控制导致更可靠的账目金额，为内部管理决策提供有用信息，也可以减少对外财务报表中故意和无意的误报。Brown 等（2014）认为，实施、评估和监督有效的内部控制系统，是财务报告质量的一个关键决定因素。杨有红等（2008）认为，内部控制自我评估报告是管理当局对企业内部控制制度的设计和执行是否有效作出评估，并表明其对财务报告和资产的安全完整无重大不利影响，这实际上表明了管理当局的一种合理保证，同时也有利于管理当局对内部控制存在的缺陷加以改进，提高财务报告的可靠性，因此，可以在一定程度上减少舞弊的可能性。

但是，美国的内部控制管制的特点是强调内部控制缺陷的披露和改正，并按照严重程度划分为三个层面——控制缺陷、重大缺陷、重大弱点。因此，以美国为背景的类似研究一般是探讨内部控制缺陷与低质量会计信息之间的关系。例如，Bell 等（2000）发现，较弱的内部控制环境与样本中舞弊性财务报告发生的概率正向关联。Doyle 等（2005）认为，当内部控制环境较弱时，管理层可能会故意利用有偏的应计项目来操纵会计盈余。Beneish 等（2008）认为，较弱的内部控制会增加潜在的计量误差或经理进行盈余管理的能力，因此，公司披露内控弱点可能会传递财务报告质量较低的信号。Chan 等（2008）认为，内部控制弱点，包括糟糕的控制环境和不恰当的财务报告程序，会导致财务报表中无意的或故意的重大差错风险。并假设，报告内部控制重大弱点的公司，比其他公司更有可能操纵会计盈余。Ashbaugh-Skaife 等（2007）的研究表明，较弱的内部控制会容许管理层通过凌驾财务报告控制和利用有偏的应计项目估计来操纵会计盈余。Doyle 等（2007a）认为，较弱的内部控制将导致较低的应计质量，因为按照定义，弱的内部控制可能会容许应计估计中发生差错并影响所编制的财务报表。这些潜在的差错包括故意的（盈余管理）和无意的（较低的估计能力）差错。对于一个内部控制较弱的公司，由于未能限制经理进行盈余管理的能力，故意有偏的操控性应计可能更大；如果弱的内部控制导致更多的估计错误（由于估计应计项目较困难）并容许更多的程序性差错，无意的差错就会更多。Ashbaugh-Skaife等（2008）认为，一个公司的内部控制越弱，经理就越不可能得到可靠的应计项目，并且这些非故意的错误呈报会导致噪音更大、更不可靠的财务信息。此外，公司的内部控制越弱，经理就越容易绕开内部控制，故意进行有偏的应计项目估计，这样有利于达到其机会主义性质的财务报告目标。因此，无论是故意的还是无意的错误呈报，当公司的内部控制较弱时，应计质量都可能会减损。他们认为，内部控制缺陷主要以两种方式减损应计质量：①缺乏适当的政策、训练、或者公司员工不够细心而导致随机的、无意的误报；②员工或管理层故意的误报或忽略，而且，内部控制责任不适当的安排使得舞弊更可能发生。

基于前人的研究，我们认为，高质量的内部控制能够限制对外报告信息的故意操纵，降低会计处理和财务报告中无意的程序和估计差错风险，减轻可能影响财务报告信息质量的企业经营和战略的内在风险。在我国当前的制度背景下，遵守内部控制管制要求，能够通过几种方式提高盈余质量：①实施和监督有效的内部控制能够遏制内部人故意误报盈余的机会和动机；②有效的内部控制能够减少信息报告中随机的、非故意的疏忽和程序性差错；③有效的内部控制有助于减轻企业业务活动的内在风险以及这些风险对企业报告选择和财务报告透明度的影响。尽管盈余持续性并非是盈余质量的一个完全定义，但是它经常被看做盈余的质量特征之一和一个度量指标。有许多会计学者从盈余持续性的角度来界定盈余质量，并且一般认为，盈余持续性越高，盈余质量也越高（Schipper和Vincent，2003；Francis等，2004；Dichev和Tang，2009；Dechow等，2010）。

理论上说，良好的公司内部治理（高质量的内部控制）不但可以有效地对上市公司高管人员的行为进行监督，降低内部代理成本（Dechow等，2010；Hazarika等，2012），而且，也可以保证公司精干企业的主营业务，其重大投资决策都能得到有效贯彻实施，严控投资方向，专注优势产业和优势产品的发展，从而使得会计盈余更加持续。切实做到"自身不能掌控的高风险领域坚决不投，损毁股东价值的项目坚决不上"的上市公司当然难能可贵（孙世攀等，2011），而这些都需要良好的公司内部治理进行保证，否则，将会影响到盈余的持续性。良好的公司内部治理有利于创造和保持高持续性的盈余，相反，一个治理混乱的上市公司最终会反映到公司绩效上，使得会计盈余不可持续。

据此，我们提出以下假设：

假设1：公司的内部控制质量与盈余持续性正向关联。

5.2.2　盈余持续性与公司价值

1)相关文献

收益平滑（Income or Earnings Smoothing）是一种盈余管理的特例。根据 Fudenberg 和 Tirole（1995），收益平滑是这样一个过程，操纵盈余或盈余报告的时间分布，以便使得报告的盈余流的变动性更低，但是从长远来看没有增加报告盈余。经理企图利用其财务报告判断来故意熨平报告盈余的波动性，以产生平稳的盈余流（Beidleman，1973）。因此，平滑的盈余更具有持续性。收益平滑也在公司估价的背景下被研究（Dechow 和 Skinner，2000）。但是研究发现不一致。例如，都是基于美国的研究，Michelson 等（1995）发现，对于 10 年期的年化股票回报率，收益平滑者比非收益平滑者更低、权益市场价值更高，而 Michelson 等（2000）则发现，对于平均股票累积超常回报率（CAR），收益平滑者比非收益平滑者更高；Wang 和 Williams（1994）研究发现，对于市场反应程度，拥有平滑收益流的公司是其他公司的 4 倍，而且收益更平滑的公司被证券市场认为风险更低，也即，收益平滑能够提高报告盈余的信息价值，使得当前和潜在的投资者都受益；Bao 和 Bao（2004）研究表明，盈余质量在收益平滑的公司估价中至关重要，因为只有高质量的收益平滑者才能够享受公司估价中的溢价；Bitner 和 Dolan（1996）检验了收益平滑与公司价值之间的关系并发现，美国股票市场为平滑的收益流支付溢价，并把平滑的收益流区分为自然的和受操纵的；Grahama 等（2005）的问卷调查研究发现，78%的 CFO 为了平滑盈余而牺牲长期价值，经理也尽力去维持盈余和财务披露的可预测性。绝大多数的 CFO 更喜欢平滑的盈余而非波动的盈余；Tucker 和 Zarowin（2006）研究发现，收益平滑能够提高公司盈余的信息含量，提高历史和当期盈余预测未来盈余和现金流量的能力。与更少收益平滑的公司相比，更多收益平滑的公司的当期股价变动包含了其未来盈余的更多信息；Huang 等（2009）检验了人为的平滑（超常应计）和真实的平滑（衍生品）对公司价值的影响，并用托宾 Q 值来度量公司价值。他们研究发现，托宾 Q 值随着超常应计的增加而降低，随着衍生品使用水平的增加而增加。而且，在投资者保护较弱的公司中人为的收益平滑带来的价值折扣更大，在治理较弱的公司中真实收益平滑的溢价更大。这些结果表明，尽管公司经理可以利用真实的平滑来提高公司盈余的信息价值并因此降低代理成本，他们也可以利用人为的平滑技术来粉饰性地改善公司的收益流以侵害少数股东利益；Habib 等（2011）认为，在不确定性较高的环境下经营的公司经理，有动机通过平滑来减少盈余的波动性，并探讨了股票市场对在不确定性较高的环境下经营的公司的收益平滑的反应。研究发现，在不确定性较高的环境下经营的公司，当期的股票价格包含了未来盈余的更多信息，因此支持了收益平滑的信息价值观。

盈余持续性的反面是盈余波动性（Schipper 和 Vincent，2003；Rountree 等，2008；Dichev 和 Tang，2009；Dechow 等，2010）[①]。盈余波动性对公司价值的重要性长期以来受到会计和财务文献的认可。通过与估价模型中的折现率或预期的现金流量（盈余）相关联，盈余波动性对公司价值产生影响。多数现有的研究主要关注其与折现率或资本成本的联系（例如，Francis 等，2004）。盈余波动性更小的公司是否总是会产生更高的公司价值？经验研究结果不一致。一些研究基于美国市场直接检验了盈余波动性与公司价值之间的关系。有几篇研究表明，更小的盈余波动性意味着更低的风险，更低的风险导致更低的公司价值（例如，Beidleman，1973；Lev 和 Kunitzky，1974；Michelson 等，1995），来自事件研究的经验证据也发现，股票价格与盈余波动性降低的事件存在这种显著的关系（Bao 和 Bao，2004）；另一方面，一些研究结果表明，更小的盈余波动性导致更高的公司价值。例如，Barnes（2001）研究发现公司价值与盈余的波动性之间存在显著的负向关系，并且在控制经营活动现金流量的波动性后这种负向关系仍然成立，这意味着会计驱动的盈余波动性确实具有经济影响，而 Rountree 等（2008）则发现，在控制现金流量波动性后市场价值与盈余波动性这种负向关系变得不显著。有几项研究表明，机构投资者一般避免盈余波动性表现较大的公司，投资者一般不会被盈余起伏不定的公司所吸引，因此其后果是这些公司股票的价格降低（Badrinath 等，1989；Michelson 等，2000）。其他的几项研究发现，盈余波动性的降低能够改善盈余持续性，因此而提高股价（例如，DeFond 和 Park，1997；Hand，1989）。

鉴于盈余等于现金流量加上应计项目（Dechow，1994；Sloan，1996），一些研究还探讨了盈余组成部分的波动性[②]与公司价值之间的关系。例如，Minton 和 Schrand（1999）研究发现，现金流量波动性也与外部融资更高的成本相关联，这意味着公司的价值会下降，因为资本成本越高，估价时的折现率就越高；Rountree 等（2008）研究发现，现金流量波动性、应计项目波动性都与公司价值的代理变量（托宾 Q 值）显著负相关。现金流量的波动性每增加 1%，会导致公司价值下降约 0.15%。

直接探讨盈余持续性与公司价值之间关系的文献较少。Kormendi 和 Lipe（1987）、Easton 和 Zmijewski（1989）研究发现，更具持续性的盈余，在盈余公告

---

① Rountree 等（2008）、Dichev 和 Tang（2009）以及 Frankel 和 Litov（2009）都使用盈余的一阶自回归来计算盈余持续性，并使用类似的方法计算盈余波动性，他们的计算方法表明，盈余持续性与盈余波动性之间存在反向关系。

② 根据 Rountree 等（2008）的相关分析，盈余波动性与现金流量波动性的相关系数为 0.822，P 值 0.000。这不奇怪，因为现金流量是盈余的一部分。这两个变量的相关性如此之高，导致 Graham 等（2005）所报告的——经理有理由只关注盈余而非现金流量。应计项目波动性与现金流量波动性显著负相关，应计项目与现金流量的相关系数均值为 -0.73。

日伴随着更显著的股价反应；Gaioa和Raposo（2011）的跨国研究发现，盈余质量的综合指标（盈余持续性是七个盈余属性指标之一）与公司价值（托宾Q值表示）之间呈显著的正向关联。

总之，理论或经验研究间接或直接地探讨了盈余持续性与公司价值之间的关系。尽管研究结论存在差异，但主导的结论是，盈余的持续性越高，公司的价值越大。

2）持续的盈余与公司价值之间的理论联系

托宾Q值是金融市场估值的一个常用指标，定义为公司的市场价值除以公司实物资产的重置成本，表示了预期未来现金流量的现值除以资产重置成本（Rountree等，2008）。托宾Q值直觉上很好理解。托宾Q值大于1，意味着公司正在产生经济租金，因为公司的市场价值大于公司资本资产的重置成本。如果不是这样的话，在金融市场上购买现有的资产，就要比重新建设一个可比的公司要更便宜（Bitner和Dolan，1996）。

为了从理论上进行解释，考虑托宾Q值的简化形式等式（5.1）：

$$Q = \frac{PN + D}{RPL} \tag{5.1}$$

其中，P表示股票价格，N表示股数，D表示债务的价值，RPL表示公司资产的重置成本。

在一般的情形下，股票价值PN代表了公司未来现金流量的现值。在不确定情形下的无限期间，等式（5.1）中托宾Q值的权益部分可以表示如等式（5.2）：

$$PN = \sum_{t=1}^{\infty} \frac{E(CF_t)}{(1 + k_e)^t} \tag{5.2}$$

其中，$E(CF_t)$表示期间t的预期现金流量，k_e表示适用于权益的风险调整折现率。

类似地，等式（5.1）中的负债项D也可以进一步扩展，以反映各个期间t偿债额（DS）[①]的现值，其中t的最大值为债务的期限N。因此，债务的价值D可以表示如等式（5.3）：

$$D = \sum_{t=1}^{N} \frac{E(DS_t)}{(1 + k_d)^t} \tag{5.3}$$

其中，$E(DS_t)$表示期间t的预期偿债额，k_d表示适用于债务的风险调整折现率。

将等式（5.2）、（5.3）代入等式（5.1）就可以得到托宾Q值的扩展表达式等式（5.4）：

$$Q = \frac{\sum_{t=1}^{\infty} \frac{E(CF_t)}{(1 + k_e)^t} + \sum_{t=1}^{N} \frac{E(DS_t)}{(1 + k_d)^t}}{RPL} \tag{5.4}$$

[①]　技术上可以区分是支付利息还是偿还本金。但是，对于本章所提出可检验的假设，做这种区分是不必要的。

很明显，根据等式（5.4），在 RPL、DS 既定的情形下，托宾 Q 值取决于两个方面：第一，预期现金流量 $E(CF_t)$，并正向影响托宾 Q 值；第二，利益相关者适用于权益（k_e）和债务（k_d）的风险调整折现率，它们将反向影响托宾 Q 值。

第一，盈余持续性是指公司的盈余水平在未来期间再现的可能性（Nichols 和 Wahlen，2004）。因此，持续性水平越高，当期的盈余在预测下一期的业绩（包括盈余或现金流量等）时越有用。Lev（1989）、Christensen 等（2005）都认为，持续的盈余有利于对未来盈余和现金流量的预测；在实务界，盈余持续性对未来盈余的预测以及适当的终值假设都具有重要的影响（Nissim 和 Penman，2001）。持续的盈余被认为是理想的，因为它们重复发生。财务分析师有时候重点关注可持续的或重复发生的盈余（Francis 等，2004）。李丹和贾宁（2009）研究发现，公司盈余持续性越高，分析师预测越准确、预测分歧度越小。根据 Graham 等（2005），当即期及其之前几期的报告盈余更具有持续性，一般更容易预测盈余。当盈余更具持续性，盈余就能够更好地标识未来现金流量，因此也是权益估价更有用的信息输入（Dechow 等，2010）。高持续性的会计盈余能向投资者传达更丰富的预测信息，有利于预测未来现金流量，从而有利于投资者对股票的合理定价，体现其决策价值（孙世攀等，2011）。国外的相关经验研究发现，持续性越高的盈余，越有利于预测未来现金流量（Greenberg 等，1986；Finger，1994；Dechow 等，1998；Barth、Cram 和 Nelson，2001）；Penman 和 Sougiannis（1998）研究发现，在高成长性的公司中盈余持续性较低，因此基于现金流量或基于盈余的信息输入都不能很好地预测未来现金流量，所以估价存在相当大的误差；Tucker 和 Zarowin（2006）、Habib 等（2011）研究发现，更具持续性的盈余能够提高历史和当期盈余预测未来盈余和现金流量的能力。总之，持续性更高的盈余，有助于利益相关者更正确地预测未来现金流量，并且，既然现金流量与盈余高度正相关（Dechow，1994；Dechow 等，1998），高持续的盈余就意味着高持续性的现金流量，所以根据等式（5.4），盈余持续性越高，公司价值应该会越高。

第二，对于投资者而言盈余是主要的公司特定信息源（Francis 等，2003）。理论模型表明，公司特定的信息风险无法分散掉，因此而被投资者定价并影响公司的资本成本（例如，Easley 和 O'Hara，2004；Leuz 和 Verrecchia，2004）。对于所持有更多私有信息的股票，投资者要求更高的回报，因为他们在与拥有更多信息的投资者进行交易时处于信息劣势。因此，这些模型预测，会计信息质量与资本成本存在正向关联。经验研究也支持该假设：Francis 等（2004）提供了美国方面的证据，Bhattacharya 等（2003）提供了国际层面的证据，但是都发现盈余质量越高，资本成本越低。其中，Francis 等（2004）还研究发现，盈余持续性越高，公司的权益资本成本越低；经理可能为了减轻他们自己与投资者之间的信息不对称而增加盈余的持续性，因此而降低股东和债权人所需要的投资回报，从而创造公司价值（Trueman 和 Titman，1988）。Bushman 和 Smith（2001）识别了高质量会计信息降低资本成本的三个渠道。Goel 和 Thakor（2003）指出，更具有持续性的盈余通过降低（信息优势与信息劣势的投资者之间的）信息不对称而增加公司的股价。根据 Grahama 等（2005），如果保持现金流量不变，波动的盈余被认为比具有持续性的盈余风险更大，平滑的盈余被投资者认为风险更低。公司经理相信，持续性性更高的盈余在资本市场中需要风险溢价。实际上他们发现，为了尽量产生具有持续性的盈余流，公司甚至可能放弃 NPV 为正的项目，这意味着公司经理认为更高的盈余持续性会带来正的市场溢价。Gaioa 和 Raposo（2011）的研究结果表明，投资者感觉到了低质量盈余的信息风险，这是不可分散掉的风险。总之，通过提供更具持续性的盈余，公司能够降低信息风险，因而降低资本成本。根据等式（5.4），公司的市场价值代表预期未来现金流量按照风险调整资本成本进行折现的现值，所以在其他条件都相同的情形下，公司资本成本的降低就意味着公司价值的提升。

假如有两支不同的股票 A 和 B，其提供的未来现金流量的概率分布如图 5-1所示。尽管这两个收益流的期望值相同，但是股票 A 的概率比股票 B 更密集地分布在均值周围。众所周知，如果股票 A 和 B 之间方差的差异完全是非系统风险，那就能够通过多元化来分散风险。我们可以预期权益市场对这两支股票类似地估值。然而，鉴于股票 A 和 B 之间方差的差异反映了系统风险，与股票 B 相关的现金流量和偿债额应当匹配一个更高的折现率[①]。如果更具持续性的盈余流导致投资者对公司未来的现金流量适用更低的风险调整折现率，那么在其他所有条件都相同的情况下，盈余更具持续性的公司应当会拥有更高的托宾 Q 值[②]。

综上，更高的盈余持续性，通过正向影响公司估价的"分子方面"——高持续性的现金流量和更准确的未来现金流量预测，负向影响公司估价的"分母方面"——更低的资本成本即风险调整折现率，与更高的公司价值相关联。鉴于此我们提出假设 2。

---

① 收益的波动和系统风险之间的联系是关键的。根据 Mandelker 和 Rhee（1984），会计贝塔（β_A）可以表达如下：

$$\beta_A = \frac{\%\Delta CF}{\%\Delta MKT} = \frac{\%\Delta CF}{\%\Delta EBIT} \times \frac{\%\Delta EBIT}{\%\Delta Sales} \times \frac{\%\Delta Sales}{\%\Delta MKT}$$

在这个背景下，MKT 是指市场活动的经济度量（比如国民收入）。如果一个公司的销售收入（Sales）与经济活动正相关，那么该表达式就阐明了 EBIT 和销售收入之间的联系能够被真实的决策或会计的决策软化。反过来，尽管现金流量和 EBIT 之间的关系仍然紧密，但是公司能够降低现金流量和市场活动之间的敏感性。在这方面，能够通过收益平滑行为降低会计贝塔。

② 收益平滑、现金流量与证券估价之间的联系，与 Barnea 等（1975）的建议一致，即收益平滑的一个动机是提高投资者预测未来现金流量的能力。Ronen 和 Sadan（1981）列举了 AICPA 的一份报告，它阐述道，"财务报告的一个目标是，向投资者和债权人提供预测、比较、评估潜在现金流量的有用信息"。托宾 Q 值的这种应用也与 Amit 和 Wernerfelt（1990）的观点一致，他们认为，降低公司的风险能够增加公司的托宾 Q 值。需要指出的是，尽管我们没有运用代理模型，但是，托宾 Q 值也涵盖了 Trueman 和 Titman（1988）对收益平滑的解释精髓。根据等式（5.1），如果平滑的收益流降低了长期资本成本，分子中的债务价值（D）将提升。

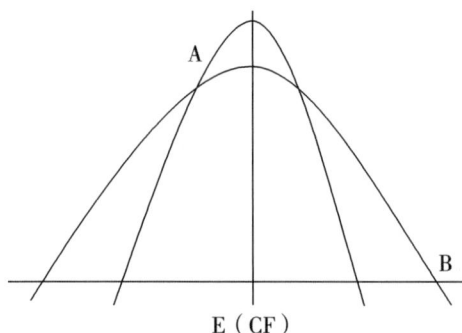

图 5-1　现金流量概率分布图

假设 2：盈余持续性与公司价值（托宾 Q 值）正向关联。

5.3　研究设计

5.3.1　研究变量与计量经济模型

1）假设 1 的检验模型

为了检验假设 1，我们采用类似于 Sloan（1996）、Francis 等（2004）以及 Dichev 和 Tang（2009）的方法度量盈余持续性，即盈余的一阶自回归模型（5.5）：

$$Earn_{i,t+1} = \alpha_0 + \alpha_1 Earn_{i,t} + \alpha_2 Earn_{i,t} \times Clean_{i,t} + \alpha_3 Clean_{i,t} + Year + \varepsilon_{i,t} \tag{5.5}$$

其中，Earn 表示公司会计盈余。类似于 Sun 和 Tong（2003）、Fan 等（2007），我们使用两个会计盈余指标，即主营业务资产收益率（CROA）、资产收益率（ROA）。Clean 表示公司盈余质量，如果公司当年度披露了无保留内部控制审计意见取 1，否则为 0。我们使用交乘项，以便显示公司通过具备较高的内部控制质量带来的增量效应。该模型估计提前 1 年的盈余持续性。预测 α_1 显著为正。根据我们的假设 1，预测内部控制质量更高的公司与更具持续性的盈余相联系，因此预测 α_2 显著为正；Year 为控制时间固定效应的年度哑变量。

我国对企业内部控制的管制是近 10 多年的事情。1999 年修订后的《会计法》第一次以法律的形式对建立健全内部控制提出原则要求，财政部随即连续制定发布了《内部会计控制规范——基本规范》等 7 项内部会计控制规范，审计署、国资委、证监会、银监会、保监会以及上交所、深交所等也从不同角度对加强内部控制提出明确要求。证监会在 2001 年发布的《公开发行证券公司信息披露的内容与格式准则第 2 号——年度报告的内容与格式（修订稿）》中，要求一般上市公司的监事会在年度报告中应对"公司决策程序是否合法，是否建立了完善的内部控制制度，公司董事、经理执行职务时有无违反法律、法规、公司章程或损害公司利益的行为"发表独立的意见。2005年10月国务院发布被称为"26条意见"的《国务院批转证监会关于提高上市公司质量若干意见的通知》，要求上市公司"对内部控制制度的完整性、合理性及其实施的有效性进行定期的检查和评估，同时要通过外部审计对公司的内部控制制度以及公司的自我评估报告进行核实评价，并披露相关信息"。为落实该通知，2006年上交所和深交所分别发布了《内部控制指引》，要求上市公司董事会在年度报告披露的同时披露相关的内部控制信息，并且鼓励有条件的上市公司单独出具内部控制自我评估报告，并披露会计师事务所对内部控制自我评估报告的核实评价意见。深交所在2007年12月26日颁布和实施了《中小企业板上市公司内部审计工作指引》，它规定，审计委员会应当对与财务报告和信息披露事务相关的内部控制制度的建立和实施情况出具年度内部控制自我评价报告，监事会和独立董事应当对内部控制自我评价报告发表意见，保荐人应当对内部控制自我评价报告进行核查，并出具核查意见。上市公司在聘请会计师事务所进行年度审计的同时，应当至少每两年要求会计师事务所对公司与财务报告相关的内部控制有效性出具一次内部控制鉴证报告。

　　证监会2007年12月28日发布的《关于做好上市公司2007年年度报告及相关工作的通知》规定，上市公司应在2007年年报中全面披露公司内部控制建立健全的情况，鼓励央企控股、金融类及其他有条件的上市公司在披露2007年年报的同时披露董事会对公司内部控制的自我评估报告和审计机构对自我评估报告的核实评价意见。深交所2007年12月28日发布的《关于做好上市公司2007年年度报告工作的通知》规定，公司应当按照本所《上市公司内部控制指引》的要求，对公司内部控制的有效性进行审议评估，作出内部控制自我评价。自我评价结果可以在年报全文"公司治理结构"一节中披露，也可以单独形成自我评价报告与年报同时对外披露。公司监事会和独立董事应当对公司内部控制自我评价发表意见。同时鼓励有条件的公司聘请审计机构就公司财务报告内部控制情况出具评价意见。上交所2008年1月2日发布的《关于做好上市公司2007年年度报告工作的通知》规定，上市公司应当根据中国证监会和本所相关要求，结合公司内部控制制度的建设情况，在2007年年报全文的"重要事项"部分，说明公司内部控制制度、建立健全的情况。本所鼓励有条件的上市公司同时披露董事会对公司内部控制的自我评估报告和审计机构对自我评估报告的核实评价意见。证监会、上交所、深交所在对上市公司2008、2009、2010年度财务报告的披露要求，在内部控制信息披露方面，基本类似于2007年度（见图5-2）。

　　财政部2008年颁布了《企业内部控制基本规范》，但在2011年1月1日之前基本没有执行。根据财政部等五部委（2010），从2011年开始将陆续强制要求上市公司披露管理层内部控制自我评价报告和执行财务报告内部控制审计。但是，

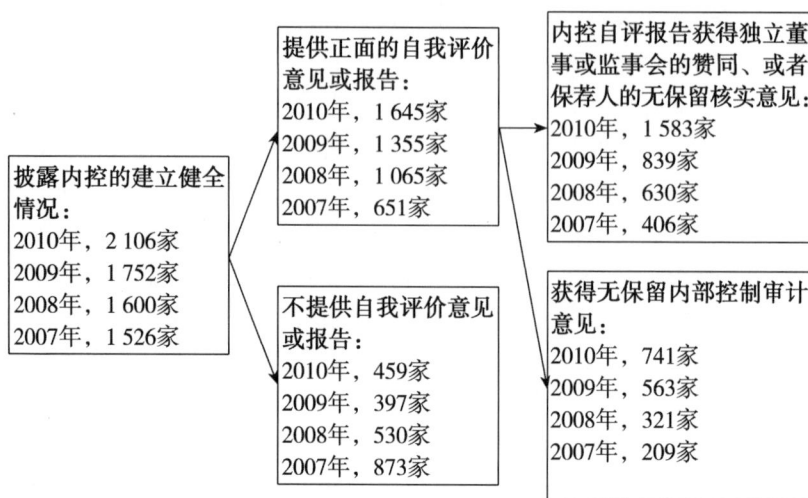

图5-2　A股公司2007—2010年度（通过年报或独立公告）内控信息披露状况

2007—2010年期间我国内部控制管制的主要特点是，强制披露内部控制的建立健全情况，自愿或强制要求披露内部控制自我评价报告，并自愿获得监事会、独立董事或保荐人对内控自评报告的核实意见，以及自愿披露外部审计师针对内部控制有效性出具的内部控制审计意见。在此背景下，已经有部分上市公司依据有关文件在年报或其他公告中自愿披露内部控制审计意见[①]。我们基于所有A股公司的2007—2010年度报告全文以及相关的独立公告，对内部控制披露状况进行了调查和分类，列示在图5-2中。2010、2009、2008、2007年提供正面的内部控制自我评价意见或报告的分别有1 645、1 355、1 065、651家，其中获得无保留内部控制审计意见的分别有741、563、321、209家。2010年有2家公司披露负面的内部控制自我评价意见，其中1家获得了否定的内部控制审计意见。2009、2008、2007年分别有17、5、2家提供负面的内部控制自我评价意见或报告，但它们都没有进行内部控制审计[②]。2009、2008年分别有6、5家获得非无保留内部控制审计意见，但是其均提供正面的内部控制自我评价意见或报告[③]。因此依据信号传递理论，公司当年度披露了无保留内部控制审计意见，就意味着公司董事

---

① 在《企业内部控制审计指引》颁布实施之前，我国监管部门没有对内部控制审计业务的性质和程序作出明确的规定，也没有统一的内部控制审计准则，因此2007—2010年期间审计师执行内部控制审计的依据五花八门，主要包括《中国注册会计师其他鉴证业务准则第3101号——历史财务信息审计或审阅以外的鉴证业务》、《上市公司内部控制指引》、《企业内部控制基本规范》、《中国注册会计师审计准则第1211号——了解被审计单位及其环境并评估重大错报风险》、《中国注册会计师审计准则第1231号——针对评估的重大错报风险实施的程序》。

② 公司提供内部控制自我评价报告，是公司自愿聘请CPA实施内部控制审计的前提。

③ 根据Yazawa（2010），2009年度日本上市公司首次执行强制性内部控制审计，在管理层内控自评报告中承认内部控制存在重大弱点、内部控制无效的公司有56家（占2.1%），得到无保留内部控制审计意见的公司有2 660家（占97.6%），得到无法表示意见的内部控制审计意见的公司有10家（占0.3%）；美国2004年度首次执行内部控制审计，披露内部控制重大弱点的公司占16.9%（3 700家中的640家），2005—2007年度这个比例有所下降，分别为9.6%、7.2%、6.3%（Munsif等，2011）。与美国、日本相比，我国上市公司主动披露内部控制缺陷和获得非标内部控制审计意见的公司比例都低得多，中国公司的内部控制比美国、日本公司的好吗？还有其他的原因可解释吗？值得进一步探讨。

会和外部审计师都认为公司内部控制是有效的、无重大缺陷，即高质量的内部控制。类似于国内外相关研究（杨德明等，2009；吴益兵，2009；张龙平等，2010；卢锐等，2011；方红星和金玉娜，2011；Ogneva等，2007；Schneider和Church，2008；Lopez等，2009；Ashbaugh-Skaife等，2009；Li等，2010；Kim等，2011），我们使用内部控制审计意见作为内部控制质量的度量指标[①]。我们使用Clean代表高质量的内部控制，如果公司当年度披露了无保留内部控制审计意见取1，否则为0[②]。

在模型（5.6）中，我们进一步控制可能影响盈余持续性的其他变量，即我们考虑了盈余持续性随着控制变量变化而变化：

$$Earn_{i,t+1} = \alpha_0 + \alpha_1 Earn_{i,t} + \alpha_2 Earn_{i,t} \times Clean_{i,t} + \alpha_3 Clean_{i,t} + \sum ConVar \times Earn_{i,t} + \sum ConVar + Year + \varepsilon_{i,t} \tag{5.6}$$

ConVar表示能够影响盈余持续性或内部控制质量的若干控制变量。根据前人的研究（例如，Lev，1983；Collins和Kothari，1989；Chambers和Payne，2011；Hsu和Hu，2011；孙世攀等，2011；潘征文，2012），我们控制了盈余持续性的其他影响因素：公司规模（Size）；资产负债率（Lev）；公司成长速度变量（Growth）；无形资产占总资产的比重（Intan）；当年是否亏损（Loss）。

2）假设2的检验模型

为了检验假设2，我们建立如下计量经济模型（5.7）：

$$TBQ = \alpha_0 + \alpha_1 Per + \alpha_2 Size + \alpha_3 Lev + \alpha_4 Crovth + \alpha_5 Intan + \alpha_6 V1 + \alpha_7 DR + \alpha_8 State + \alpha_9 Ind + \alpha_{10} CEO + \alpha_{11} EFN + \alpha_{12} Opin + \alpha_{13} Loss + \alpha_{14} ST + \alpha_{15} Big4 + \alpha_{16} MA + \alpha_{17} Age + \alpha_{18} Mrk + \alpha_{19} Leg + \alpha_{20} Cross + Year + Industry + \varepsilon \tag{5.7}$$

类似于前人的研究，我们使用Tobin's Q表示公司价值，定义为公司资产的市场价值与其重置成本之比，分别用两种方法计算（TBQ1和TBQ2）；Per表示盈余持续性的高低，如果公司属于内部控制质量高的组，Per取值为1，否则为0。根据假设2，我们预测α_1显著为正。

根据La Porta等（2002）、Claessens等（2002）、Sun和Tong（2003）、Fan等（2007）、Chen等（2008）、Leenen（2008）、Stoel和Muhanna（2011）、刘芍佳等（2003）、徐晓东和陈小悦（2003）、夏立军和方轶强（2005）、白重恩等（2005）、徐莉萍等（2006）、王鹏（2008）、Barnes（2001）、Rountree等

---

① 在2002年SOX法案执行之前，前人研究所使用内部控制质量的度量指标包括是否存在财务报告重述以及违规诉讼等财务报告问题、内部审计、审计委员会、组织结构、合格的会计师、CFO的人气、对内部控制的依赖度、财务报表审计意见等。在SOX法案之后，度量指标包括内部控制披露指数、内部控制缺陷、内部控制审计意见等。投资者无法直接观察到内部控制的程度以及组织的一系列内部活动。通过披露内部控制自我评价报告和CPA的内部控制审计意见方面的私有信息，管理层可能说服投资者他们具备高质量的内部控制。
② 根据《内部控制审核指导意见》，内部控制审核意见的类型包括无保留意见、保留意见、否定意见、拒绝表示意见。根据《企业内部控制审计指引》，内部控制审计意见的类型包括无保留意见、带强调事项段的无保留意见、否定意见、无法表示意见。

（2008）、Huang 等（2009）等，我们控制了已被证实对公司市场价值产生影响的变量：（1）公司规模（Size）。一般认为，规模较大的公司处于其生命周期更为成熟的阶段，因而具有较低的公司绩效，预期符号为负。（2）资产负债率（Lev）。负债有助于减少代理问题，但较高的负债率也与公司破产风险相关，由此认为资产负债率对公司绩效的影响方向不确定。（3）公司成长速度变量（Growth）。市场扩张较快的公司具有较高的公司绩效，预期符号为正。（4）无形资产占总资产的比重（Intan）。无形资产比重大的公司一般被认为具有更好的发展潜力，预期符号为正。（5）公司所有权结构和公司治理对公司绩效有重大影响，我们拟从五个角度考量。第一大股东的持股比例（V1）越高，越有动机监督公司管理层，但是大股东存在支持或掠夺之手，其利益输送或资金侵占可能提升或减损公司绩效。在存在大股东的情形下，股权制衡度（DR）越大，越有利于对第一大股东进行制衡，限制控制权私利，进而提升公司绩效；公司实际控制人产权性质（State）对影响公司绩效，但是其影响方向尚无定论（Sun 和 Tong，2003；刘芍佳等，2003）。公司独立董事占董事会的百分比（Ind）越高，监督强度越高，可能提升公司绩效。董事长的主要职责之一是监督 CEO 为首的管理层，如果 CEO 和董事长两职合一就会存在利益冲突，不利于有效的监督（Jensen，1993），从而可能减损公司绩效。（6）有着很大外部融资需求的公司更有可能表现出良好的公司绩效，以吸引外部资金的进入（Durnev 和 Kim，2005；徐莉萍等，2006）。因此也控制了外部融资需求（EFN）。（7）公司审计师的质量（Big4）。（8）公司是否发生兼并、收购或资产重组活动（MA）。（9）公司年龄（Age）。（10）根据夏立军和方轶强（2005）、Chen 等（2009），我们还控制了度量公司治理环境的指数（Mrk 或 Leg）。Mrk、Leg 分别代表公司注册地所在省、自治区或直辖市的市场化相对进程指数、法治水平指数，都来源于樊纲等（2010）报告年度数据，预测其符号都为正。（11）A 股公司是否同时为 B 股、H 股或在海外上市（Cross）。（12）Year 为控制时间固定效应的年度哑变量。（13）行业虚拟变量（Industry）。陈晓和江东（2000）研究表明行业竞争性影响公司绩效，由此控制行业影响，并按照 2001 年证监会颁布的行业分类标准，样本划分为 12 个行业（取一位代码）。此外还控制的三个变量是，当年是否亏损（Loss）、是否被 ST、财务报表审计意见的类型（Opin）。

以上各个变量的定义、计算方法及符号预测见表 5-1。为了消除奇异值的影响，我们每年度对每个变量按照（1%，99%）进行 Winsorized。

5.3.2　样本选取与数据来源

基于 2007—2010 年的所有 A 股公司，根据图 5-1 中的内部控制披露信息情况，我们执行以下样本筛选程序：（1）剔除金融行业公司，因为这些公司的内部

表 5-1 变量定义及其描述

变量	定义	描述
CROA	主营业务资产收益率	主营业务利润÷期初期末总资产账面均值
ROA	资产收益率	净利润÷期初期末总资产账面均值
Clean	是否披露无保留内部控制审计意见	如果公司当年度披露了无保留内部控制审计意见取1,否则为0
TBQ1	托宾Q值	(指定证券年末收盘价×总股本数×交易币种兑人民币汇率 + 负债账面值)÷总资产账面值
TBQ2	托宾Q值	(指定证券次年4月30日收盘价×总股本数×交易币种兑人民币汇率 + 负债账面值)÷总资产账面值
Per	表示盈余持续性的高低	如果公司属于内控质量高的组,Per取值为1,否则为0
Size	公司规模	Size=总资产账面值的常用对数值
Lev	资产负债率	Lev=总负债账面值÷总资产账面值
Growth	公司成长率	Growth =(本期主营业务收入 - 上期主营业务收入)÷上期主营业务收入
Intan	无形资产占总资产的比重	Intan=无形资产账面值÷总资产账面值
V1	第一大股东的持股比例	第1大股东所持股份数占总股数的百分比
DR	股权制衡度	第2至第5大股东持股数之和/第1大股东所持股份数,对于不存在大股东(投票权10%≥0)的公司,DR取值为0
State	公司实际控制人产权性质	上市公司的实际控制人为国有性质,取值为1,否则为0
Ind	公司独立董事的比例	公司独立董事占董事会的百分比
CEO	是否两职合一	CEO和董事长由不同人担任,取值为1,否则为0
EFN	是否存在外部融资需求	公司在之后二年(包括当年)进行过配股、增发、发行可转债或取得大额的银行贷款,取值为1,否则为0
Opin	审计意见	公司当年财务报表得到非标审计意见取1,否则为0
Loss	当年是否亏损	当期净利润为负数,取值为1,否则为0
ST	公司当年是否被ST	公司当年被ST或*ST取1,否则为0
MA	是否发生兼并、收购或资产重组活动	过去2年(包括当年)发生兼并、收购或资产重组活动,取值为1,否则为0
Big4	审计师质量	公司审计师属于国际四大及其国内合作所取1,否则为0
Cross	是否同为外资股	同为B股、H股或在国外上市取1,否则为0
Age	公司年龄	Ln(公司上市的年数)
Mrk	市场化相对进程指数	来源于樊纲等(2010)报告的年度数据
Leg	法治水平指数	来源于樊纲等(2010)报告的年度数据
Year	年度哑变量	以2007年为参照设3个哑变量
Industry	行业哑变量	以农业为参照设11个行业哑变量

控制管制要求不同于其他行业，并且它们的会计数据具有独特性。（2）剔除同时在美国上市的公司。因为在美国，加速申报的上市公司必须强制执行财务报告内部控制审计，这与本章的自愿性内部控制审计制度背景相悖。（3）剔除无法判断其是否执行了年度内部控制审计的公司年度。（4）剔除无法确定其内部控制审计类型（是否无保留、是否针对财务报告内部控制、或针对所有内部控制发表审计意见）的公司年度。（5）剔除所需财务数据等缺失的公司年度。经过上述程序，我们最后获得6 648家样本公司，具体分布见表5-2。本章所需的数据来自CSMAR、Wind资讯、锐思、巨潮资讯以及证监会、上交所、深交所网站。

表5-2   样本选择情况

	2007年	2008年	2009年	2010年	合计
年度上市公司数	1 526	1 600	1 715	2 050	6 891
剔除金融行业公司	29	29	31	36	125
剔除同时在美国上市的公司	11	11	11	11	44
剔除无法判断是否执行年度内部控制审计的公司	4	3	7	3	17
剔除无法确定其内部控制审计意见类型的公司	3	4	8	4	19
剔除财务数据等缺失的公司	9	5	14	10	33
最终样本公司总数	1 470	1 548	1 644	1 986	6 648
其中进行内部控制审计的公司数	183	296	518	669	1 666
其中披露无保留内控审计意见的公司数	183	294	512	668	1 657

5.4   主要的实证结果与分析

5.4.1   描述性统计和变量间相关性分析

表5-3列示了变量的描述性统计情况。根据表5-3，CROA和ROA的均值分别为0.042、0.045，表明我们的样本偏向于盈利公司。Clean的均值为0.249，表明平均而言有24.9%的样本公司披露了无保留内部控制审计意见。TBQ1和TBQ2的均值分别为3.197、3.195，与西方的研究结果相比偏大。Per的均值为0.249，

表明有24.9%的样本公司划分为盈余持续性高的组。

表5-3　　　　　　　　　　　　　　变量描述性统计表

变量	最小值	最大值	平均值	标准差	变量	最小值	最大值	平均值	标准差
CROA	−0.49	0.308	0.042	0.092	Ind	0.091	0.8	0.364	0.052
ROA	−0.43	0.449	0.045	0.081	CEO	0	1	0.815	0.389
Clean	0	1	0.249	0.433	EFN	0	1	0.511	0.5
TBQ1	0.869	22.79	3.197	2.747	Opin	0	1	0.068	0.253
TBQ2	1.059	23.70	3.195	2.736	Loss	0	1	0.104	0.305
Per	0	1	0.249	0.433	ST	0	1	0.096	0.294
Size	5.678	27.63	17.85	5.643	MA	0	1	0.732	0.443
Lev	0.026	3.52	0.521	0.352	Big4	0	1	0.054	0.226
Growth	−0.83	4.712	0.201	0.506	Cross	0	1	0.077	0.266
Intan	0	0.382	0.049	0.061	Age	−0.69	2.996	1.916	0.935
V1	0.008	0.865	0.36	0.154	Mrk	4.64	11.71	8.986	2.038
DR	0.005	3.893	0.594	0.567	Leg	2.79	16.61	8.884	4.052
State	0	1	0.556	0.497					

注释：本表的统计值基于所有公司样本6 648个。

我们还计算了变量之间的相关系数（处于篇幅考虑未列报）。结果表明，CROA1（表示下一年度的会计盈余）与CROA的相关系数约为0.5，且统计上显著，表明样本公司的会计盈余具有一定的持续性；TBQ1与Per的相关系数约为0.03，且统计上显著，表明更高的盈余持续性与更高的公司价值相关联，支持了假设2；Per与绝大多数控制变量都显著正相关或负相关，表明这些变量会影响盈余持续性，在进行多元回归时应当控制；TBQ1与绝大多数控制变量都显著正相关或负相关，表明这些变量所代表的经济因素会影响公司价值，在进行多元回归时应当控制；有些控制变量之间也存在显著的相关系，因此在后面的回归分析中我们对是否存在严重的多重共线性问题进行了检测。

5.4.2　多元回归结果

1）假设1的检验

表5-4、表5-5分别列示了模型（5.5）、（5.6）的回归结果。为了控制特定期间的潜在影响，以及同一家公司多个观测值之间独立性的缺乏，我们对模型按照每个期间（即2007、2008、2009、2010年）进行回归，同时也提供了Pooled回归的结果。根据5-4、表5-5，所有模型的调整 R^2 都较高，表示模型具有一定的解释能力。CROA×Clean的回归系数都为正，且统计上显著，无论是否控制盈余持续性的其他影响因素。这表明，公司的内部控制质量越高，盈余持续性就越高，支持了假设1。在所有的模型中，CROA的系数显著为正，持续性系数平均约为0.5，这类似于前人的研究。此外，一些控制变量也会显著地影响盈余持续性。例如，CROA×Lev的回归系数一般显著为负，表明公司资产负债率越高，公司的盈余持续性越低。CROA×Intan的回归系数一般显著为正，表明公司无形资产所占比重越大，公司的盈余持续性越高，CROA×Loss的回归系数一般显著为负，表明亏损公司的盈余持续性更低。关于控制变量这些研究成果类似于前人的发现（例如，Lev，1983；Collins 和 Kothari，1989；Rountree 等，2008；Chambers 和 Payne，2011；Hsu 和 Hu，2011；孙世攀等，2011；潘征文，2012）。

表5-4　　模型（5.5）的回归结果——以下一年度的CROA为因变量

变量	Pooled		2010年		2009年		2008年		2007年	
	系数	t值	系数	t值	系数	t值	系数	t值	系数	t值
截距	−0.001	−0.49	0.01	5.724	0.0303	18.16	0.014	6.073	0.008	2.762
CROA	0.4742	43.52	0.652	32.54	0.4445	29.72	0.593	26.95	0.249	8.722
CROA×Clean	0.0734	2.546	0.116	2.684	0.2696	6.939	0.17	2.5	0.097	1.78
Clean	0.004	1.444	0.005	1.29	0.008	2.24	0.017	2.692	0.022	2.354
行业或年度	控制		控制		控制		控制		控制	
调整 R^2	0.279		0.43		0.453		0.341		0.154	
F值	429.23		500.21		454.46		268.24		128.9	
样本数	6 648		1 986		1 644		1 548		1 470	

注释：加粗的t值表示1%、5%或10%水平上显著；所有模型中自变量VIF的值域为[1.07，5.72]，因此不存在严重的多重共线性；Pooled模型中的DW值为1.99，其中的t值估计经过 Clustering by Firm 调整。

表 5-5 　　　　模型（5.6）的回归结果——以下一年度的 CROA 为因变量

变量	Pooled		2010 年		2009 年		2008 年		2007 年	
	系数	t 值	系数	t 值	系数	t 值	系数	t 值	系数	t 值
截距	−0.08	−4.11	0.11	4.853	−0.044	−1.99	−0.159	−4.44	−0.061	−1.22
CROA	0.727	16.55	1.709	7.31	0.174	1.885	1.3515	4.935	0.767	2.028
CROA×Clean	0.082	2.419	1.002	3.05	0.1086	2.726	0.2	3.02	0.2102	1.92
Clean	0.004	1.598	0.001	0.338	0.001	0.34	0.0156	2.531	0.0093	1.053
CROA×Size	−0.01	−6.24	0.267	10.81	0.0212	2.875	−0.03	−2.32	−0.033	−1.86
CROA×Lev	−0.11	−8.25	−0.055	−1.55	−0.144	−5.93	−0.223	−6.32	−0.033	−0.84
CROA×Growth	0.004	0.251	−0.144	−5.81	0.1369	4.958	−0.098	−2.41	0.0583	1.344
CROA×Intan	0.7	5.643	0.326	1.623	0.6221	4.066	0.614	2.404	0.7895	2.016
CROA×Loss	−0.24	−8.06	−0.393	−5.15	−0.123	−3.07	−0.356	−5.24	0.07	0.902
Size	0.005	5.276	−0.01	−4.14	0.0036	3.419	0.0097	5.678	0.0046	1.941
Lev	−0.03	−9.24	−0.028	−5.94	−0.025	−4.87	−0.071	−8.14	−0.02	−2.26
Growth	0	−1.63	0.009	3.153	−0.018	−4.97	0.0004	0.065	−0.000	−0.01
Intan	−0.01	−0.44	−0.000	−0.03	0.0025	0.128	−0.064	−2.05	−0.022	−0.48
Loss	−0.04	−9.75	−0.02	−2.72	0.0101	1.789	−0.006	−0.69	−0.107	−11.5
行业或年度	控 制		控 制		控 制		控 制		控 制	
调整 R^2	0.316		0.499		0.516		0.405		0.235	
F 值	192.66		152.86		135.6		82.16		118.56	
样本数	6 648		1 986		1 644		1 548		1 470	

注释：加粗的 t 值表示 1%、5% 或 10% 水平上显著；所有模型中自变量 VIF 的值域为 [1.07，5.72]，因此不存在严重的多重共线性；Pooled 模型中的 DW 值为 1.996，其中的 t 值估计经过 Clustering by Firm 调整。

2）假设 2 的检验

表 5-6、表 5-7 列示了模型（5.7）的回归结果。类似于表 5-4、表 5-5，表 5-6、表 5-7 分别报告了四个年度以及 Pooled 回归的结果。为了使结果稳健，我们分别以 TBQ1 和 TBQ2 为因变量，对应于表 5-6、表 5-7。根据表 5-6、表 5-7，所有模型的调整 R^2 都较高，表示模型具有一定的解释能力；在所有回归模型中，Per 的回归系数都显著为正，与预测相符。这表明，盈余持续性越高，公司的价值就越高，从而支持了假设 2。此外，部分控制变量对公司价值也具有一致的显著影响。例如，Size 的回归系数都显著为负，表明公司规模越大，价值越低；Lev 的回归系数都显著为正，表明公司资产负债率越高，价值也越高；V1 的

回归系数一般显著为正，表明第一大股东持股比例越高，公司价值越高；DR的回归系数一般显著为正，表明股权制衡度越大，公司价值越高；Loss的回归系数一般显著为负，表明当公司出现亏损时，公司的价值更低；ST的回归系数都显著为正，表明当公司被ST时，公司的价值反而更高，可能是ST公司题材被炒作的原因；Cross的回归系数都显著为正，表明当公司为交叉上市股时，公司价值更高。

表5-6　　　模型（5.7）的回归结果——盈余持续性与公司价值（TBQ1）

变量	Pooled		2010年		2009年		2008年		2007年	
	系数	t值	系数	t值	系数	t值	系数	t值	系数	t值
截距	19.22	27.5	28.65	23.25	27.01	23.87	12.84	18.65	13.206	8.114
Per	0.199	2.08	0.202	1.798	0.147	2.05	0.145	1.915	0.085	1.781
Size	−0.75	−25.4	−3.007	−24.7	−1.2	−25.2	−0.56	−19.1	−0.455	−6.95
Lev	0.57	6.01	1.26	5.79	1.164	6.095	1.266	13.57	0.747	3.639
Growth	0.05	0.89	0.027	0.329	0.09	0.75	0.098	1.172	0.1507	1.082
Intan	−0.55	−1.16	0.23	0.25	−0.73	−0.93	−0.06	−0.12	−2.235	−1.72
V1	0.974	3.78	2.502	5.261	2.265	5.014	1.32	4.833	0.2301	0.338
DR	0.302	4.42	0.629	5.146	0.554	4.512	0.371	5.081	−0.008	−0.05
State	−0.2	−3.19	−0.25	−2.01	−0.21	−1.82	−0.05	−0.76	0.1212	0.77
Ind	0.533	1.02	1.835	1.965	1.076	1.197	0.451	0.831	0.0906	0.062
CEO	−0.05	−0.75	0.038	0.293	0.009	0.069	−0.25	−3.18	0.0311	0.161
EFN	−0.24	−4.2	−0.222	−2.06	−0.27	−2.64	−0.21	−3.48	−0.176	−1.21
Opin	1.172	8.58	1.871	6.537	1.38	5.466	0.504	3.511	0.1264	0.402
Loss	−0.16	−1.71	−0.415	−1.83	−0.56	−3.46	−0.44	−5.18	0.3427	1.304
ST	1.814	16.2	0.751	3.088	1.002	4.456	0.279	2.267	2.3897	10.17
MA	−0.02	−0.33	0.042	0.371	−0.1	−0.84	0.039	0.544	0.0492	0.298
Big4	0.111	0.83	0.799	3.093	0.748	3.088	0.564	3.925	−0.214	−0.65
Cross	0.768	6.69	1.196	5.381	1.206	6.084	0.419	3.543	0.7531	2.623
Age	−0.12	−3.06	0.067	1.005	0.024	0.278	0.056	1.257	−0.324	−3.31
Mrk	−0.03	−0.75	−0.002	−0.03	−0.02	−0.34	−0.05	−1.29	−0.014	−0.13
Leg	0.027	1.33	0.0000	0.015	0.018	0.503	0.04	1.871	0.0263	0.507
行业或年度	控制		控制		控制		控制		控制	
调整 R^2	0.359		0.47		0.511		0.467		0.178	
F值	110.41		57.82		56.48		44.76		11.286	
样本数	6 648		1 986		1 644		1 548		1 470	

注释：加粗的t值表示1%、5%或10%水平上显著；所有模型中自变量VIF的值域为[1.09，6.72]，因此不存在严重的多重共线性；Pooled模型中的DW值为2.018，其中的t值估计经过Clustering by Firm调整。

表 5-7　　**模型（5.7）的回归结果——盈余持续性与公司价值（TBQ2）**

变量	Pooled		2010年		2009年		2008年		2007年	
	系数	t值	系数	t值	系数	t值	系数	t值	系数	t值
截距	21.074	30.44	28.63	23.55	29.11	23.46	19.81	21.22	12.65	9.32
Per	0.461	3.012	0.258	2.428	0.179	2.234	0.182	1.773	0.139	1.85
Size	−0.888	−30.1	−3.05	−25.4	−1.33	−25.4	−0.89	−22.2	−0.41	−7.52
Lev	0.7949	8.447	1.582	7.368	1.526	7.29	1.341	10.61	0.945	5.52
Growth	0.0556	0.997	−0.01	−0.16	0.088	0.666	0.281	2.48	0.114	0.98
Intan	−0.319	−0.68	0.536	0.592	−0.27	−0.31	−0.13	−0.21	−1.89	−1.75
V1	1.2304	4.808	2.653	5.652	2.308	4.66	1.841	4.974	0.278	0.49
DR	0.3131	4.618	0.575	4.773	0.598	4.445	0.442	4.465	−0.01	−0.06
State	−0.191	−3.02	−0.3	−2.48	−0.19	−1.54	−0.02	−0.17	0.122	0.93
Ind	0.3977	0.768	1.395	1.515	1.296	1.314	0.825	1.121	−0.79	−0.65
CEO	−0.085	−1.17	0.019	0.152	0.049	0.341	−0.33	−3.15	−0.05	−0.29
EFN	−0.163	−2.84	−0.15	−1.4	−0.18	−1.59	−0.18	−2.16	−0.11	−0.89
Opin	1.1052	8.155	1.848	6.544	1.214	4.387	0.544	2.795	−0.08	−0.29
Loss	−0.257	−2.7	−0.46	−2.05	−0.63	−3.53	−0.57	−4.98	0.156	0.71
ST	1.9798	17.83	1.19	4.955	1.094	4.439	0.658	3.947	2.041	10.4
MA	−0.019	−0.29	0.036	0.316	−0.12	−0.9	0.003	0.033	0.089	0.65
Big4	0.1335	0.999	0.764	2.999	0.801	3.014	0.686	3.523	−0.22	−0.79
Cross	0.7836	6.88	1.26	5.746	1.232	5.667	0.718	4.48	0.486	2.03
Age	0.011	0.281	0.253	3.843	0.048	0.507	0.109	1.79	−0.2	−2.45
Mrk	−0.037	−0.91	−0.04	−0.55	0.025	0.323	−0.1	−1.82	0.024	0.28
Leg	0.0306	1.504	0.018	0.467	0.000	0.018	0.071	2.464	0	−0.02
行业或年度	控制		控制		控制		控制		控制	
调整 R^2	0.364		0.499		0.509		0.486		0.204	
F值	112.85		64.8		55.87		48.17		13.12	
样本数	6 648		1 986		1 644		1 548		1 470	

注释：加粗的 t 值表示 1%、5% 或 10% 水平上显著；所有模型中自变量 VIF 的值域为 [1.09，6.72]，因此不存在严重的多重共线性；Pooled 模型中的 DW 值为 2.039，其中的 t 值估计经过 Clustering by Firm 调整。

3)敏感性测试

为了使得结果更稳健，我们还进行了若干敏感性测试。

第一，使用ROA作为会计盈余的指标，对假设1重新进行检验。结果列示在表5-8、表5-9中。表5-8、表5-9的结果类似于表5-4、表5-5。根据表5-8、表5-9，ROA×Clean的回归系数都为正，且统计上显著，无论是否控制盈余持续性的其他影响因素。这表明，公司的内部控制质量越高，盈余持续性就越高，支持了假设1；在所有的模型中，ROA的系数显著为正，持续性系数平均约为0.4[①]，表明ROA的持续性低于CROA的持续性；此外，一些控制变量也会显著地影响盈余持续性。例如，ROA×Loss的回归系数都显著为负，表明亏损公司的盈余持续性更低。

表5-8　　　　模型（5.5）的回归结果——以下一年度的ROA为因变量

变量	Pooled		2010年		2009年		2008年		2007年	
	系数	t值	系数	t值	系数	t值	系数	t值	系数	t值
截距	0.01	5.19	0.013	6.96	0.037	21.6	0.023	10.23	0.018	6.03
CROA	0.303	25.7	0.588	25.3	0.259	14.2	0.33	15.26	0.141	4.64
CROA×Clean	0.214	6.65	0.149	2.993	0.404	8.98	0.14	2	0.127	1.82
Clean	−0.005	−1.67	−0.006	−1.56	−0.01	−3.58	0.002	0.26	0.017	1.832
行业或年度	控制		控制		控制		控制		控制	
调整 R^2	0.143		0.32		0.232		0.159		0.14	
F值	186.45		312.72		166.9		98.68		72.91	
样本数	6 648		1 986		1 644		1 548		1 470	

注释：加粗的t值表示1%、5%或10%水平上显著；所有模型中自变量VIF的值域为[1.083，5.32]，因此不存在严重的多重共线性；Pooled模型中的DW值为2.016，其中的t值估计经过Clustering by Firm调整。

第二，检验假设2时，采用下一年度的公司价值作为因变量，但主要的研究结果未发生改变。

第三，采用经过行业中位数调整的会计盈余和公司价值指标。主要的研究结

① 李丹和贾宁（2009）用公司净利润除以总资产作为会计盈余的指标，基于1 034家上市公司研究发现，盈余持续性系数的均值为0.422，类似于本章的发现。

表5-9　　　模型（5.6）的回归结果——以下一年度的ROA为因变量

变量	Pooled		2010年		2009年		2008年		2007年	
	系数	t值	系数	t值	系数	t值	系数	t值	系数	t值
截距	−0.062	−3.66	0.0858	3.301	−0.102	−4.76	−0.09	−2.51	0.018	0.330
CROA	0.774	15.5	0.761	2.58	1.336	5.991	0.22	1.819	0.136	2.095
CROA×Clean	0.129	1.837	0.1532	2.079	0.136	1.879	0.144	1.97	0.139	1.935
Clean	0.002	0.724	−8E−04	−0.19	0.002	0.676	0.009	1.526	0.010	1.088
CROA×Size	−0.014	−5.88	0.1639	5.278	−0.024	−2.43	0.023	1.645	0.012	0.542
CROA×Lev	−0.125	−9.91	0.1242	2.971	−0.307	−10.9	−0.17	−5.95	0.037	1.013
CROA×Growth	0.033	1.637	−0.158	−5.2	0.071	2.043	−0.03	−0.79	0.132	2.451
CROA×Intan	0.013	0.093	−0.03	−0.12	0.179	0.88	0.218	0.864	−0.62	−1.45
CROA×Loss	−0.43	−12.7	−0.93	−9.11	−0.526	−9.69	−0.46	−6.66	−0.20	−2.3
Size	0.004	4.512	−0.008	−3.02	0.005	5.622	0.005	3.143	0.01	0.18
Lev	−0.011	−4.13	−0.017	−3.56	−0.01	−2.28	−0.02	−4.38	−0.01	−1.1
Growth	−0.005	−2.24	0.0066	2.274	−0.009	−2.63	0.002	0.392	−0.01	−1.3
Intan	0.018	1.187	−0.008	−0.36	0.031	1.604	−0.03	−1.1	0.057	1.15
Loss	−0.031	−8.36	−0.017	−2.04	0.011	1.888	−0.01	−0.99	−0.08	−8.69
行业或年度	控制		控制		控制		控制		控制	
调整 R^2	0.204		0.38		0.401		0.265		0.147	
F值	107.48		94.63		85.61		43.94		91.14	
样本数	6 648		1 986		1 644		1 548		1 470	

　　注释：加粗的t值表示1%、5%或10%水平上显著；所有模型中自变量VIF的值域为
[1.083，5.32]，因此不存在严重的多重共线性；Pooled模型中的DW值为2.026，其中的t值估
计经过Clustering by Firm调整。
果保持一致。

　　第四，部分控制变量采用不同的度量方法。主要的研究结果基本一致。

5.5　研究结论

　　本章从公司内部治理机制之一的内部控制质量角度探讨盈余持续性的动因之
一，从公司价值的角度探讨盈余持续性的一个经济后果。首先，我们认为高质量
的内部控制能够限制对外报告信息的故意操纵，降低会计处理和财务报告中无意
的程序和估计差错风险，可以有效地对公司高管人员的行为进行监督，降低内部

代理成本，有利于创造和保持高持续性的盈余；其次，根据我们建立的理论模型，更高的盈余持续性，通过正向影响公司估价的"分子方面"，负向影响公司估价的"分母方面"，与更高的公司价值相关联。在此基础上提出两个假设。

用无保留内部控制审计意见代表高质量的内部控制，采用类似于 Sloan（1996）等的方法度量盈余持续性，使用 Tobin's Q 表示公司价值，选取了 2007—2010 年 6 648 家 A 股样本公司，我们的经验证据支持了我们所提出的假设，也即，公司的内部控制质量与盈余持续性正向关联，盈余持续性与公司价值也正向关联。

本章的贡献在于：第一，内部控制被认为是公司内部治理的一个重要方面（Hazarika 等，2012），本章研究公司治理特征对企业会计盈余持续性的影响，寻找会计盈余持续性的公司治理方面的经验证据，从而为提高会计盈余质量提供有益的借鉴，并为我国上市公司内部控制管制成效提供了经验证据；第二，建立了盈余持续性与公司价值之间的理论联系，并提供了相关的经验证据。更高的盈余持续性，能够降低信息风险，更准确地预测未来盈余和未来现金流量，从而有利于公司估价，为估价模型输入有益信息。特别地，当盈余更具持续性，假定它能够更好地标识未来现金流量，因此也是权益估价更有用的信息输入。

6 盈余组成部分的持续性与公司权益价值——基于Ohlson（1999）的经验研究

本章把 Ohlson（1999）所建立的线性信息估价模型（LIM）结构方程，运用到 A 股公司 1998—2011 年的 21 个行业。我们研究发现：（1）在预测未来超常盈余时，应计项目和现金流量在超常盈余和权益账面价值之外具有增量信息含量；（2）在解释权益市场价值时，应计项目和现金流量在超常盈余和权益账面价值之外具有增量信息含量；（3）应计项目或现金流量的估价系数如 Ohlson（1999）模型所预测的那样，随着它在超常盈余之外预测未来超常盈余的能力以及它本身持续性的不同而发生变化。总体而言，Ohlson（1999）适用于中国资本市场，能够较好地刻画会计信息（应计项目和现金流量）与权益市场价值之间的关系，也即，盈余的某个组成部分的估价乘数（价值相关性），取决于该组成部分本身的持续性、它对未来超常盈余的预测能力、超常盈余本身的持续性之间的相互作用，并且盈余组成部分本身的持续性越大，其价值相关性就越强。

6.1 研究背景、文献回顾与研究动机

公司财务报告的主要目标之一是帮助投资者作出经济决策，而投资者所进行的主要经济决策之一是评估所投资或拟投资公司的价值。尽管 FASB 在其财务会计概念框架中强调财务报表数字对投资者的重要性，但是在如何使用会计数字方面基本上没有任何指南。Feltham-Ohlson 框架下基于会计数字的估价模型考虑了应计项目，提供了这方面的指南。

众所周知，应计制会计是盈余计量和财务报告的核心（Sloan，1996）。应计制会计的基本假定是，作为经营活动现金流量和应计项目之和的会计盈余，是更好的业绩计量指标，在预测未来盈余、股利和现金流量方面比当期和历史现金流量更好（Dechow，1994；Dechow 等，1998）[①]。如果该假定是正确的，并且权益

[①] 我们将现金流量界定为经营活动现金流量，本章中交替使用这两个术语。

价值反映了预期未来盈余，那么应计项目就将在权益估价中被定价，即它们是价值相关的。盈余持续性已经被认为是盈余-股票回报关系的一个关键决定因素，并源于应计项目和现金流量的持续性（Xie，2001）。尽管 Sloan（1996）及其大量的国内外后续研究探讨了应计项目和现金流量在持续性方面的差异以及应计异象（Xu，2008；Pincus，2007；Dechow 等，2008；Richardson 等，2010；Ebaid，2011；Shi 和 Zhang，2012；李远鹏和牛建军，2007；李远鹏等，2008；陆宇建和蒋玥，2012），但是，很少研究基于估价模型同时探讨应计项目和现金流量的估价含义。我们的研究的目的是基于 Ohlson 模型，探讨应计项目和现金流量在预测未来盈余的能力与本身持续性方面的特征如何影响公司权益市场价值。

大量的文献基于 Ohlson 模型检验了会计数字（包括盈余及其组成部分）与相应的权益市场价值之间的关系。Ohlson（1995，1999）以及 Feltham 和 Ohlson（1995，1996）所建立的权益估价模型，基于一套共同的假定——包括权益价值等于预期未来股利的现值、净剩余关系、线性信息动力学，用权益账面价值和预期的超常盈余来表达权益市场价值，通过假定权益价值与会计数字的线性信息结构之间的联系，将会计数字与权益价值联系起来。这些估价模型已经成为诸多实证研究检验的对象。例如，Dechow 等（1999）主要分析 Ohlson 模型中的剩余收益信息动力学，发现剩余收益遵循均值回归过程，均值回归的速度是盈余质量的减函数，并且股票价格部分地反映了剩余收益的均值回归过程；Barth 等（1999a）研究发现，应计项目和现金流量一定程度上能够解释公司权益价值；Bryan（2002）的经验证据表明，当盈余持续性较高时，盈余相对于账面值的权重也较大，这与 Ohlson（1995）、Feltham 和 Ohlson（1995）的预测相符；Barth 等（2005）研究发现，超常盈余、应计项目、权益账面值在公司估价中的作用，显著地因行业而异；Lee（1999）、Lo 和 Lys（2000）、Beaver（2002）、Richardson 和 Tinaikar（2004）、Ohlson（2009）、Easterday 等（2011）先后对这类文献进行了回顾。

国内已经有一些研究基于 Ohlson 模型探讨会计信息等与公司权益价值之间的关系。例如，陆宇峰（2000）采用 Ohlson 模型研究了 1993—1997 年我国 A 股公司每股收益、每股净资产和两者联合的价值相关性，发现每股收益的价值相关性逐年增强，并在 1996 年达到最大，1997 年有所下降，二者联合的价值相关性也存在同样的现象，但每股净资产与股价基本不相关，并且没有增长的趋势，其中，每股收益仍然是最主要的解释变量。以变量"主营业务利润占利润总额比例"表征的盈余质量高低对这一结果基本上没有影响。其研究表明 Ohlson 模型在我国具有一定可行性，揭示了中国资本市场虽然还不成熟，但投资者已能对公开会计信息有方向上大体的准确判断，不过投资者还未能充分利用历史会计信息，对会计信息的信息含量理解不足。

王跃堂等（2001）采用Ohlson模型和Return模型对1997年和1998年我国A股上市公司自愿执行三大减值准备政策与未执行三项减值准备政策的会计信息在价值相关性方面的差异，研究发现三项减值准备没有改善会计信息的价值相关性。

Chen等（2001）采用Ohlson模型和Return模型检验了1990—1997年中国上市公司会计信息的价值相关性。实证结果表明，中国上市公司的会计信息具有价值相关性，并且在1990—1997年期间呈现上升趋势。他们还检验了盈余的正负、公司规模、盈余的持续性和流通股比例对价值相关性的影响。具体结论是，盈利公司会计盈余具有价值相关性，亏损公司会计信息没有价值相关性；市值规模大的公司会计盈余价值相关性更高；从盈余持续性来看，中国投资者不区分持续利润和暂时利润；公司流通股比例越高，会计信息的价值相关性越强。

陈信元等（2002）运用修正的Ohlson（1995）剩余收益定价模型考察了沪市1995—1997年度会计信息的价值相关性，主要研究了剩余收益、收益和净资产三个变量对股价解释能力，同时还研究了规模和流通股比例在中国证券市场定价中的作用。研究结果表明，收益、净资产、剩余收益、流通股比例和规模都具有价值相关性，并且它们相互之间具有增量价值相关性，并且股票价格与收益（净资产和剩余收益）呈正相关。

陆静等（2002）运用1998—2000年上市公司的数据，采用皮尔逊相关系数和扩展的Ohlson-Feltham股票计价模型比较了会计盈余和现金流量对股票价格的影响程度，证实了会计盈余的信息含量。研究表明，每股收益比现金流量更能精确地解释股票价格，与国外成熟资本市场相比，我国上市公司的现金流量在股票中基本不具备信息含量。特别是经营现金流量竟然与股价呈相反趋势变化。

赵春光（2003）运用Ohlson模型和Return模型对上市公司会计信息的价值相关性进行了研究。结果如下：①在1995年到2001年的期间内，我国会计信息的价值相关性经历了一个先升再降的过程，并且在1996年或1997年达到了顶点；②每股收益与净资产联合的价值相关性也存在相同的变化趋势，而每股净资产的信息基本不具备价值相关性；③在1998年之前，现金流量信息和应计利润信息相比具有相同的价值相关性，而在1998年之后，应计利润信息比现金流量信息具有更高的价值相关性。为了检验会计信息的价值相关性，赵春光（2003）基于Ohlson模型把会计盈余分解为现金流量和应计项目两部分，也即用每股经营活动现金流量、每股应计项目、每股净资产账面值来解释用股票的年度持有收益率。但是他并没有结合现金流量和应计项目的持续性来探讨会计信息与公司价值之间的关联性。

赵志君（2003）利用Ohlson剩余收益定价理论的基本框架建立模型，其模型分析表明，股票的内在价值取决于净资产收益率、资本成本、净资产增长率，以及公司存续期或剩余收益的存续期，并得到了经验证据的支持。

党建忠等（2004）对 Feltham-Ohlson 股权估值模型进行修正，以 1993—2001 年所有 A 股上市公司作为研究样本，研究公司股价的影响因素。他们的经验证据表明，会计收益、净资产、公司盈利能力成长性、公司核心资产盈利能力、公司规模、流通盘规模是中国股票市场中影响上市公司股票价格的因素。它们不但与股票价格存在着相关关系，而且还对股票价格具有解释能力。而资本结构虽然与股票价格存在着相关关系，但是并不具备显著的解释能力。

杨善林等（2006）使用剩余收益估值模型估计我国上市公司股票的内在价值，以股票内在价值为基础检验上市公司股权分置改革对股票价格和价值之间相关性的影响。研究表明，股权分置改革完成后股票价格和价值之间相关性有显著的提高，业绩较差公司股价相对价值偏离程度得到一定程度的修正。股权分置改革在改善股票市场定价机制方面实现了管理层预期的效果。

陆宇建和蒋玥（2012）将会计制度变迁、配股政策的变革和股权分置改革作为资本市场制度变革的典型代表引入 Ohlson 剩余收益模型，结合盈余持续性分析了其对市场定价行为的影响。他们研究发现，随着我国证券市场的发展，营业利润在市场定价中发挥着主导作用，线下项目的定价作用减弱；随着配股政策和会计制度等的改革，线下项目对配股权在市场定价中的作用下降；会计制度改革和股权分置改革增强了持续性盈余的定价作用。但是，他们也没有对盈余进行分解。

综上所述，国内外现有研究已经基于 Ohlson 模型，探讨会计盈余及其组成部分等会计信息与公司权益价值之间的关系，但是得到的结论不尽一致。在应计制会计下，会计盈余可以分解为现金流量和应计项目。一些研究已经发现，会计盈余的不同组成部分具有不同的持续性（也即预测未来盈余的能力存在差异）（例如，Dechow，1994；Sloan，1996；Barth 等，2001；Dechow 等，2008；林翔和陈汉文，2005；刘文达和权小锋，2011）。然而，会计盈余不同组成部分的这种差异化的持续性，是否能够解释公司权益价值上的差异？这还有待回答。

我们用 Ohlson（1999）的框架来实现研究目的。Ohlson（1999）通过将盈余分解为永久性和暂时性部分对 Ohlson（1995）中的线性信息动力学说进行了拓展，他清晰地区分了两个概念——某个盈余组成部分的预测相关性和时间序列持续性，并且他还证明了该组成部分的预测相关性如何影响估价相关性。拓展后的模型表明，盈余组成部分的价值相关性，取决于该组成部分在超常盈余之外预测未来超常盈余的增量能力以及它的持续性。基于 Ohlson（1999）的框架，我们拟探讨三个问题：（1）现金流量和应计项目在预测未来超常盈余时在当期超常盈余之外是否具有增量信息含量；（2）在包括权益账面值和超常盈余的估价模型中，现金流量和应计项目是否具有增量解释能力；（3）现金流量和应计项目的估价乘数是否取决于它们的未来超常盈余预测能力和本身的持续性。

为了检验第一个研究问题，我们用当期超常盈余和应计项目或现金流量来预测未来超常盈余。如果发现应计项目或现金流量的回归系数显著，就表明盈余的这两个组成部分在预测未来超常盈余时在当期超常盈余之外是否具有增量信息含量；为了检验第二个研究问题，我们估计权益市场价值与权益账面价值、超常盈余、盈余的组成部分之间的关系。如果发现盈余组成部分的回归系数显著，就表明它在解释权益市场价值时具有增量信息含量；为了检验第三个研究问题，我们对比从以下两个方面获得的每个盈余组成部分的估价乘数——前段所述的权益市场价值回归模型所得到的估价乘数，以及施加Ohlson（1999）模型所隐含估价乘数的限定重新回归所得到的估价乘数；为了探讨我们所提出的研究问题，我们也估计了盈余组成部分当期实现值与未来值之间的关系，也即我们估计盈余组成部分的持续性或它的可预测性（Ohlson，1999）。

关于我们的第一个研究问题，因为应计项目受到GAAP估计程序和管理层判断的影响程度更大，所以我们预测应计项目和现金流量具有不同的超常盈余预测能力。我们发现对于绝大多数行业，在预测未来超常盈余时，应计项目和现金流量在当期超常盈余之外都具有显著的解释能力。也即，这两个组成部分预测未来超常盈余的能力是不同的。特别地我们发现，应计项目的回归系数一般是负的，现金流量的回归系数一般是正的，并且对于相同行业应计项目与现金流量的回归系数符号一般相反，这表明，当应计项目在当期盈余中所占比例更大时，超常盈余的持续性更低，在预测超常盈余时应计项目与现金流量互为影像（Mirror Images）。我们也发现，应计项目和现金流量具有预测相关性，因为它们都与未来超常盈余存在显著的关系。我们还发现不同行业的回归系数的大小存在相当大的差异；估计应计项目和现金流量自回归等式时的发现表明，应计项目或现金流量自身的持续性系数在21个行业中都显著为正，但是行业之间也存在重大差异，应计项目和现金流量自身的持续性系数不存在重大差异；估计权益账面价值自回归等式时的发现表明，权益账面价值具有很高的持续性，但也存在行业间的差异。

关于第二个研究问题，我们发现对于绝大部分行业，权益市场价值对权益账面价值、超常盈余、盈余的每个组成部分进行回归时，应计项目或现金流量都具有显著的增量解释能力。换言之，已知盈余的应计项目和现金流量组成部分，在已知权益账面价值和超常盈余之外，有助于解释权益市场价值。特别地，基于前面超常盈余预测分析的结果和Ohlson模型我们预测并发现，应计项目的估价系数主要是负的，现金流量的估价系数主要是正的，这表明，当期盈余中应计项目所占的比例越高权益估价就越低，当期盈余中现金流量所占的比例越高权益估价就越高。我们也预测并发现，盈余的每个组成部分都具有价值相关性，因为它们估计的总的估价系数都不同于零，表明它们都与权益市场价值存在显著的关系；我们预测并发现，应计项目与现金流量的权益估价系数符号在22个行业中都相反，也即在估价权益时应计项目与现金流量互为影像（Mirror Images）；与超常盈余预测等式相同，应计项目和现金流量在不同行业的估价乘数存在相当大的差异。

关于第三个研究问题，我们发现，应计项目或现金流量的估价系数如 Ohlson（1999）模型所预测的那样，随着它在超常盈余之外预测未来超常盈余的能力以及它本身持续性的不同而发生变化。首先，我们发现，应计项目或现金流量在超常盈余预测等式中的回归系数（代表了盈余组成部分预测未来超常盈余的能力）符号，与权益估价等式中对应估价系数的符号基本一致。其次，按照 Ohlson（1999）模型所隐含的估价乘数对盈余组成部分的估价乘数进行限定，对多数行业是有约束力的。再次，自回归等式所隐含的估价系数与限定的、非限定的估价系数相互之间存在高度的正相关关系，但是，非限定的估价系数与限定的估价系数、自回归等式所隐含的估价系数都存在重大差异，而限定的估价系数与自回归等式所隐含的估价系数之间却不存在重大差异。最后，施加限制和不施加限制情形下所估计得到的超常盈余持续性系数、盈余组成部分在超常盈余预测等式中的预测系数、盈余组成部分自身的持续性系数，在应计项目系统和现金流量系统下都显著高度正相关。这些结果总的表明，Ohlson（1999）模型能够较好地刻画会计信息（应计项目与现金流量）与权益市场价值之间的关系，也即，盈余的某个组成部分的估价乘数（价值相关性），取决于该组成部分本身的持续性、它对未来超常盈余的预测能力、超常盈余本身的持续性，并且，盈余组成部分本身的持续性越大，其价值相关性就越大。换言之，Ohlson模型适用于中国资本市场，能够较好地刻画会计信息与权益市场价值之间的关系。

此外，我们还发现，在绝大多数行业中权益账面价值的估价系数显著不同于1；会计谨慎性程度因行业而异；权益账面价值的估价系数和超常盈余的估价系数一般都显著为正，也存在重大的行业差异，即权益账面价值越大、超常盈余越大，权益市场价值就越大。

我们基于1998—2011年 A 股上市公司的 16 571 个年度财务数据，分行业估计两套等式，也即分别对应于应计项目和现金流量。而每套等式都由 4 个共同决定的等式组成，它们共同的理论基础是 Ohlson（1999）。

总之，我们的研究结果表明，盈余组成部分帮助预测未来超常盈余的能力及其本身的持续性，这两个特征相互作用导致了应计项目和现金流量具有不同的权益估价含义。

本章的结构安排如下：第二部分是模型分析、研究假设和研究设计；第三部分主要的实证结果与分析；第四部分是研究结论。

6.2 模型分析、研究假设和研究设计

6.2.1 从经验研究角度对Ohlson模型进行的概括

Ohlson模型由三个基本假定构成。第一，价格等于预期股利的现值：

$$P_t = \sum_{\tau=1}^{\infty} \frac{E_t[d_{t+\tau}]}{(1+r)^\tau} \tag{6.1}$$

P_t是公司第t期的权益价格，d_t是第t期支付的净股利，r是折现率（假定为常数），$E_t[\ ]$表示基于第t时点信息的预期值符号。

第二，净剩余会计关系：

$$b_t = b_{t-1} + x_t - d_t \tag{6.2}$$

b_t是第t期的权益账面值，x_t是第t期的盈余。根据等式（6.2），未来股利可以用未来盈余和未来权益账面值来表示，并且代入等式（6.1），就可以得到等式（6.3）：

$$P_t = \sum_{\tau=1}^{\infty} \frac{E_t[b_{t+\tau-1} + x_{t+\tau} - b_{t+\tau}]}{(1+r)^\tau} \tag{6.3}$$

对等式（6.3）进行简单的代数变换，就可以得到等式（6.4）：

$$P_t = b_t + \sum_{\tau=1}^{\infty} \frac{E_t[x_{t+\tau} - r.b_{t+\tau-1}]}{(1+r)^\tau} - \frac{E_t[b_{t+\infty}]}{(1+r)^\infty} \tag{6.4}$$

等式（6.4）中最后一项为0。并且把剩余收益或超常盈余界定为：$x_t^a = x_t - r.b_{t-1}$，这样价格就可以表达为权益账面价值和未来超常盈余的现值：

$$P_t = b_t + \sum_{\tau=1}^{\infty} \frac{E_t[x_{t+\tau}^a]}{(1+r)^\tau} \tag{6.5}$$

等式（6.5）只不过是股利折现模型的重新表达，因为它除了通过净剩余关系之外不依赖于会计数字的特性。因此，如果应计制会计要在现金制会计之外对估价过程具有增量作用，它的有用性就必须源自净剩余关系假定之外的特性。然而，就经验研究的角度而言，正如利用股利折现模型进行权益估价需要预测未来若干期的股利，利用剩余收益估价模型则需要预测未来若干期的盈余。幸亏Ohlson模型有第三个假定，使得剩余收益估价模型占优。

第三，超常盈余信息动力学方面的假定。它规定了当期信息与未来股利折现值之间关系的本质，即超常盈余满足以下修正的滞后一期自回归过程AR（1）：

$$x_{t+1}^a = \omega x_t^a + v_t + \varepsilon_{1,t+1} \tag{6.6a}$$

$$v_{t+1} = \gamma v_t + \varepsilon_{2,t+1} \tag{6.6b}$$

v_t 是没有包括在当期超常盈余中的关于未来超常盈余的信息，满足滞后一期自回归过程 AR（1）；$\varepsilon_{i,t}$ 是不可预测的 0 均值残差项；ω 和 γ 是固定的持续性参数，并且 $0 < \omega$、$\gamma < 1$。基于这些假定，公司价值就可以用当期的会计数字来表达。将等式（6.5）、（6.6a）、（6.6b）相结合，就得到如下的估价模型：

$$P_t = b_t + \beta_1 x_t^a + \beta_2 v_t \tag{6.7}$$

其中，$\beta_1 = \omega/(1 + r - \omega)$（意味着超常盈余的持续性越大，盈余反应系数也越大），并且 $\beta_2 = (1 + r)/[(1 + r - \omega)(1 + r - \gamma)]$。该估价模型不要求预测未来股利，在终值计算方面也没有额外的假定。等式（6.6a）、（6.6b）中的信息动力学以及等式（6.7）中的估价模型，体现了 Ohlson 模型对经验研究的最初含义。

在 Ohlson（1995）模型框架下，我们需要更好地理解 v_t 所代表信息的本质。这种要求与盈余质量的文献精神相一致。目标就是要理解除了当期盈余之外还有什么能够帮助我们预测未来盈余（Lee，1999），例如本章所考虑的应计项目、现金流量及其持续性。

6.2.2 研究假设与设计——基于 Ohlson（1999）的模型分析

Ohlson（1999）通过将盈余分解为永久性和暂时性部分对 Ohlson（1995）中的线性信息动力学说进行了拓展，他清晰地区分了两个概念——某个盈余组成部分的预测相关性和时间序列持续性，并且他还证明了该组成部分的预测相关性如何影响估价相关性。拓展后的模型表明，盈余组成部分的价值相关性，取决于该组成部分在超常盈余之外预测未来超常盈余的增量能力以及它的持续性。为了预测应计项目和现金流量如何与权益价值相关联，我们使用一般化的 Ohlson（1999）模型。该模型包括 4 个等式[①]：

$$x_{t+1}^a = \omega_{11} x_t^a + \omega_{12} x_{2,t} + \omega_{13} bv_t + \varepsilon_{1,t+1} \tag{6.8}$$

$$x_{2,t+1} = \omega_{22} x_{2,t} + \omega_{23} bv_t + \varepsilon_{2,t+1} \tag{6.9}$$

$$bv_{t+1} = \omega_{33} bv_t + \varepsilon_{3,t+1} \tag{6.10}$$

$$MVE_{t+1} = bv_{t+1} + \alpha_1 x_{t+1}^a + \alpha_2 x_{2,t+1} + u_{t+1} \tag{6.11}$$

1）超常盈余预测等式

等式（6.8）是超常盈余预测等式，其中超常盈余（x_t^a）界定为盈余减去权益账面值的正常回报。尽管 Ohlson（1999）模型中的 x_2 被模拟为暂时性盈余，但是该模型适用于盈余的任何组成部分。本章中 x_2 是应计项目或现金流量。

盈余组成部分 x_2 的系数 ω_{12}，反映了已知的 x_2 在预测超常盈余时的增量效应。如果盈余的所有组成部分具有相同的超常盈余预测能力，那么 ω_{12} 将等于

[①] 该模型的基本结构类似于 Ohlson（1995）的"其他信息"模型以及 Myers（1999）的 LIM 信息动力学说。你可以把 x_2 理解为 Ohlson 模型下的其他信息 v。

0，因此知道该组成部分无益于预测超常盈余。为了解决第一个研究问题，我们检验的零假设是 $\omega_{12}=0$，相应的备择假设是 $\omega_{12}\neq0$。应计制会计系统的核心假设之一是盈余组成部分具有累加性质，也即，各种收入相加得到总收入，各种费用相加得到总费用，然后总收入减去总费用便得到净利润。因此，盈余的组成部分之间不存在差异。对本章而言非常重要的是，应计项目和现金流量之间不存在差异。

针对应计项目和现金流量，我们都不预测 ω_{12} 的符号和大小，因为它们取决于会计方法和公司经营所处的经济环境。例如，对于应计项目，存货的增加可能是市场需求特别低导致的，也有可能是预期到未来的销售额上升而增加库存。应计项目的波动也可能只是为了弥补现金流量的暂时性变动，而对未来超常盈余没有任何含义。因此，应计项目对未来超常盈余而言是好消息、坏消息或不是消息，这难以划清界限。未来超常盈余和现金流量之间的关系同样是模糊不清。因为同行业的公司可能受制于类似的经济和会计因素，所以我们分行业检验 $\omega_{12}=0$ 的零假设。如果 $\omega_{12}=0$，那么现金流量和应计项目就无益于预测未来超常盈余。

尽管我们的备择假设不预测 ω_{12} 的符号，但是 Sloan（1996）建议符号的单一性。他引证财务报表分析的有关文献，认为应计项目在预测未来盈余方面的能力更低。其原因在于，应计项目牵涉到的主观性比现金流量更高，更可能成为管理层操纵的对象，并且更容易包含在未来更不可能重复发生的特殊应计项目。Sloan 的证据支持了他的预测，即应计项目在预测未来盈余方面的能力更低。其他后续的研究（例如，Barth 等，2001；Francis 和 Smith，2005；Dechow 等，2008；Oei 等，2008；Ebaid，2011；彭韶兵等，2008；刘文达和权小锋，2011；徐浩峰等，2011）发现类似于 Sloan（1996）。如果应计项目在预测未来超常盈余方面的能力也更低，那么备择假设中 ω_{12} 的符号就是单向的。我们预测，对于应计项目，$\omega_{12}<0$；对于现金流量，$\omega_{12}>0$。

在等式（6.8）中，ω_{11} 反映了超常盈余的持续性。基于以前的研究比如 Dechow 等（1999）、Hand 和 Landsman（2005），我们预测 $\omega_{11}>0$。要注意的是，由于净利润是 x_t^a 的一个组成部分，所以 x_2（应计项目或现金流量）的综合系数等于"$\omega_{11}+\omega_{12}$"。因此，如果 $\omega_{11}+\omega_{12}=0$，$x_2$ 对于预测超常盈余就是无关的，Ohlson 把这种情形称之为超常盈余"预测无关性"。相反，如果 $\omega_{11}+\omega_{12}\neq0$，$x_2$ 对于预测超常盈余就是相关的，即 x_2 具有"预测相关性"。因为我们预期应计项目或现金流量并非完全是暂时性的，所以我们预期它们对于预测超常盈余都是相关的，即我们检验的原假设是 $\omega_{11}+\omega_{12}=0$，其备择假设是 $\omega_{11}+\omega_{12}\neq0$。

2)盈余组成部分和权益账面价值的自回归等式

等式（6.9）描述了盈余的每个组成部分的自相关或持续性，Ohlson称之为"可预测性"。对于暂时性的盈余组成部分，$\omega_{22}=0$。对于不完全暂时性的盈余组成部分，ω_{22}越大，该组成部分就越具可预测性。因为我们预测应计项目和现金流量均为正的自相关，所以预测对于应计项目和现金流量$\omega_{22}>0$。我们预期盈余组成部分的可预测性因行业而异，所以我们按行业估计等式（6.9）。

要注意的是，等式（6.8）和等式（6.9）都包括权益账面价值。包括权益账面价值，是考虑会计谨慎性带来的影响（Feltham和Ohlson，1995，1996），并且部分地放松该假定——与计算超常盈余相关联的资本成本是一个事先确定的横截面常数。分行业估计所有的等式，使得会计谨慎性水平以及与计算超常盈余相关联的资本成本至少部分地随行业而发生变化。等式（6.10）保留了Ohlson（1999）模型一般化版本的三角形信息结构。这种三角形信息结构，至少在理论上确保与权益账面价值相关的参数，不会影响等式（6.11）中超常盈余和盈余组成部分的估价乘数。

3)权益市场价值等式

最后，等式（6.11）是基于等式（6.8）到等式（6.10）信息动力学的估价等式。α_2是x_2（也即应计项目或现金流量）的估价乘数。类似于等式（6.8）中对ω_{12}的理解，α_2反映了已知x_2对估价的增量效应。如果盈余的两个组成部分与权益价值存在同样的关系，那么α_2将等于0，也即已知盈余的某个组成部分无益于解释权益价值。因此，为了解决我们的第二个研究问题，我们检验的零假设是$\alpha_2=0$，其备择假设是$\alpha_2\neq0$。同样类似于等式（6.8），x_2的综合估价系数等于"$\alpha_1+\alpha_2$"。因此，假如$\alpha_1+\alpha_2=0$，x_2对于权益估价就是无关的，Ohlson把这种情形称为"价值无关"。相反，假如$\alpha_1+\alpha_2\neq0$，x_2对于权益估价就是相关的。因此，我们检验零假设$\alpha_1+\alpha_2=0$，其备择假设是$\alpha_1+\alpha_2\neq0$。

等式（6.8）和等式（6.9）把x_2的预测相关性、可预测性和价值相关性联系起来，具体表现为等式（6.12）：

$$\alpha_2=\frac{(1+r)\omega_{12}}{[(1+r)-\omega_{11}]\times[(1+r)-\omega_{22}]} \tag{6.12}$$

其中，r是运用于权益资本的折现率。

为了解决关于模型描述有效性的第三个研究问题，我们检验等式（6.12）对于所有的样本是否成立。关于等式（6.12）有几个地方需要特别指出：第一，因为我们预期分母中方括号里的表达式均为正，所以ω_{12}的符号决定了α_2的符号。而且，盈余的某个组成部分对未来超常盈余的预测能力越大，α_2的绝对值也越大。第二，在其他所有情形相同的情况下，持续性参数 ω_{22} 越大，α_2 也就越大。持续性和价值相关性之间的这种正向关系，与前人的预测和检验结果相一致，比如 Lipe（1986）、Kormendi 和 Lipe（1987）、Collins 和 Kothari（1989）、Barth 等（1990，1992，1999b）、Rountree 等（2008）、Gaioa 和 Raposo（2011）、李刚和夏冬林（2007）、胡延杰和李琳（2007）。第三，α_2 同样取决于超常盈余的持续性 ω_{11}，也即超常盈余的持续性越高，α_2 越大。第四，等式（6.8）到等式（6.10）的三角形结构，导致 ω_{33} 没有出现在等式（6.12）中。总之，等式（6.12）表明，盈余的某个组成部分的估价乘数（价值相关性），取决于该组成部分本身的持续性、它对未来超常盈余的预测能力、超常盈余本身的持续性，以及资本成本，并且，盈余组成部分本身的持续性越大，其价值相关性就越大。

4）估计等式与变量设置、度量

对于盈余的每个组成部分也即应计项目和现金流量，我们使用表面非相关回归（Seemingly Unrelated Regression）将等式（6.8）到等式（6.11）当作一个系统进行估计，它允许回归误差在各个等式之间相关。我们用分行业的混合数据（即14年期间所有的样本公司观测值）估计该系统。这两个等式系统列示如下[①]：

应计项目系统

$$NI_{i,t}^a = \omega_{10} + \omega_{11}NI_{i,t-1}^a + \omega_{12}AC_{i,t-1} + \omega_{13}BV_{i,t-1} + \sum Year + \varepsilon_{1i,t} \tag{6.8a}$$

$$AC_{i,t} = \omega_{20} + \omega_{22}AC_{i,t-1} + \omega_{23}BV_{i,t-1} + \sum Year + \varepsilon_{2i,t} \tag{6.9a}$$

$$BV_{i,t} = \omega_{30} + \omega_{33}BV_{i,t-1} + \sum Year + \varepsilon_{3i,t} \tag{6.10a}$$

$$MVE_{i,t} = i_0 + i_1BV_{i,t} + \alpha_1NI_{i,t}^a + \alpha_2AC_{i,t} + \alpha_3Grow_{i,t} + \alpha_4Size_{i,t} + \alpha_5Lev_{i,t} + \alpha_6Floa_{i,t} + \sum Year + \mu_{i,t} \tag{6.11a}$$

现金流量系统

$$NI_{i,t}^a = \omega_{10} + \omega_{11}NI_{i,t-1}^a + \omega_{12}CFO_{i,t-1} + \omega_{13}BV_{i,t-1} + \sum Year + \varepsilon_{1i,t} \tag{6.8b}$$

$$CFO_{i,t} = \omega_{20} + \omega_{22}CFO_{i,t-1} + \omega_{23}BV_{i,t-1} + \sum Year + \varepsilon_{2i,t} \tag{6.9b}$$

$$BV_{i,t} = \omega_{30} + \omega_{33}BV_{i,t-1} + \sum Year + \varepsilon_{3i,t} \tag{6.10 b}$$

$$MVE_{i,t} = i_0 + i_1BV_{i,t} + \alpha_1NI_{i,t}^a + \alpha_2CFO_{i,t} + \alpha_3Grow_{i,t} + \alpha_4Size_{i,t} + \alpha_5Lev_{i,t} + \alpha_6Floa_{i,t} + \sum Year + \mu_{i,t} \tag{6.11 b}$$

超常盈余（$NI_{i,t}^a$）的计算公式为：$NI_{i,t}^a = NI_{i,t} - rBV_{i,t-1}$，其中，BV 是权益账面价值，净利润（NI）是特殊项目和非持续经营前的利润（相当于中国的营业利润）。尽管用这种方法来界定 NI 违背了 Ohlson（1995）的净剩余关系假定，但是它消除了重大一次性项目的潜在混淆，并且与前人的研究（例如，Dechow 等，1999）相一致，况且 Ohlson（1999）也认为一次性项目在未来超常盈余方面的持

---

① 尽管我们用相同的符号标示两个估计系统的系数，但是这两个系统的同一估计系数可能存在差异。

续性为 0。Hand 和 Landsman（2005）的研究结果表明，违背净剩余关系对我们的研究结果的影响甚微。应计项目（AC）为净利润与经营活动现金流量（CFO）之差，其计算公式为：AC=NI－CFO，其中 CFO 直接取自现金流量表。如果 Ohlson 模型适用的话，等式（6.11a）和等式（6.11b）中权益账面价值的系数将等于 1。包括截距 i_0 是为了考虑其他信息的估价效应。MVE 为权益的市场价值，股权分置改革前的计算公式为：MVE=股价×流通股数＋非流通股数×每股净资产。股权分置改革后的计算公式为：MVE=股价×总股数。

理论上，应针对每个公司对应的未来现金流量风险确定其资本成本。但是，Fama 和 French（1992）的研究表明，现有资本成本估计方法还无法得到令人满意的单个企业资本成本估计值。Abarbanell 和 Bernard（1995）以及 Frankel 和 Lee（1998）发现使用估计的 V（公司价值）作截面数据分析时，选择不同的资本成本对分析结果的影响不大。根据现有相关的经验研究，关于计算超常盈余所使用的权益资金成本 r，一般有三种处理方式：第一，运用 CAPM 计算每一个企业在当期的与系统性风险匹配的收益率，这种方式一般为大多数人运用，比如 Myers（1999）、陈信元等（2002）。第二，根据 Feltham 和 Ohlson（1995，1996）所采用的方法，直接将 r 定义为无风险利率。例如，钟翰（2012）采用 2009—2010 年发行的 5 年期国债平均利率 3.08% 作为资本成本。第三，将 r 界定为一个常数。例如，宋剑峰（2000）在将 Edwards-Bell-Ohlson 模型运用于中国资本市场时，将必要报酬率 r 设定为 10%。黄志忠（2006）考虑在 Ohlson 模型框架下计算超常盈余，对于投资者要求的平均投资报酬率（即折现率 r）分别用 7%、8%、9%、10%、12% 来测试，结果发现用 8% 获得的效果最佳。赵志君（2003）在对 Ohlson 模型进行经验检验时，其资本成本 r 取值范围为 1-10%。Barth 等（2005）计算超常收益时，r 使用 12%，但用 8%~14% 进行了敏感性测试，不影响结果。在 Ohlson 模型下计算超常收益时，Barth 等（1999a）、Dechow 等（1999）、Hand 和 Landsman（2005）都设定权益长期回报率 r 等于 12%，并用其他的数字进行了敏感性分析，主要结果保持一致。因此，本章的 r 采用固定值 8%，并用 7%、9%、10%、12% 进行敏感性测试。

此外，由于 Ohlson 剩余收益估价的经验性模型没有考虑公司的成长性、资本结构等对权益价值的影响，所以在使用 Feltham-Ohlson 权益估值模型对中国上市公司权益价值的影响因素进行分析时，除了考虑会计收益和净资产外，结合有关公司权益价值的相关理论，还应该考虑中国股市和上市公司特征，将公司的成长性、资本结构、公司规模和流通股比例、股权分置改革（是否全流通）等作为影响上市公司权益价值的因素（Chen 等，2001；陈信元等，2002；赵志君，2003；党建忠等，2004；杨善林等，2006；陆宇建和蒋玥，2012）。例如，李寿喜（2004）发现，影响会计信息与股价相关性的变量有企业规模、企业盈亏、利润持续性、流通股比例、会计标准的变化、股市政策的调整和股票发行制度的改革等因素。鉴于此，在两个等式系统下的等式（11）都加入以下控制变量，即对Ohlson模型进行修正：公司的成长性（Grow），用主营业务收入的年度增长率表示；公司规模（Size），用公司年末总资产或年度销售收入（Sales）表示（用千万元作为计量单位）；公司年末的资产负债率（Lev）；公司年末的流通股比例（Floa），如果股权分置改革后股票可以全流通的话，Floa就取1。

从GAAP来看，样本期间我国发生重大变化的时点包括1998年、2001年、2007年。1998年1月财政部颁布《股份有限公司会计制度——会计科目和会计报表》，随后又陆续颁发了7个新的具体《企业会计准则》，涉及现金流量表、收入、投资等，与过去的会计处理规范相比变化较大，并迅速影响到上市公司的会计信息披露（证监会要求上市公司运用新规范），降低了1998年度上市公司年报数据与过去的纵向可比性，像"主营业务利润"等项目需要调整；上市公司开始实行新的企业会计制度是在2001年。因为新制度对于追溯调整、计提、非货币性交易和债务重组会计处理等作出了新的明确规定，业界普遍认为对于上市公司的影响比较大；我国财政部于2006年2月发布了包括1项基本准则和38项具体准则的新会计准则体系，并规定于2007年1月1日起首先在上市公司实施。制定会计准则的基本思路与国际财务报告准则（IFRS）趋同，在会计计量方面历史成本与公允价值并重，在有条件的情况下公允价值优先（孙铮和刘浩，2006）。在会计信息质量要求方面，可靠性首当其冲，其次是相关性。新会计准则在诸多方面都实现了突破，其中最引人注目的是公允价值计量属性的运用。新会计准则的发布和实施成为我国会计史上的又一重要里程碑。既然两个等式系统都利用了会计数字，因此需要控制会计制度的影响，但是同样需要控制年度固定效应，因此每个等式都设置年度哑变量（以1998年为基准设12个年度哑变量1999—2010年），以控制年度固定效应和会计制度变迁的潜在影响。

我们按行业估计等式（6.8a）到等式（6.11b），原因在于：（1）数据库年度现金流量最多只有14年，因此无法进行公司的时间序列回归；（2）分行业的回归系数能够反映各个行业在经济和会计环境方面的系统变化，我们把行业作为这些因素的表征变量[①]。根据Barth和Kallapur（1996）、Barth等（1999a）、Barth等（2005），所有的等式都使用未经过平减的数据，即没有使用公分母，而是以百万美元作单位，但是，本章引入了百分比形式的控制变量，所以非百分比的变量以千万元为单位[②]，以使得各个变量的取值不会差距太大。

[①]　在进行敏感性测试时我们使用了年度回归或所有样本混合回归，也设置行业哑变量，但没有报告结果。

[②]　取常用对数会出现很多缺失值，因为如果净资产、利润等主要变量可能为负数，因此，还是以千万元为单位。

5）样本选择

样本期间为1998—2011年。从1998年开始，是因为在1998年之前无法根据现金流量表获得经营活动现金流量数据，而如果用资产负债表法估算应计项目会存在一定的误差（Hribar 和 Collins，2002）。我们基于所有的样本公司，做以下剔除：（1）剔除金融业公司。（2）剔除所需财务数据缺失的公司。所有变量（包括权益市场价值）的计量都截止到会计年度末，并且都以千万元为单位。用 Winsorized 的方法基于（1%，99%）对每个变量按年度消除奇异值的影响。样本选择结果如表6-1所示：

表6-1 样本公司行业分布情况

代码	行业名称	样本	百分比	盈余为正	百分比
A	农、林、牧、渔业	308	1.8587	238	1.766
B	采掘业	395	2.3837	337	2.5006
C0	制造业-食品、饮料	758	4.5743	600	4.452
C1	制造业-纺织、服装、皮毛	543	3.2768	434	3.2203
C2	制造业-木材、家具	43	0.2595	40	0.2968
C3	制造业-造纸、印刷	264	1.5931	227	1.6844
C4	制造业-石油、化学、塑胶、塑料	1 674	10.102	1 379	10.232
C5	制造业-电子	716	4.3208	565	4.1923
C6	制造业-金属、非金属	1 357	8.189	1 132	8.3995
C7	制造业-机械、设备、仪表	2 519	15.201	2 058	15.27
C8	制造业-医药、生物制品	1 107	6.6803	949	7.0416
C9	制造业-其他制造业	139	0.8388	107	0.7939
D	电力、煤气及水的生产和供应业	766	4.6225	655	4.8601
E	建筑业	261	1.575	248	1.8402
F	交通运输、仓储业	635	3.832	577	4.2814
G	信息技术业	897	5.4131	707	5.246
H	批发和零售贸易	1 278	7.7123	1 062	7.8801
J	房地产业	1 512	9.1244	1 114	8.2659
K	社会服务业	542	3.2708	418	3.1016
L	传播与文化产业	213	1.2854	143	1.0611
M	综合类	644	3.8863	487	3.6136
总数		16 571	100	13 477	100
均值		789	4.7613	641	4.7619
C	制造业	9 120	55.036	7 491	55.584

行业划分依据是 2001 年证监会颁布的行业分类标准，样本划分为 21 个行业（制造业取二位代码，其他行业取一位代码）[①]。根据表 6-1，"总样本"公司总数为 16 571 个，每个行业平均 789 个，样本数最多的是"制造业-机械、设备、仪表"，占 15.201%，最少的是"制造业-木材、家具"，占 0.2595%。一位代码的"制造业"样本公司总数 9 120 个，占 55.036%。表 6-1 最后两列报告了"盈余为正"的样本公司总数及其各个行业所占的百分比。"盈余为正"的样本公司总数为 13 477 个，每个行业平均 641 个，其中"制造业"7 491 个，占 55.584%。

6.3 主要的实证结果与分析

6.3.1 描述性统计与变量相关分析

表 6-2 报告了主要变量的描述性统计量。根据表 6-2，超常盈余（NIA）的平均值为 6 左右，表明平均而言样本公司的超常盈余为 6 千万元左右，这可能归因于资本成本要高于本章所设定的 8%；应计项目（AC）的平均值为负数，现金流量（CFO）的平均值为正，这与前人的研究相一致，例如 Sloan（1996），Dechow 等（1998），Barth 等（1999a，2005），Xie（2001），林翔和陈汉文（2005），彭韶兵等（2008），其中折旧费用包括在应计项目中，但资本性支出包括在投资活动现金流量中；市价账面值比（MB）的平均值为 5.3009，表明权益市场价值平均超出权益账面价值 4 倍左右，意味着权益账面价值本身不足以解释权益市场价值。

我们还计算了变量之间的相关系数（限于篇幅考虑未列报）。结果表明，绝大多数变量之间在统计上显著相关；当年的超常盈余（NIA_t）与下一年度的超常盈余（NIA_{t+1}）之间的相关系数大约为 0.7，且统计上显著，表明超常盈余的一阶自回归系数（持续性系数）为正；当年的应计项目（AC_t）与下一年度的应计项目（AC_{t+1}）之间的相关系数为 0.461、0.342，且统计上显著，表明应计项目具有较高的持续性；当年的现金流量（CFO_t）与下一年度的现金流量（CFO_{t+1}）之间的相关系数大约为 0.755、0.497，且统计上显著，表明现金流量具有很高的持续性；权益市场价值（MEV_{t+1}）与四个控制变量之间也在统计上显著相关，表明这些变量所代表的经济因素会影响公司权益市场价值，在进行多元回归时应当控制；有些控制变量之间也存在显著的相关系，因此在后面的回归分析中我们对是否存在严重的多重共线性问题进行了检测。

[①] 也考虑了把整个"制造业"作为一个行业，因此研究结果一共报告了 22 个行业。

表6-2 主要变量的描述性统计

变量	变量的定义与描述	最小值	平均值	中位数	最大值	标准差
NIA_t	当年的超常盈余	−69.628	5.8706	2.4213	223.87	33.347
NIA_{t+1}	下一年的超常盈余	−74.883	6.9475	0.3691	267.36	39.308
AC_t	当年的应计项目	−239.75	−5.296	19.028	147.11	40.003
AC_{t+1}	下一年的应计项目	−265.14	−4.437	11.074	201.47	47.615
CFO_t	当年的现金流量	−77.933	21.295	−3.398	471.73	64.926
CFO_{t+1}	下一年的现金流量	−111.64	23.186	3.5869	524.75	73.551
BV_t	当年的权益账面价值	−36.24	154.78	178.65	2 130.3	289.69
BV_{t+1}	下一年的权益账面价值	−40.814	177.88	186.47	2 496.2	341.2
MEV_{t+1}	下一年的权益市场价值	39.2728	531.96	480.53	6 890.3	946.68
$Floa_{t+1}$	下一年的流通股比例	0.18437	0.5521	0.8987	1	0.2426
Lev_{t+1}	下一年的资产负债率	0.06292	0.5152	0.4219	2.1898	0.2829
$Grow_{t+1}$	下一年的增长率	−0.76	0.2184	0.1638	3.4441	0.5262
$Size_{t+1}$	下一年的总资产	12.8401	422.54	345.28	6 614.5	890.16
MB_{t+1}	下一年的市价账面值比	−13.743	5.3009	2.582	69.979	9.4905

注释：表中变量的描述性统计基于所有的16 571个样本。年度标识"t"的取值范围为1998—2010年。

6.3.2 超常盈余等式

表6-3报告了等式（6.8a）和等式（6.8b）在22个行业中的回归结果。表6-3中A、B组的底部，列示了各个回归系数、T统计量、χ^2值和调整R^2的均值。

根据表6-3的A组，应计项目（AC）的系数ω_{12}在22个行业中，17个显著为负，2个显著为正，3个为正或负但不显著，均值为−0.064，T值的均值为−3.636。这表明，在绝大部分行业中，应计项目对预测未来超常盈余具有增量信息含量，这与我们针对第一个研究问题的预测相符；ω_{12}一般显著为负，这表明当期盈余中应计项目所占的比例越高，未来超常盈余就越低，这与Sloan（1996）、林翔和陈汉文（2005）等的研究发现相一致；ω_{12}的值域是[−0.198，0.1034]，对应T值的值域是[−14.5，3.619]，这表明行业间存在重大的差异；根据Wald检验结果，针对所有的行业我们拒绝了$\omega_{11}+\omega_{12}=0$的零假设，即在所有行业中应计项目在预测未来超常盈余时都不是无关的。

表6-3　　　超常盈余与滞后的超常盈余、应计项目、现金流量的回归结果

A组：　$NI_{i,t}^{a} = \omega_{10} + \omega_{11}NI_{i,t-1}^{a} + \omega_{12}AC_{i,t-1} + \omega_{13}BV_{i,t-1} + \sum Year + \varepsilon_{1i,t}$

行业	ω_{11}		ω_{12}		ω_{13}		$\omega_{11}+\omega_{12}=0$		调整 R^2
	系数	t值	系数	t值	系数	t值	χ^2 值	P值	
A	0.526	10.1	−0.032	−1.96	0.0058	0.873	80.213	0.000	0.286
B	0.625	14.39	−0.052	−1.56	0.0525	8.15	119.01	0.000	0.765
C0	1.003	39.56	−0.079	−3.61	0.0311	6.08	1 504.8	0.000	0.838
C1	0.716	22.03	0.044	1.87	0.0202	3.52	526.66	0.000	0.523
C2	0.75	7.764	0.003	0.071	−0.025	−2.3	69.136	0.000	0.598
C3	0.686	12.67	−0.198	−4.91	−0.019	−4.3	73.882	0.000	0.375
C4	0.543	23.5	−0.066	−3.06	0.0028	0.79	502.48	0.000	0.314
C5	0.51	14.85	−0.051	−2.53	−0.029	−9.6	209.1	0.000	0.345
C6	0.742	32.5	−0.104	−5.69	−0.001	−0.49	700.1	0.000	0.521
C7	0.694	39.63	−0.157	−13.5	0.0317	13	857.87	0.000	0.602
C8	0.453	15.72	−0.112	−3.58	0.0675	11.2	108.78	0.000	0.402
C9	0.583	9.266	−0.032	−1.86	−0.01	−0.63	94.914	0.000	0.225
D	0.557	16.18	−0.007	−0.242	0.0189	4.07	195.24	0.000	0.436
E	0.321	4.638	−0.037	−1.71	0.0707	9.28	14.833	1E-04	0.682
F	0.453	11.82	0.103	3.619	0.04	8.62	202.02	0.000	0.417
G	0.797	30.23	−0.194	−9.99	−0.014	−4.9	361.34	0.000	0.596
H	0.769	32.34	−0.06	−5.2	0.0441	10.4	802.23	0.000	0.666
J	0.553	22.55	−0.037	−3.23	0.0593	18.4	447.04	0.000	0.644
K	0.75	20.4	−0.124	−5.48	0.0487	8.34	301.38	0.000	0.679
L	0.71	14.9	−0.109	−2.9	−0.022	−2.9	172.72	0.000	0.496
M	0.398	12.29	0.000	0.016	0.0102	2.86	166.53	0.000	0.25
C	0.746	82.94	−0.103	−14.5	0.0084	6.92	4 935.4	0.000	0.538
均值	0.631	22.285	−0.064	−3.64	0.0178	3.98	565.71		0.509

B组： $NI_{i,t}^a = \omega_{10} + \omega_{11}NI_{i,t-1}^a + \omega_{12}CFO_{i,t-1} + \omega_{13}BV_{i,t-1} + \sum Year + \varepsilon_{1i,t}$

行业	ω_{11}		ω_{12}		ω_{13}		$\omega_{11}+\omega_{12}=0$		调整 R^2
	系数	t值	系数	t值	系数	t值	χ^2 值	P值	
A	0.489	**9.354**	0.039	**1.874**	0.003	0.462	104.87	0.000	0.287
B	0.37	**7.177**	0.27	**6.559**	0.0224	**2.8**	251.48	0.000	0.783
C0	0.892	**37.54**	0.049	**2.086**	0.0353	**5.55**	1 450.7	0.000	0.833
C1	0.748	**23.25**	0.042	**1.866**	0.0171	**2.72**	507.38	0.000	0.525
C2	0.757	**8.602**	0.014	0.3953	−0.027	**−2.4**	63.677	0.000	0.6
C3	0.449	**8.144**	0.231	**5.767**	−0.035	**−5.9**	140.65	0.000	0.384
C4	0.52	**25.94**	0.035	**1.725**	0.0071	**1.67**	556.82	0.000	0.305
C5	0.431	**12.27**	0.027	**1.741**	−0.03	**−9.1**	147.22	0.000	0.338
C6	0.686	**29.31**	0.072	**4.15**	−0.006	−1.44	879.67	0.000	0.518
C7	0.551	**32.13**	0.172	**16.82**	0.0179	**6.85**	1 779.4	0.000	0.619
C8	0.301	**9.857**	0.181	**6.094**	0.0588	**9.05**	192.82	0.000	0.408
C9	0.574	**9.764**	0.04	**1.95**	−0.015	−0.92	76.315	0.000	0.228
D	0.591	**17.27**	−0.002	−0.058	0.0177	**2.82**	260.71	0.000	0.436
E	0.308	**4.529**	0.086	**3.665**	0.0633	**8.28**	31.692	0.000	0.7
F	0.634	**21.49**	−0.076	**−3.5**	0.0381	**7.11**	275.32	0.000	0.409
G	0.724	**26.52**	0.144	**7.235**	−0.022	**−5.5**	881.95	0.000	0.578
H	0.721	**29.64**	0.071	**6.699**	0.0369	**8.47**	1 070.6	0.000	0.672
J	0.56	**23.79**	0.03	**2.656**	0.0553	**17.4**	532.87	0.000	0.646
K	0.728	**20.65**	0.083	**4.274**	0.0417	**6.73**	443.1	0.000	0.674
L	0.662	**14.18**	0.122	**3.17**	−0.031	**−3.6**	226.18	0.000	0.501
M	0.446	**14.34**	−0.006	−0.322	0.0091	**2.52**	173.76	0.000	0.257
C	0.653	**73.32**	0.110	**16.75**	−4E−04	−0.25	6 807.5	0.000	0.541
均值	0.582	20.867	0.079	4.1633	0.0117	2.42	766.12		0.511

　　注释：加粗的t值表示1%、5%或10%水平上显著；每个行业的样本包括1998—2010年的所有样本公司，即按照行业进行Pooled回归；所有模型都包括了年度哑变量，但其结果没有列示；所有模型DW值域为[1.859，2.095]；表中还列示了Wald检验下的 χ^2 值和P值。

　　根据表6-3的B组，现金流量（CFO）的系数 ω_{12} 在22个行业中，18个显著为正，1个显著为负，3个为正或负但不显著，均值为0.0788，t值的均值为4.1633。这表明，在绝大部分行业中，现金流量对预测未来超常盈余具有增量信息含量，这与我们针对第一个研究问题的预测相符；并且，对比A、B组中相同行业的 ω_{12} ，会发现应计项目与现金流量的回归系数符号一般相反，即在预测超常盈余时应计项目与现金流量互为影像（Mirror Images），这与预期的相符；B组中 ω_{12} 一般显著为正，这表明当期盈余中现金流量所占的比例越高，未来超常盈余就越高，这与前面关于应计项目的研究发现相一致；B组中 ω_{12} 的值域是[-0.076, 0.2699]，对应T值的值域是[-3.5, 16.82]，这表明行业间存在重大的差异；根据Wald检验结果，针对所有的行业我们拒绝了 $\omega_{11} + \omega_{12} = 0$ 的零假设，也即在所有行业中现金流量在预测未来超常盈余时都不是无关的。

根据表6-3中的A、B组，滞后一期超常盈余的回归系数（ ω_{11} ）在所有的行业中都为正且显著，A组中 ω_{11} 的均值为0.631，B组中 ω_{11} 的均值为0.582，表明超常盈余的持续性系数约为0.6，这些结果类似于Dechow等（1999）、Barth等（1999a）、Hand和Landsman（2005）等。但是，A组中 ω_{11} 值域是[0.321, 1.003]，B组中 ω_{11} 的值域是[0.301, 0.892]，这表明超常盈余的持续性存在重大的行业差异。

根据表6-3中的A组，滞后一期权益账面价值（BV）的回归系数（ ω_{13} ）在22个行业中，13个显著为正，5个显著为负，4个为正或负但不显著；根据表4中的B组， ω_{13} 在22个行业中，13个显著为正，5个显著为负，4个为正或负但不显著，A、B组的结果类似；大部分行业的 ω_{13} 显著为正，这与会计谨慎性相一致； ω_{13} 在行业之间存在重大差异，这表明资本成本以及会计谨慎性存在行业差异。

6.3.3 应计项目、现金流量、权益账面价值的一阶自回归结果

1）应计项目与现金流量的一阶自回归结果

表6-4报告了等式（6.9a）和（6.9b）在22个行业中的回归结果。表6-4中底部列示了各个回归系数、T统计量和调整 R^2 的均值。

根据表6-4，滞后一期应计项目（AC）的回归系数（持续性系数） ω_{22} 在21个行业中都显著为正，均值为0.3986，但是行业之间存在重大差异；滞后一期现金流量（CFO）的回归系数（持续性系数） ω_{22} 在21个行业中也都显著为正，均值为0.4148，但是行业之间也存在重大差异；通过对同一行业应计项目和现金流量的持续性系数的均值比较T检验发现，两者的持续性系数不存在重大差异[①]；在应计项目的自回归等式中，账面价值（BV）的回归系数（ ω_{23} ）8个显著为正，8个显著为负，6个为正或负但都不显著，行业之间存在重大差异；在现金

---

① 这里的持续性是指应计项目或现金流量本身的持续性，而Sloan（1996）、李刚和夏冬林（2007）等所发现现金流量的持续性高于应计项目，是指它们在预测未来盈余时的持续性，因此不可比。

流量的自回归等式中，账面价值（BV）的回归系数（ω_{23}）19个显著为正，3个为正或负但都不显著，行业之间也存在重大差异，但总体表明滞后一期的权益账面价值与现金流量存在显著的正向关系。

表6-4 应计项目与现金流量的一阶自回归结果

行业	$AC_{i,t} = \omega_{20} + \omega_{22}AC_{i,t-1} + \omega_{23}BV_{i,t-1} + \sum Year + \varepsilon_{2i,t}$					$CFO_{i,t} = \omega_{20} + \omega_{22}CFO_{i,t-1} + \omega_{23}BV_{i,t-1} + \sum Year + \varepsilon_{2i,t}$				
	ω_{22}		ω_{23}		调整 R^2	ω_{22}		ω_{23}		调整 R^2
	系数	t值	系数	t值		系数	t值	系数	t值	
A	−0.023	−0.315	0.041	**2.47**	0.014	−0.004	−0.055	0.072	**4.798**	0.065
B	0.6264	**11.7**	−0.033	**−5.7**	0.446	0.7153	**15.65**	0.0834	**7.373**	0.888
C0	0.5816	**17.28**	0.0051	0.942	0.294	0.5922	**14.45**	0.1598	**13.21**	0.772
C1	0.3732	**7.237**	0.0234	**3.73**	0.103	0.1345	**2.361**	0.1095	**8.476**	0.324
C2	0.6487	**5.179**	−0.016	−0.47	0.375	0.5857	**4.496**	0.0463	1.211	0.414
C3	0.1072	**1.93**	−0.007	−1.04	0.088	0.3954	**5.536**	0.0465	**4.23**	0.419
C4	0.3771	**15.45**	−0.042	**−11**	0.24	0.3309	**12.24**	0.0964	**16.68**	0.494
C5	0.2791	**6.855**	−0.015	**−2.3**	0.082	0.363	**9.281**	0.0111	**1.977**	0.146
C6	0.1806	**5.819**	−0.059	**−14**	0.223	0.221	**7.004**	0.1638	**23.15**	0.664
C7	0.2654	**11.58**	0.0181	**5.14**	0.0528	0.3991	**17.41**	0.0928	**17.24**	0.424
C8	0.3802	**11.55**	0.0525	**9.41**	0.226	0.5416	**18.5**	0.0562	**10.01**	0.488
C9	0.554	**7.66**	−0.023	−1	0.225	0.5543	**7.28**	0.065	**2.975**	0.418
D	0.5552	**16.19**	−0.05	**−12**	0.614	0.4448	**12.41**	0.1331	**16.13**	0.826
E	0.5078	**7.568**	0.0434	**4.83**	0.216	0.4375	**6.309**	0.0024	0.181	0.159
F	0.8495	**28.73**	−0.011	**−3.1**	0.628	0.6623	**16.7**	0.0592	**6.494**	0.677
G	0.5941	**17.6**	−0.027	**−6.2**	0.409	0.7655	**22.9**	0.0465	**6.751**	0.771
H	0.3178	**9.658**	0.0439	**5.2**	0.086	0.4672	**14.99**	0.0898	**8.758**	0.323
J	0.2686	**8.792**	0.096	**15.9**	0.2689	0.1763	**5.807**	−0.002	−0.36	0.022
K	0.1843	**3.645**	0.0115	1.283	0.022	0.2058	**3.782**	0.0952	**7.047**	0.215
L	0.5413	**6.967**	−0.01	−0.69	0.194	0.4888	**6.541**	0.0473	**2.971**	0.322
M	0.2754	**6.18**	0.0515	**5.91**	0.131	0.2351	**5.259**	0.0302	**3.85**	0.08
C	0.3245	**27.57**	−0.024	**−14**	0.121	0.4125	**34.43**	0.1081	**40.47**	0.559
均值	0.3986	10.673	0.0031	−0.76	0.2299	0.4148	11.06	0.073	9.256	0.431

注释：加粗的t值表示1%、5%或10%水平上显著；每个行业的样本包括1998—2010年的所有样本公司，也即按照行业进行Pooled回归；所有模型都包括了年度哑变量，但其结果没有列示；所有模型DW值域为[1.868，2.17]。

2)权益账面价值的一阶自回归结果

表 6-5 报告了等式（6.10a）和等式（6.10b）在 22 个行业中的回归结果。表 6-5 中底部列示了回归系数、t 统计量和调整 R^2 的均值。

表 6-5　　　　　　　　　　　权益账面价值的一阶自回归结果

$$BV_{i,t} = \omega_{30} + \omega_{33}BV_{i,t-1} + \sum Year + \varepsilon_{3i,t}$$

行业	ω_{33}		调整 R^2	DW 值
	系数	T 值		
A	1.0754	**67.257**	0.936	1.891
B	1.1595	**167.52**	0.986	1.897
C0	1.235	**141.84**	0.964	2.095
C1	0.9875	**46.593**	0.799	2.083
C2	1.0402	**17.403**	0.873	2.014
C3	1.0929	**77.091**	0.957	1.956
C4	1.0402	**147.71**	0.928	1.922
C5	1.1188	**81.01**	0.901	1.985
C6	1.1503	**180.11**	0.96	1.916
C7	1.1959	**197.56**	0.939	1.953
C8	1.2637	**86.547**	0.871	1.909
C9	0.9968	**26.454**	0.8333	1.955
D	1.1344	**147.83**	0.966	1.874
E	1.1725	**145.83**	0.988	1.891
F	1.1322	**141.15**	0.969	1.925
G	1.1717	**211.99**	0.98	1.929
H	1.2132	**129.49**	0.929	1.919
J	1.1905	**144.13**	0.9321	1.895
K	1.1703	**70.495**	0.901	2.089
L	1.0308	**38.159**	0.872	2.011
M	1.1	**114.36**	0.953	1.933
C	1.1532	**388.61**	0.943	1.875
均值	1.128	125.87	0.926	1.951

注释：因为两个等式系统得到相同的结果，所以只报告了其中的一套结果；加粗的 t 值表示 1% 水平上显著；每个行业的样本包括 1998—2010 年的所有样本公司，即按照行业进行 Pooled 回归；所有模型都包括了年度哑变量，但其结果没有列示；DW 值显示，所有模型不存在严重的序列相关。

在22个行业中，权益账面价值（BV）的一阶自回归系数（持续性系数）的均值为1.128，对应T值的均值为125.87，模型调整R^2的均值为0.926，这表明，权益账面价值具有很高的持续性。但是，权益账面价值的持续性系数存在行业间的差异。

6.3.4 权益估价等式

表6-6报告了等式（11a）和等式（11b）在22个行业中的回归结果。表6-6中A、B组的底部，列示了各个回归系数、T统计量、χ^2值和调整R^2的均值。

根据表6-6的A组，应计项目（AC）的系数α_2在22个行业中，16个显著为负，3个显著为正，3个为正或负但不显著，均值为-1.41，T值的均值为-2.32。这表明，在绝大部分行业中，应计项目的回归系数显著不等于0，对权益估价具有增量信息含量，这与我们针对第二个研究问题的预测相符，即应计项目的系数不同于超常盈余的系数；α_2一般显著为负，这表明当期盈余中应计项目所占的比例越高，权益估价就越低；α_2的值域是[-8.3，6.555]，对应T值的值域是[-10.8，5.28]，这表明行业间存在重大的差异；根据Wald检验结果，针对22个行业中的19个，我们拒绝了$\alpha_1 + \alpha_2 = 0$的零假设，即在绝大多数行业中应计项目是价值相关的，应计项目和超常盈余的系数之和显著不同于0。

回忆前面的等式（6.12），Ohlson模型表明，ω_{12}的符号决定了α_2的符号。然而，表6-3到表6-6中的回归分析都没有施加Ohlson模型所隐含的系数限制，也即等式（6.12）。因此，ω_{12}与α_2的符号相一致，只是初步的证据表明与我们针对第三个研究问题的预测相符，也即应计项目与现金流量的估价乘数是否如Ohlson模型预测的那样发生变化。在表6-7中，我们将对比表6-6中的α_2估计与施加等式（6.12）限制后的α_2估计，以进一步探讨该问题。对比表6-3中A组ω_{12}的符号与表6-6中A组α_2的符号，只有三个行业的符号不一致，它们是C1、C9、H。

根据表6-6的A组，权益账面价值的估价系数（i_1）和超常盈余的估价系数（α_1）也存在重大的行业差异。i_1在22个行业中，16个显著为正，1个显著为负，5个为正或负但不显著，均值为1.361，值域为[-0.62，4.067]，T值的均值为4.743；根据Wald检验结果，针对22个行业中的20个，我们拒绝了$i_1 = 1$的零假设，也即在绝大多数行业中权益账面价值的估价系数显著不同于1。这些发现表明，会计谨慎性程度因行业而异；α_1在22个行业中，18个显著为正，1个显著为负，3个为正或负但不显著，均值为3.805，值域为[-8.53，14.5]，T值的均值为4.518；i_1和α_1的符号一般显著为正，这表明，权益账面价值越大、超常盈余越大，权益市场价值就越大。

表6-6   **权益估值等式回归结果**

A组：

$$MVE_{i,t} = i_0 + i_1 BV_{i,t} + \alpha_1 NI^a_{i,t} + \alpha_2 AC_{i,t} + \alpha_3 Growth_{i,t} + \alpha_4 Size_{i,t} + \alpha_5 Lev_{i,t} + \alpha_6 Floating_{i,t} + \sum Year + \mu_{i,t}$$

行业	i_1 系数	i_1 t值	α_1 系数	α_1 t值	α_2 系数	α_2 t值	$i_1 = 1$ χ^2值	$i_1 = 1$ P值	$\alpha_1 + \alpha_2 = 0$ χ^2值	$\alpha_1 + \alpha_2 = 0$ P值	调整 R^2
A	2.545	**4.403**	6.968	**3.74**	-2.51	-2.74	**7.145**	0.008	**4.98**	0.026	0.474
B	2.231	**6.37**	3.336	**2.661**	-1.4	-1.89	**12.35**	0.000	**4.604**	0.053	0.76
C0	3.783	**10.05**	14.5	**15.12**	-3.83	-4.43	**54.69**	0.000	133.7	0.000	0.719
C1	-0.62	**-2.93**	0.385	0.376	-0.25	-0.35	**58.38**	0.000	0.018	0.892	0.491
C2	-0.1	-0.15	1.428	0.425	0.666	0.41	**2.877**	0.09	3.503	0.078	0.193
C3	0.311	1.037	5.125	**4.224**	-3.39	-4.04	**5.273**	0.022	3.645	0.073	0.408
C4	0.339	**1.763**	3.564	**4.345**	-1.06	-1.91	**11.83**	6E-04	11.25	8E-04	0.108
C5	0.574	**3.979**	3.062	**3.613**	-2.09	-6.53	**8.714**	0.003	3.453	0.079	0.194
C6	0.171	1.024	4.682	**8.732**	-1.42	-3.46	**24.54**	0.000	34.7	0.000	0.592
C7	0.601	**5.97**	2.999	**5.026**	-0.49	-1.83	**6.204**	0.008	17.65	0.000	0.454
C8	0.298	0.783	5.689	**4.092**	-4.36	-3.92	**3.419**	0.065	3.352	0.082	0.146
C9	1.13	**1.649**	-8.53	**-4.24**	6.555	5.28	**0.036**	0.85	4.236	0.066	0.253
D	2.11	**13.84**	5.705	**8.404**	-2.56	-3.88	**53.06**	0.000	13.67	2E-04	0.726
E	3.448	**8.529**	7.315	**3.371**	-2.34	-2.4	**36.67**	0.000	4.661	0.031	0.613
F	0.519	**3.106**	1.868	**1.823**	1.34	1.92	**8.266**	0.004	7.306	0.007	0.554
G	4.067	**10.76**	4.025	**3.983**	-8.3	-10.8	**65.86**	0.000	11.88	6E-04	0.496
H	1.042	**5.686**	-0.14	-0.21	0.494	1.76	**0.053**	0.818	0.254	0.614	0.09
J	1.403	**6.469**	5.029	**4.807**	-0.97	-2.07	**3.454**	0.063	14.85	0.000	0.306
K	1.905	**4.917**	4.532	**2.638**	-0.81	-1.83	**5.459**	0.02	4.992	0.026	0.342
L	3.061	**4.615**	3.927	**1.656**	-3.2	-1.77	**9.654**	0.002	0.1	0.752	0.111
M	0.296	0.919	2.042	**1.863**	0.539	0.72	**4.759**	0.029	3.245	0.072	0.086
C	0.819	**11.54**	6.213	**22.95**	-1.52	-7.35	**6.509**	0.011	300.5	0.000	0.427
均值	1.361	4.743	3.805	4.518	-1.41	-2.32	17.69		26.66		0.388

B组： $MVE_{i,t} = i_0 + i_1 BV_{i,t} + \alpha_1 NI^*_{i,t} + \alpha_2 CFO_{i,t} + \alpha_3 Growth_{i,t} + \alpha_4 Size_{i,t} + \alpha_5 Lev_{i,t} + \alpha_6 Floating_{i,t} + \sum Year + \mu_{i,t}$

行业	i_1		α_1		α_2		$i_1=1$		$\alpha_1+\alpha_2=0$		调整 R^2
	系数	t值	系数	t值	系数	t值	χ^2值	P值	χ^2值	P值	
A	2.321	3.965	5.01	2.569	2.967	3.12	5.094	0.024	17.85	0.000	0.478
B	1.795	4.792	1.239	0.735	2.196	1.7	4.502	0.034	7.481	0.006	0.761
C0	3.342	8.462	10.31	10.67	3.285	3.61	35.17	0	210	0.000	0.717
C1	-0.64	-2.9	0.109	0.11	0.206	0.31	55.43	0	0.093	0.761	0.492
C2	-0.04	-0.06	2.095	0.706	-0.31	-0.19	2.772	0.09	3.359	0.061	0.184
C3	0.138	0.448	1.911	1.743	3.519	4.22	7.816	0.005	19.18	0.000	0.409
C4	0.375	1.795	2.943	3.887	0.461	0.66	8.914	0.003	18.99	0.000	0.105
C5	0.679	4.315	-0.19	-0.25	1.133	2.35	4.159	0.041	3.252	0.063	0.127
C6	0.233	1.336	4.509	8.541	0.261	0.68	19.36	0	68.8	0.000	0.588
C7	0.731	5.425	2.348	4.043	1.226	3.73	3.986	0.046	35.58	0.000	0.456
C8	-0.04	-0.11	0.538	0.405	6.058	4.76	7.678	0.006	20.15	0.000	0.153
C9	1.367	2.007	-2.71	-1.57	-6.34	-5.03	0.291	0.59	18.04	0.000	0.255
D	1.955	12.43	4.834	6.41	0.996	1.81	36.83	0	61.9	0.000	0.724
E	3.507	8.645	6.406	2.952	1.436	1.85	38.18	0	12.06	5E-04	0.609
F	0.538	3.243	2.925	2.742	-0.6	-0.72	7.766	0.005	4.9	0.027	0.554
G	3.196	8.479	0.295	0.286	8.757	11.6	33.94	0	68.22	0.000	0.506
H	1.121	6.091	0.612	1.899	-0.62	-2.14	0.431	0.512	3E-04	0.987	0.09
J	1.362	6.284	4.141	4.048	1.173	2.59	2.79	0.095	23.94	0.000	0.307
K	1.625	4.061	3.718	2.315	0.591	0.72	2.438	0.118	6.262	0.012	0.347
L	2.924	4.343	0.869	0.383	2.696	1.77	8.168	0.004	2.779	0.098	0.108
M	0.375	1.137	2.921	2.048	-1.02	-1.27	3.6	0.058	1.564	0.211	0.088
C	0.698	9.486	4.774	18.1	1.637	8.58	16.78	0	555.3	0.000	0.428
均值	1.253	4.258	2.709	3.308	1.35	2.03	13.91		52.71		0.386

注释：加粗的t值表示1%、5%或10%水平上显著；每个行业的样本包括1998—2010年的所有样本公司，也即按照行业进行Pooled回归；所有模型都包括了年度哑变量以及4个控制变量，但其结果没有列示；所有模型DW值域为[1.838，2.13]；表中还列示了Wald检验下的χ^2值和P值。

根据表6-6的B组，现金流量（CFO）的系数α_2在22个行业中，13个显著为正，2个显著为负，7个为正或负但不显著，均值为1.35，t值的均值为2.03。这表明，在大部分行业中，现金流量的回归系数显著不等于0，对权益估价具有增量信息含量，这与我们针对第二个研究问题的预测相符，也即现金流量的系数不同于超常盈余的系数；α_2一般显著为正，这表明当期盈余中现金流量所占的比例越高，权益估价就越高；α_2的值域是[-6.34，8.757]，对应t值的值域是[-5.03，11.6]，这表明行业间存在重大的差异；根据Wald检验结果，针对22个行业中的19个，我们拒绝了 $\alpha_1 + \alpha_2 = 0$ 的零假设，也即在绝大多数行业中现金流量是价值相关的，现金流量和超常盈余的系数之和显著不同于0；对比A、B组中相同行业的 α_2，会发现应计项目与现金流量的回归系数符号在22个行业中都相反，也即在估价权益时应计项目与现金流量互为影像（Mirror Images），这与预期的相符，并且与表3超常盈余等式中关于 ω_{12} 的发现相一致；对比表3中B组 ω_{12} 的符号与表7中B组 α_2 的符号，只有四个行业的符号不一致，它们是C2、C9、D、H，这基本类似于前面针对应计项目的研究发现。

根据表6-6的B组，权益账面价值的估价系数（i_1）和超常盈余的估价系数（α_1）也存在重大的行业差异。i_1 在22个行业中，16个显著为正，1个显著为负，5个为正或负但不显著，均值为1.253，值域为[-0.64，3.507]，T值的均值为4.258；根据Wald检验结果，针对22个行业中的20个，我们拒绝了 $i_1 = 1$ 的零假设，也即在绝大多数行业中权益账面价值的估价系数显著不同于1。这些发现表明，会计谨慎性程度因行业而异；α_1 在22个行业中，14个显著为正，8个为正或负但不显著，均值为2.709，值域为[-2.71，10.31]，T值的均值为3.308；i_1 和 α_1 的符号一般显著为正，这表明，权益账面价值越大、超常盈余越大，权益市场价值就越大。

6.3.5 根据Ohlson模型施加等式（12）限制后的估计

接下来探讨第三个研究问题。为了直接检验Ohlson模型的预测，我们分别估计等式（6.8a）到等式（6.11a）的应计项目系统、等式（6.8b）到等式（6.11b）的现金流量系统，但都根据Ohlson模型施加等式（6.12）限制，该等式规定了 α_2 与 ω_{11}、ω_{12}、ω_{22}、r 之间的关系：

$$\alpha_2 = \frac{(1+r)\omega_{12}}{[(1+r)-\omega_{11}] \times [(1+r)-\omega_{22}]} \tag{6.13}$$

我们通过分行业Pooled回归的方式得到三种 α_2 估计值：第一，不施加等式（6.12）的限制，分别对应计项目等式系统和现金流量等式系统进行回归直接得到 α_2，它们与表6-6中对应的 α_2 相同，标识为"不加限制"；第二，施加等式（6.12）的限制，分别对应计项目等式系统和现金流量等式系统进行回归，得到 ω_{11}、ω_{12}、ω_{22}，再利用等式（6.12）计算得到 α_2，标识为"加限制"；第三，不施加等式（6.12）的限制，分别对应计项目等式系统和现金流量等式系统进行回归，得到 ω_{11}、ω_{12}、ω_{22}，再利用等式（6.12）计算得到 α_2，标识为"计算的"。这三种 α_2 列示在表6-7中。在不施加等式（6.12）的限制，分别对应计项目等式系统和现金流量等式系统进行回归，我们还利用Wald检验看等式（6.12）在统计上是否成立，相应的 χ^2 值和P值列示在表6-7中。表6-8列示了"不加限制"、"加限制"、"计算的" α_2 之间的相关分析结果。

根据表6-7，在应计项目系统和现金流量系统中，"不加限制"的 α_2 估计值与"加限制"的 α_2 估计值都存在重大差异。在应计项目系统中，均值比较的配对样本T检验的t统计量为-4.037，P值为0.001；在现金流量系统中，均值比较的配对样本T检验的t统计量为2.961，P值为0.007。并且，Wald检验结果表明，除了三个行业（C2、F、K），等式（6.12）中的系数限制具有统计上显著的约束力。但是，表6-8中的相关分析表明，"不加限制"的 α_2 估计值与"加限制"的 α_2 估计值高度正相关，在应计项目系统中Pearson和Spearman相关系数分别为0.8847、0.6612，在现金流量系统中Pearson和Spearman相关系数分别为0.8413、0.7516，且在统计上都显著。

表6-7　　　　"不加限制"、"加限制"、"计算的" α_2 之间的比较分析

行业	应计项目系统中的 α_2					现金流量系统中的 α_2				
	不加限制	加限制	计算的	χ^2 值	P值	不加限制	加限制	计算的	χ^2 值	P值
A	-2.51	-0.053	-0.056	**7.238**	0.007	2.967	0.03	0.066	**9.431**	0.002
B	-1.4	-0.291	-0.271	**3.642**	0.065	2.196	1.114	1.126	**3.574**	0.071
C0	-3.83	-3.568	-2.244	**8.371**	0.004	3.285	0.659	0.572	**9.077**	0.003
C1	-0.25	0.178	0.186	**4.379**	0.054	0.206	-0	0.143	**3.1**	0.075
C2	0.666	0.014	0.02	0.168	0.682	-0.31	0.118	0.096	0.066	0.797
C3	-3.39	-0.65	-0.558	**11.7**	6E-04	3.519	0.661	0.577	**12.71**	4E-04
C4	-1.06	-0.211	-0.19	**5.097**	0.024	0.461	0.025	0.089	**4.518**	0.052
C5	-2.09	-0.118	-0.121	**40.44**	0.000	1.133	0.063	0.063	**5.047**	0.025
C6	-1.42	-0.369	-0.368	**6.926**	0.009	0.261	0.232	0.229	**7.832**	0.007
C7	-0.49	-0.508	-0.54	**4.851**	0.029	1.226	0.535	0.515	**4.719**	0.03
C8	-4.36	-0.276	-0.275	**14.06**	2E-04	6.058	0.441	0.467	**19.62**	0.000
C9	6.555	7.393	-0.134	**28.09**	0.000	-6.34	-6.16	0.162	**25.9**	0.000
D	-2.56	-0.047	-0.028	**15.46**	1E-04	0.996	0.006	-0.01	**5.235**	0.021
E	-2.34	-0.119	-0.093	**5.394**	0.02	1.436	0.205	0.188	**6.631**	0.01
F	1.34	0.799	0.773	0.311	0.577	-0.6	-0.46	-0.44	0.037	0.847
G	-8.3	-6.902	-1.526	**77.53**	0.000	8.757	9.209	1.393	**96.92**	0.000
H	0.494	-0.26	-0.273	**5.844**	0.016	-0.62	0.321	0.347	**10.95**	9E-04
J	-0.97	-0.098	-0.095	**3.519**	0.061	**1.173**	**0.065**	**0.068**	**5.988**	0.014
K	-0.81	-0.415	-0.452	0.138	0.711	0.591	0.301	0.291	0.136	0.713
L	-3.2	-0.644	-0.592	**5.694**	0.015	2.696	0.555	0.534	**5.047**	0.024
M	0.539	0.002	5E-04	**4.718**	0.047	-1.02	-0.01	-0.01	**5.255**	0.021
C	-1.52	-0.448	-0.442	**28.29**	0.000	1.637	0.434	0.418	**42.32**	0.000
均值	-1.41	-0.3	-0.331	12.81		1.35	0.379	0.313	12.91	

注释：每个行业的样本包括1998—2010年的所有样本公司，也即按照行业进行Pooled回归；所有模型都包括了年度哑变量以及4个控制变量，但其结果没有列示；表中列示了等式（6.12）的Wald检验下的 χ^2 值和P值；加粗的 χ^2 值表示1%、5%或10%水平上显著。

表6-8　　　"不加限制"、"加限制"、"计算的" α_2 之间的相关分析

AC系统中的 α_2				CFO系统中的 α_2		
	不加限制	加限制	计算的		不加限制	加限制	计算的
不加限制	—	0.8847	0.5609	不加限制	—	0.8413	0.6318
P值	—	0.0000	0.0066	P值	—	0.0000	0.0016
加限制	0.6612	—	0.6112	加限制	0.7516	—	0.6381
P值	0.0008	—	0.0025	P值	0.0000	—	0.0014
计算的	0.5618	0.9390	—	计算的	0.6329	0.9176	—
P值	0.0065	0.0000	—	P值	0.0016	0.0000	—

注释：上三角为Pearson相关系数，下三角为Spearman相关系数。

在应计项目系统和现金流量系统中，"不加限制"的 α_2 估计值与"计算的" α_2 值都存在重大差异。在应计项目系统中，均值比较的配对样本T检验的t统计量为-2.043，P值为0.054；在现金流量系统中，均值比较的配对样本T检验的t统计量为1.861，P值为0.077。但是，表6-8中的相关分析表明，"不加限制"的 α_2 估计值与"计算的" α_2 高度正相关，在应计项目系统中Pearson和Spearman相关系数分别为0.5609、0.5618，在现金流量系统中Pearson和Spearman相关系数分别为0.6318、0.6329，且在统计上都显著。

在应计项目系统和现金流量系统中，"加限制"的 α_2 估计值与"计算的" α_2 值都不存在重大差异。在应计项目系统中，均值比较的配对样本T检验的t统计量为0.072，P值为0.943；在现金流量系统中，均值比较的配对样本T检验的t统计量为0.142，P值为0.888。表6-8中的相关分析表明，"加限制"的 α_2 估计值与"计算的" α_2 高度正相关，在应计项目系统中Pearson和Spearman相关系数分别为0.6112、0.939，在现金流量系统中Pearson和Spearman相关系数分别为0.6381、0.9176，且在统计上都显著。这些结果表明，直接施加等式（6.12）的限制得到 α_2 的估计值，或者利用等式（6.12）来间接计算 α_2，得到的结果无差异。

考虑了等式（6.12）所得到的 α_2 的估计值（即"加限制"的 α_2 和"计算的" α_2），与不考虑等式（6.12）所得到的 α_2 的估计值（即"不加限制"的 α_2）之间存在重大差异，而都考虑了等式（6.12）所得到"加限制"的 α_2 和"计算的" α_2 之间不存在重大差异。可能的原因是，对于施加限制的应计项目系统和现金流量系统，权益估价等式并没有主导相应的自回归等式，使得系统的加权残差平方和最小化。如果是这样的话，施加限制和不施加限制情形下所估计得到的系数 ω_{11}、ω_{12}、ω_{22} 之间应当会显著相关。根据表6-9所列示的 ω_{11}、ω_{12}、ω_{22} 在施加限制和不施加限制情形下所估计得到的系数之间的Pearson、

Spearman 相关分析，应计项目系统和现金流量系统下都显著高度正相关，相关系数最小值为 0.7848，最大值为 0.9981。

表6-9 施加和不施加限制时 ω_{11}、ω_{12}、ω_{22} 估计值的相关分析

	应计项目系统		现金流量系统	
	Pearson	Spearman	Pearson	Spearman
ω_{11}	0.7848	0.8916	0.8083	0.9041
P值	1.529E-05	0.000001	5.3E-06	0.000001
ω_{12}	0.9477	0.9074	0.96813	0.9209
P值	2.244E-11	0.000001	1.7E-13	0.000001
ω_{22}	0.9981	0.9898	0.9759	0.9966
P值	8.453E-26	0.000001	1.1E-14	0.000001

表6-7到表6-9的结果总的表明，通过等式（6.12），Ohlson模型能够较好地刻画会计信息（应计项目与现金流量）与权益市场价值之间的关系，也即，盈余的某个组成部分的估价乘数（价值相关性），取决于该组成部分本身的持续性、它对未来超常盈余的预测能力、超常盈余本身的持续性，并且，盈余组成部分本身的持续性越大，其价值相关性就越大。

总之，表6-3到表6-9的结果支持了这些预测：第一，应计项目和现金流量在预测未来超常盈余时都具有增量信息含量；第二，应计项目和现金流量在解释当期的权益市场价值时都具有增量信息含量；第三，应计项目和现金流量在绝大部分的行业都具有预测相关性和价值相关性。而且，α_2 和 ω_{12} 之间的符号一致性进一步确证了预测相关性和价值相关性之间的关联；第四，盈余的某个组成部分（应计项目与现金流量）的估价乘数（价值相关性），取决于该组成部分本身的持续性、它对未来超常盈余的预测能力、超常盈余本身的持续性，并且，盈余组成部分本身的持续性越大，其价值相关性就越大，即Ohlson模型适用于中国资本市场，能够较好地刻画会计信息与权益市场价值之间的关系。

6.3.6 只考虑会计盈余为正的样本

如前所述，前人（例如，Beaver，2002）的研究发现，基于Ohlson模型所估计得到的会计信息估价乘数，对于正盈余和负盈余的公司之间存在差异。既然负盈余的持续性低于正盈余的持续性（Hayn，1995；Basu，1997；Collins等，1997，1999；Francis等，2004；Joos和Plesko，2005；Melendrez等，2008；Li，2011；赵宇龙和王志台，1999；王志台，2000；远鹏和牛建军，2007），所以这些结果可以从Ohlson模型预测到。前面表6-3到表6-9的研究结果基于所有的样本公司，没有考虑会计盈余的正负。因此，我们删除会计盈余为负的公司样本，

重新估计不施加限制和施加限制的应计项目、现金流量等式系统①。表6-10列示了应计项目、现金流量等式系统的回归结果，表6-11列示了"不加限制"、"加限制"、"计算的" α_2 之间的相关分析结果。

表6-10 　　　　两个等式系统的参数估计——基于盈余为正的公司样本

A组： $NI_{i,t}^a = \omega_{10} + \omega_{11}NI_{i,t-1}^a + \omega_{12}AC_{i,t-1} + \omega_{13}BV_{i,t-1} + \sum Year + \varepsilon_{1i,t}$

$AC_{i,t} = \omega_{20} + \omega_{22}AC_{i,t-1} + \omega_{23}BV_{i,t-1} + \sum Year + \varepsilon_{2i,t}$

$MVE_{i,t} = i_0 + i_1BV_{i,t} + \alpha_1NI_{i,t}^a + \alpha_2AC_{i,t} + \alpha_3Growth_{i,t} + \alpha_4Size_{i,t} + \alpha_5Lev_{i,t} + \alpha_6Floating_{i,t} + \sum Year + \mu_{i,t}$

	ω_{11}		ω_{12}		ω_{22}		α_2					
	系数	t值	系数	t值	系数	t值	系数	t值	加限制	计算的	χ^2值	P值
A	0.53	10.3	−0.04	−1.98	−0.01	−0.21	−2.64	−2.85	−0.06	−0.07	9.21	0.00
B	0.52	12.2	−0.06	−1.78	0.63	11.9	−1.48	−2.13	−0.28	−0.27	3.60	0.07
C0	1.16	41.4	−0.08	−3.76	0.6	18	−3.95	−4.84	−3.01	2.26	9.02	0.00
C1	0.79	25.1	0.05	1.92	0.38	7.65	−0.22	−0.54	0.2	0.25	3.42	0.08
C2	0.80	8.35	0.00	0.09	0.65	5.46	0.53	0.712	0.02	0.03	0.07	0.76
C3	0.69	13.5	−0.20	−5.24	0.11	1.99	−3.56	−4.76	−0.58	−0.59	12.7	0.00
C4	0.59	24.6	−0.07	−4.01	0.39	15.8	−1.18	−1.96	−0.22	−0.23	4.45	0.05
C5	0.63	15.7	−0.05	−2.67	0.28	6.89	−2.34	−6.83	−0.14	−0.16	5.02	0.03
C6	0.81	31.8	−0.14	−5.97	0.19	5.95	−1.48	−3.73	−0.54	−0.62	7.81	0.01
C7	0.63	39.2	−0.17	−14.7	0.27	11.9	−0.54	−1.97	−0.51	−0.50	4.23	0.04
C8	0.49	16.8	−0.13	−3.94	0.39	12.1	−4.48	−4.33	−0.29	−0.34	24.5	0.00
C9	0.68	10.1	−0.03	−1.93	0.57	8.07	5.78	5.64	6.30	−0.17	28.9	0.00
D	0.69	17.3	−0.01	−0.36	0.68	17.4	−2.69	−3.92	−0.05	−0.06	5.19	0.03
E	0.43	5.22	−0.04	−1.82	0.51	7.84	−2.47	−2.81	−0.12	−0.12	6.11	0.03
F	0.45	11.8	0.11	3.78	0.95	30.0	1.21	1.83	0.93	1.42	0.04	0.84
G	0.78	29.4	−0.19	−10.2	0.56	17.8	−8.62	−11.3	−4.31	−1.39	87.6	0.00
H	0.79	33.5	−0.07	−5.67	0.37	9.86	0.51	1.93	−0.29	−0.37	8.78	0.00
J	0.55	23	−0.04	−3.23	0.30	8.94	−1.05	−2.45	−0.09	−0.1	5.66	0.04
K	0.76	21.2	−0.12	−5.32	0.19	3.81	−0.95	−1.90	−0.43	−0.47	0.15	0.63
L	0.74	15.4	−0.11	−2.89	0.60	7.93	−3.62	−1.97	−0.67	−0.71	6.75	0.01
M	0.44	13.1	0.00	0.32	0.3	6.86	0.50	0.83	0.00	0.00	7.61	0.01
C	0.91	83.1	−0.10	−14.2	0.59	28.6	−1.83	−9.73	−0.75	−1.29	52.6	0.00
均值	0.68	22.8	−0.07	−3.79	0.43	11.1	−1.57	−2.59	−0.22	−0.16	13.3	

① 根据表6-1，"盈余为正"的样本公司总数为13 477个，占总样本的81.33%，每个行业平均641个，其中"制造业"7491个，占55.584%。

B组： $NI_{i,t}^a = \omega_{10} + \omega_{11}NI_{i,t-1}^a + \omega_{12}CFO_{i,t-1} + \omega_{13}BV_{i,t-1} + \sum Year + \varepsilon_{1i,t}$

$CFO_{i,t} = \omega_{20} + \omega_{22}CFO_{i,t-1} + \omega_{23}BV_{i,t-1} + \sum Year + \varepsilon_{2i,t}$

$MVE_{i,t} = i_0 + i_1BV_{i,t} + \alpha_1NI_{i,t}^a + \alpha_2CFO_{i,t} + \alpha_3Growth_{i,t} + \alpha_4Size_{i,t} + \alpha_5Lev_{i,t} + \alpha_6Floating_{i,t} + \sum Year + \mu_{i,t}$

行业	ω_{11}		ω_{12}		ω_{22}		α_2					
	系数	t值	系数	t值	系数	t值	系数	t值	加限制	计算的	χ²值	P值
A	0.50	9.7	0.04	1.92	−0.01	−0.06	3.24	4.08	0.05	0.08	7.57	0.01
B	0.37	7.35	0.27	6.75	0.77	16	2.20	1.84	1.17	1.3	3.69	0.06
C0	0.99	38.2	0.05	2.18	0.6	14.8	3.63	3.73	0.66	1.28	8.93	0.00
C1	0.87	24.6	0.04	1.93	0.16	2.53	0.24	0.58	0.18	0.25	4.41	0.05
C2	0.78	8.74	0.01	0.73	0.59	4.56	−0.23	−0.45	0.10	0.08	0.16	0.72
C3	0.47	8.54	0.24	5.95	0.40	5.74	3.61	4.75	0.62	0.63	12.7	0.00
C4	0.66	26.8	0.03	1.52	0.34	13	0.46	0.74	0.1	0.12	5.62	0.01
C5	0.55	13.5	0.03	1.80	0.36	9.28	1.31	2.57	0.08	0.09	47.6	0.00
C6	0.79	30.5	0.08	4.89	0.30	7.84	0.27	0.83	0.42	0.40	6.94	0.01
C7	0.63	34	0.18	17.6	0.40	17.9	1.31	3.81	0.59	0.65	4.86	0.03
C8	0.31	9.99	0.19	6.84	0.55	19.2	6.24	4.91	0.47	0.50	13.6	0.00
C9	0.58	9.85	0.05	2.25	0.57	8.25	−6.03	−5.12	−4.01	0.23	31.3	0.00
D	0.59	16.4	−0.01	−0.10	0.47	12.8	1.10	2.03	0.01	−0.02	15.0	0.00
E	0.31	4.53	0.09	3.73	0.45	6.39	1.46	2.16	0.20	0.19	5.87	0.01
F	0.67	22.3	−0.08	−3.87	0.72	17.5	−0.45	−0.82	−0.57	−0.61	0.31	0.60
G	0.74	26.3	0.16	7.82	0.98	25.3	8.92	12.4	7.23	5.06	79.4	0.00
H	0.73	29.9	0.08	6.86	0.49	15.7	−0.52	−2.16	0.30	0.42	5.86	0.02
J	0.63	24.7	0.04	2.80	0.19	5.99	1.18	2.63	0.08	0.1	3.52	0.06
K	0.73	20.7	0.1	4.81	0.26	3.99	0.58	0.76	0.34	0.36	0.13	0.73
L	0.67	14.9	0.13	4.09	0.5	6.79	2.71	1.89	0.57	0.6	5.77	0.01
M	0.48	15.3	−0.01	−0.53	0.29	6.43	−0.91	−1.32	−0.01	−0.01	4.74	0.05
C	0.69	75.4	0.15	18.26	0.51	37.2	1.72	9.03	0.62	0.72	29.5	0.00
均值	0.63	21.5	0.09	4.47	0.45	11.7	1.46	2.22	0.42	0.56	13.5	

注释：加粗的 t 值表示 1%、5% 或 10% 水平上显著；每个行业的样本包括 1998—2010 年盈余为正的所有样本公司，即按照行业进行 Pooled 回归；所有模型都包括了年度哑变量以及 4 个控制变量，但其结果没有列示；"α_2" 下的 "系数" 是指不施加等式（6.12）的限制时直接估计得到的回归系数，即是 "不加限制" 的 α_2；表中列示了等式（6.12）的 Wald 检验下的 χ^2 值和 P 值，加粗的 χ^2 值表示 1%、5% 或 10% 水平上显著。

表6-11　　　　"不加限制"、"加限制"、"计算的" α_2 之间的相关分析
——基于盈余为正的样本

AC系统				CFO系统		
	不加限制	加限制	计算的		不加限制	加限制	计算的
不加限制		0.8595	0.2293	不加限制		0.8316	0.6685
P值		3E-07	0.0305	P值		0.0000	0.0007
加限制	0.6544	1	0.5647	加限制	0.6804		0.8584
P值	0.0009		0.0288	P值	0.0005		0.0000
计算的	0.3258	0.7097	1	计算的	0.5765	0.9345	
P值	0.0389	0.0002		P值	0.005	1E-06	

注释：上三角为Pearson相关系数，下三角为Spearman相关系数。

基于"盈余为正"的样本公司所得到的研究结果，基本上类似于前面基于总样本的研究发现。根据表6-10，与总体样本相比，"盈余为正"样本公司超常盈余的持续性（ω_{11}）更高。对于"盈余为正"的样本公司，应计项目和现金流量系统下 ω_{11} 的均值分别为0.676、0.625，而表6-3中针对总体样本对应的均值分别为0.631、0.582；在超常盈余预测等式中，应计项目和现金流量的预测系数（ω_{12}）都得到了改善。对于"盈余为正"的样本公司，应计项目和现金流量系统下 ω_{12} 的均值分别为0.631、0.582，而表6-3中针对总体样本对应的均值分别为-0.064、0.0788；在应计项目或现金流量的自回归等式中，应计项目或现金流量的自回归系数（持续性系数 ω_{22}）都得到了提升。对于"盈余为正"的样本公司，应计项目和现金流量系统下 ω_{22} 的均值分别为0.4323、0.4499，而表6-4中针对总体样本对应的均值分别为0.3986、0.4148。这与前人的研究相符，也即，盈余为正的公司盈余组成部分本身的持续性更高，预测未来超常盈余角度的持续性也更高。

关于估价等式中的主要参数（α_2），"不加限制"、"加限制"、"计算的" α_2 的符号和大小都类似于总体样本下的结果。对比表6-10中两个等式系统下 ω_{12} 的符号与 α_2 的符号，只有三个行业的符号不一致，它们是C1、C9、H，这类似于总体样本下的结果；表6-10中Wald检验下的 χ^2 值和相应的P值表明，Ohlson模型通过等式（6.12）施加的限制适用于大多数行业，这也类似总体样本下的结果；表6-11列了"不加限制"、"加限制"、"计算的" α_2 的相关分析结果，得到的结论类似于表6-8。总之，表6-10、表6-11的经验证据表明，基于总体样本和盈余为正的样本得到的研究结论基本相同，因此，盈利公司和亏损公司的系

数相同的假定不会影响我们的研究结论。

6.3.7 敏感性分析

为了使得结果更稳健，我们还进行了若干敏感性测试：

第一，用净利润作为会计盈余的度量指标。相应地，超常盈余、应计项目的度量也发生变化。重新执行上述研究程序，主要的结果基本保持不变。

第二，前面的资本成本（r）采用固定值8%，我们进一步采用7%、9%、10%、12%进行敏感性测试。主要的结果基本保持一致。

第三，剔除样本量最小的两个行业，即C2（制造业-木材、家具）和C9（制造业-其他制造业）。主要的结果基本保持不变。

第四，MEV的度量采用下一年度的公司权益市场价值。但主要的研究结果未发生改变。

第五，部分控制变量采用不同的度量方法。主要的研究结果基本一致。例如，用营业收入作为公司规模的度量指标，用会计制度的变迁时点（即1998、2001、2007）作为控制时间效应的哑变量。

6.4 研究结论

本章探讨了盈余的两个组成部分（应计项目和现金流量）的特征如何影响它们与权益估价的关系。我们的理论分析基于Ohlson（1999）估价框架，其中一个盈余组成部分的价值相关性取决于：它在超常盈余之外预测未来超常盈余的能力，以及它本身的持续性。基于1998—2011年期间16 571个A股公司年度样本，我们通过估计两套分别由四个共同估计的等式系统来检验Ohlson（1999）在中国的适用性。我们使用表面非相关回归（Seemingly Unrelated Regression）分析对这些等式组进行估计，探讨了应计项目和现金流量的三个相关问题。

关于第一个研究问题，我们预测并发现对于绝大多数行业，在预测未来超常盈余时，应计项目和现金流量在当期超常盈余之外都具有显著的解释能力，即这两个组成部分预测未来超常盈余的能力是不同的。特别地我们发现，应计项目的回归系数一般是负的，现金流量的回归系数一般是正的，并且对于相同行业应计项目与现金流量的回归系数符号一般相反，这表明，当应计项目在当期盈余中所占比例更大时，超常盈余的持续性更低，在预测超常盈余时应计项目与现金流量互为影像（Mirror Images）。我们也发现，应计项目和现金流量具有预测相关性，因为它们都与未来超常盈余存在显著的关系。我们还发现不同行业的回归系数的大小存在相当大的差异；估计应计项目和现金流量自回归等式时的发现表明，应计项目或现金流量自身的持续性系数在21个行业中都显著为正，但是行业之间也存在重大差异，应计项目和现金流量自身的持续性系数不存在重大差异；估计权益账面价值自回归等式时的发现表明，权益账面价值具有很高的持续性，但也存在行业间的差异。

关于第二个研究问题，我们发现对于绝大部分行业，权益市场价值对权益账面价值、超常盈余、盈余的每个组成部分进行回归时，应计项目或现金流量都具有显著的增量解释能力。换言之，已知盈余的应计项目和现金流量组成部分，在已知权益账面价值和超常盈余之外，有助于解释权益市场价值。特别地，基于前面超常盈余预测分析的结果和Ohlson模型我们预测并发现，应计项目的估价系数主要是负的，现金流量的估价系数主要是正的，这表明，当期盈余中应计项目所占的比例越高权益估价就越低，当期盈余中现金流量所占的比例越高权益估价就越高。我们也预测并发现，盈余的每个组成部分都具有价值相关性，因为它们估计的总的估价系数都不同于零，表明它们都与权益市场价值存在显著的关系；我们预测并发现，应计项目与现金流量的权益估价系数符号在22个行业中都相反，也即在估价权益时应计项目与现金流量互为影像（Mirror Images）；与超常盈余预测等式相同，应计项目和现金流量在不同行业的估价乘数存在相当大的差异。

关于第三个研究问题，我们发现，应计项目或现金流量的估价系数如Ohlson(1999)模型所预测的那样，随着它在超常盈余之外预测未来超常盈余的能力以及它本身持续性的不同而发生变化。首先，我们发现，应计项目或现金流量在超常盈余预测等式中的回归系数（代表了盈余组成部分预测未来超常盈余的能力）符号，与权益估价等式中对应估价系数的符号基本一致；其次，按照Ohlson(1999)模型所隐含的估价乘数对盈余组成部分的估价乘数进行限定，对多数行业是有约束力的；再次，自回归等式所隐含的估价系数与限定的、非限定的估价系数相互之间存在高度的正相关关系，但是，非限定的估价系数与限定的估价系数、自回归等式所隐含的估价系数都存在重大差异，而限定的估价系数与自回归等式所隐含的估价系数之间却不存在重大差异；最后，施加限制和不施加限制情形下所估计得到的超常盈余持续性系数、盈余组成部分在超常盈余预测等式中的预测系数、盈余组成部分自身的持续性系数，在应计项目系统和现金流量系统下都显著高度正相关。这些结果表明，Ohlson(1999)模型能够较好地刻画会计信息（应计项目和现金流量）与权益市场价值之间的关系，即盈余的某个组成部分的估价乘数（价值相关性），取决于该组成部分本身的持续性、它对未来超常盈余的预测能力、超常盈余本身的持续性，并且，盈余组成部分本身的持续性越大，其价值相关性就越大，即Ohlson模型适用于中国资本市场，能够较好地刻画会计信息与权益市场价值之间的关系。

此外我们还发现，在绝大多数行业中权益账面价值的估价系数显著不同于

1；会计谨慎性程度因行业而异；权益账面价值的估价系数和超常盈余的估价系数一般都显著为正，也存在重大的行业差异，也即权益账面价值越大、超常盈余越大，权益市场价值就越大。

前人关于应计项目和现金流量的研究探讨了这两个组成部分价值相关性的潜在差异，主要关注的是这两个组成部分在预测未来盈余或未来现金流量方面的持续性，例如 Sloan（1996）、Barth 等（2001）、李远鹏和牛建军（2007）。总体而言我们的研究发现表明，盈余组成部分的两个特征——预测未来超常盈余的能力以及组成部分本身（一阶自回归性质）的持续性，相互作用导致了应计项目和现金流量具有不同的权益估价含义，这与 Ohlson（1999）的会计基础估价模型相符。

7 研究结论与启示

7.1 研究结论

盈余持续性与公司价值之间的关联性，是学术界和实务界都关注的。本书多角度地探讨了盈余持续性的动因和资本市场经济后果（从多个角度衡量的公司价值），较系统、全面、多方位地直接检验盈余质量（盈余持续性）与公司价值之间的关系。首先，在前人研究和理论分析的基础上从多个角度将盈余持续性与公司价值联系起来。过建立分析性模型，将公司盈余和股票回报的关联程度（ERC）与盈余时间序列持续性联系起来，证明可靠性更差的资产负债项目导致盈余的持续性更低，将持续的盈余与公司价值（托宾Q值）从理论上联系起来，以及将盈余组成部分（应计项目和现金流量）的持续性与权益市场价值联系起来；其次，通过收集我国A股公司1994—2011年期间的有关年度数据，从经验上检验了盈余持续性的动因和资本市场经济后果，包括盈余时间序列持续性如何影响ERC，资产负债项目的可靠性如何影响盈余持续性以及资本市场（CAR）如何解读这种关系，内部控制质量如何影响盈余持续性并进而影响公司价值（托宾Q值），以及应计项目和现金流量的持续性如何影响公司权益市场价值。本书主要的研究结论如下：

第一，Ball和Watts于1972年研究了盈余的时间序列特征，开启了对盈余持续性的研究，随后在20世纪80年代中期之后，国外关于盈余持续性的文献逐渐增加，成为会计研究中的一个重要的基本理论问题。盈余持续性研究在我国只有10多年的历史，尽管具有一定贡献但尚待深入。关于盈余持续性与公司价值间关系的研究，属于盈余-股票价格（回报）关系研究的一个分支。会计盈余在发挥公司估价或契约作用时，盈余的高持续性被看做一个理想特征，代表了公司具有较平稳的经营和较高的管理水平，有利于降低公司的风险和提高公司价值，因此盈余持续性研究成为30多年来资本市场研究的一个热点问题。第2章从7个角度对国内外有关盈余持续性的研究文献进行回顾和总结，包括盈余持续性的定义、盈余质量与盈余持续性、盈余持续性的度量方法、盈余持续性的影响因素、盈余及其组成部分的持续性以及应计异象、公司估价模型与盈余持续性及其检验、以及盈余持续性的经济后果。总体而言，持续性是被广泛研究的一个盈余属性。然而迄今为止的盈余持续性方面的经验证据未取得一致的研究结论。因此，公司价值与盈余持续性之间的关系还是一个还有待经验检验的问题，特别是在转型的中国经济背景下。

第二，我们借助经典的估价模型，也即公司的股票价格等于股东预期所能够获得未来利益的现值。根据该模型，股票回报对某期盈余创新（即盈余中的新信息）的反应程度，应当与该盈余创新对股东预期所能够获得未来利益产生的影响相关联。考虑了经济影响因素的盈余时间序列模型分析表明，股票回报对某期盈余创新的反应程度，应当是盈余持续性的一个函数，并推导出 ERC 与盈余持续性之间的正向关联性。具体而言，在 3 个共同的假定下，股票回报对盈余创新的反应程度（ERC）应当与盈余持续性度量指标正相关。这 3 个假定是：（1）股票价格等于股东预期所能够获得未来利益的现值；（2）预期未来盈余修正的现值接近于股东预期所能够获得未来利益修正的现值；（3）盈余的时间序列模型接近于市场预期。我们的研究设计直接检验该假设——股票回报和盈余之间的关系取决于盈余的持续性。基于 255 家公司 1994—2011 年期间的年度数据，我们使用估计的盈余时间序列特性，来推导盈余创新导致的预期未来盈余修正的现值，这也就是盈余创新持续性的度量指标。在考虑 F-F 三因子资本资产定价模型以及盈余持续性的影响因素的情形下，我们共同估计每个公司盈余的时间序列特性以及盈余创新和股票回报之间的关系。我们的经验证据支持了我们的，也即盈余持续性越高，盈余反应系数就越大。

第三，将资产负债项目的可靠性和盈余的持续性相联系，并探讨资本市场是否能够解读这种联系。首先，我们建立一个模型，企图表明可靠性更差的资产负债项目导致盈余的持续性更低。其次，我们对资产负债表的应计项目进行分类，并对这些应计项目的可靠性进行评价。最后，我们基于 1995—2011 年期间 267 家 A 股公司的经验证据表明，更不可靠的资产负债项目导致盈余的持续性更低，并且投资者没有充分预期到更低的盈余持续性，导致资本市场作出错误反应。这些结果表明，将可靠性更低的应计项目包括在财务报表中会导致重大的成本，相关性的获得不应以牺牲可靠性为代价。

第四，从公司内部治理机制之一的内部控制质量角度探讨盈余持续性的动因之一，从公司价值的角度探讨盈余持续性的一个经济后果。首先，我们认为高质量的内部控制能够限制对外报告信息的故意操纵，降低会计处理和财务报告中无意的程序和估计差错风险，可以有效地对公司高管人员的行为进行监督，降低内部代理成本，有利于创造和保持高持续性的盈余；其次，根据我们建立的理论模型，更高的盈余持续性，通过正向影响公司估价的"分子方面"，负向影响公司估价的"分母方面"，与更高的公司价值相关联。在此基础上提出两个假设。用无保留内部控制审计意见代表高质量的内部控制，采用类似于 Sloan（1996）等的方法度量盈余持续性，使用 Tobin's Q 表示公司价值，选取了 2007—2010 年 6 648 家 A 股样本公司，我们的经验证据支持了我们所提出的假设，即公司的内部控制质量与盈余持续性正向关联，盈余持续性与公司价值也正向关联。

第五，探讨了盈余的两个组成部分（应计项目和现金流量）的特征如何影响它们与权益估价的关系。我们的理论分析基于 Ohlson（1999）的估价框架，其中，一个盈余组成部分的价值相关性取决于：它在超常盈余之外预测未来超常盈余的能力，以及它本身的持续性。基于 1998—2011 年期间的 16 571 个 A 股公司年度样本，我们通过估计两套分别由四个共同估计的等式系统来检验 Ohlson（1999）在中国的适用性。我们使用表面非相关回归（Seemingly Unrelated Regression）分析对这些等式组进行估计，探讨了应计项目和现金流量的三个相关问题：

关于第一个研究问题，我们预测并发现对于绝大多数行业，在预测未来超常盈余时，应计项目和现金流量在当期超常盈余之外都具有显著的解释能力，即这两个组成部分预测未来超常盈余的能力是不同的。特别地我们发现，应计项目的回归系数一般是负的，现金流量的回归系数一般是正的，并且对于相同行业应计项目与现金流量的回归系数符号一般相反，这表明，当应计项目在当期盈余中所占比例更大时，超常盈余的持续性更低，在预测超常盈余时应计项目与现金流量互为影像（Mirror Images）。我们也发现，应计项目和现金流量具有预测相关性，因为它们都与未来超常盈余存在显著的关系。我们还发现不同行业的回归系数的大小存在相当大的差异；估计应计项目和现金流量自回归等式时的发现表明，应计项目或现金流量自身的持续性系数在 21 个行业中都显著为正，但是行业之间也存在重大差异，应计项目和现金流量自身的持续性系数不存在重大差异；估计权益账面价值自回归等式时的发现表明，权益账面价值具有很高的持续性，但也存在行业间的差异。

关于第二个研究问题，我们发现对于绝大部分行业，权益市场价值对权益账面价值、超常盈余、盈余的每个组成部分进行回归时，应计项目或现金流量都具有显著的增量解释能力。换言之，已知盈余的应计项目和现金流量组成部分，在已知权益账面价值和超常盈余之外，有助于解释权益市场价值。特别地，基于前面超常盈余预测分析的结果和 Ohlson 模型我们预测并发现，应计项目的估价系数主要是负的，现金流量的估价系数主要是正的，这表明，当期盈余中应计项目所占的比例越高权益估价就越低，当期盈余中现金流量所占的比例越高权益估价就越高。我们也预测并发现，盈余的每个组成部分都具有价值相关性，因为它们估计的总的估价系数都不同于零，表明他们都与权益市场价值存在显著的关系；我们预测发现，应计项目与现金流量的权益估价系数符号在 22 个行业中都相反，即在估价权益时应计项目与现金流量互为影像（Mirror Images）；与超常盈余预测等式相同，应计项目和现金流量在不同行业的估价乘数存在相当大的差异。

关于第三个研究问题，我们发现，应计项目或现金流量的估价系数如 Ohlson（1999）模型所预测的那样，随着它在超常盈余之外预测未来超常盈余的能力以及它本身持续性的不同而发生变化。首先，我们发现，应计项目或现金流量在超常盈余预测等式中的回归系数（代表了盈余组成部分预测未来超常盈余的能力）符号，与权益估价等式中对应估价系数的符号基本一致；其次，按照 Ohlson（1999）模型所隐含的估价乘数对盈余组成部分的估价乘数进行限定，对多数行业是有约束力的；再次，自回归等式所隐含的估价系数与限定的、非限定的估价系数相互之间存在高度的正相关关系，但是，非限定的估价系数与限定的估价系数、自回归等式所隐含的估价系数都存在重大差异，而限定的估价系数与自回归等式所隐含的估价系数之间却不存在重大差异；最后，施加限制和不施加限制情形下所估计得到的超常盈余持续性系数、盈余组成部分在超常盈余预测等式中的预测系数、盈余组成部分自身的持续性系数，在应计项目系统和现金流量系统下都显著高度正相关。这些结果总的表明，Ohlson（1999）模型能够较好地刻画会计信息（应计项目和现金流量）与权益市场价值之间的关系，也即，盈余的某个组成部分的估价乘数（价值相关性），取决于该组成部分本身的持续性、它对未来超常盈余的预测能力、超常盈余本身的持续性，并且，盈余组成部分本身的持续性越大，其价值相关性就越大，即 Ohlson 模型适用于中国资本市场，能够较好地刻画会计信息与权益市场价值之间的关系。

此外，我们还发现，在绝大多数行业中权益账面价值的估价系数显著不同于1；会计谨慎性程度因行业而异；权益账面价值的估价系数和超常盈余的估价系数一般都显著为正，也存在重大的行业差异，也即权益账面价值越大、超常盈余越大，权益市场价值就越大。

7.2 启　示

第一，将可靠性更低的应计项目包括在财务报表中会导致重大的成本。可靠性更低的应计项目导致盈余的持续性更低，而投资者无法充分预期到这种低的持续性，从而导致资本市场作出错误的反应。在应计制会计中对相关性和可靠性进行权衡显得相当重要，引入相关性强当可靠性不够的新项目不一定恰当。

第二，我们完整地定义应计项目并进行两级分类，其中的很多类别是前人的研究所忽视的，笔者建议，基于应计项目的研究所考虑的应计项目应当比 Healy（1985）所倡导的定义更广泛。Healy 的定义所遗漏许多应计项目比如长期经营性应计项目和融资性应计项目的可靠性比较低。

第三，我们的经验证据印证了，在评价企业业绩时区分会计盈余和自由现金流量显得很重要。根据自由现金流量的标准定义，是在会计盈余的基础上加回折旧和摊销、减去营运资本的变动、减去资本性支出。这种调整过程类似于本书所建立的经营性应计项目组成部分。推导自由现金流量时，融资性应计项目一般都没有加回。因此，我们所发现可靠性较低的应计项目接近于会计盈余向自由现金流量的调整。自由现金流量代表着实际现金流量加上比较可靠的融资性应计项目。

第四，上市公司对外披露报表的目的是为了向现有的和潜在的投资者提供决策相关的信息，而投资者最为关注的也是公司的盈余信息，如果公司较高的盈余背后是一次性的交易、管理当局无意的差错或故意的操纵，那么这种盈余信息的价值相关性就会大打折扣，甚至会误导投资者。尽管损益表识别一些暂时性项目，但是投资者仍然对盈余其他组成部分是否可持续感到茫然，并且，将不同持续性水平的项目混合在一起，削弱了盈余预测未来业绩的能力。所以监管部门在制定相关的管制措施时应考虑到不同盈余项目的不同持续性水平，根据持续性不同而设计的多步式利润表有助于投资者辨别盈余的真实面目。

第五，资本市场本质上是一个信息市场，而会计盈余信息是市场各方关注的焦点。但是，会计盈余及其组成部分具有不同的持续性，包括永久性、暂时性和价格无关的盈余项目，或者应计项目和现金流量，它们对公司价值具有差异化的标识作用，或者说盈余反应系数各不相同。资本市场参与者进行证券估价、作出投资决策时，应当利用各类其他信息尽量区分具有不同持续性的盈余项目。财务分析师在进行盈余预测时，应当尽力挖掘高持续性的核心盈余。公司管理层在计量和披露盈余时应当基于这种导向。对于上市公司，需要专注主业经营，加强管理，提高核心竞争力，为投资者创造价值，投资者才会认可。

第六，盈余被资本市场参与者密切关注，美国、欧洲等频发的财务丑闻（比如安然、世通、帕玛拉特）使得人们对报告盈余的质量表示相当的担忧。因此，本研究的证据表明更高质量的盈余被资本市场更高地定价，这些研究结果对于投资者和分析师具有实务上的含义。由于盈余在公司估价中发挥重要作用，因此本书的研究结果对公司估价具有直接的含义。

第七，本研究发现，内部控制质量越高，盈余持续性也越高。内部控制被认为是公司内部治理的一个重要方面，从公司内部治理的角度来看，明确盈余持续性的影响因素就可以采取适当的措施，有效防止上市公司财务舞弊案件的发生，对提高会计信息质量有积极意义。

主要参考文献

[1] ABARBANELL, BUSHEE. Fundamental Analysis, Future Earnings, and Stock Prices [J]. Journal of Accounting Research, 1997, 35: 1-24.

[2] ABARBANELL, BERNARD. Is the U.S. Stock Market Myopic? Working Paper. University of Michigan, 1995.

[3] ABOODY, BARTH, KASZNIK. Revaluations of Fixed Assets and Firm Performance: Evidence from the UK[J]. Journal of Accounting and Economics, 1999, 26: 149-178.

[4] AHN, KWON. Earnings Persistence and Market Reaction: Evidence from Korea[J]. International Journal of Business and Management, 2010, 5(10): 10-19.

[5] ALI. The Incremental Information Content of Earnings, Working Capital from Operations, and Cash Flows[J]. Journal of Accounting Research, 1994, 32(1): 61-74.

[6] ALI, ZAROWIN. Permanent Versus Transitory Components of Annual Earnings and Estimation Error in Earnings Response Coefficients[J]. Journal of Accounting and Economics, 1992a, 15: 249-264.

[7] ALI, ZAROWIN. The Role of Earnings Levels in Annual Earnings-Returns Studies[J]. Journal of Accounting Research, 1992b, 30(2): 286-296.

[8] ALTAMURO, BEATTY. How Does Internal Control Regulation Affect Financial Reporting?[J]. Journal of Accounting and Economics, 2010, 49: 58-74.

[9] AMIR, EINHORN, KAMA. Equity Valuation in the Presence of Accounting Noise: Empirical Evidence Using Profit Margins. Working Paper, 2008.

[10] AMIR, KAMA, LIVNAT. Conditional Versus Unconditional Persistence of RNOA Components: Implications for Valuation[J]. Review of Accounting Studies, 2011, 16: 302-327.

[11] AMIT, WERNERFELT. Why Do Firms Reduce Business Risk?[J]. Academy of Management Journal, 1990, 33(September): 520-533.

[12] ANCTIL, CHAMBERLAIN. Determinants of the Time Series of Earnings and Implications for Earnings Quality[J]. Contemporary Accounting Research, 2005, 22: 483-517.

[13] ANDERSONA, MANSIB, REEB. Board Characteristics, Accounting Report Integrity, and the Cost of Debt[J]. Journal of Accounting and Economics,

2004, 37: 315-342.

[14] ANON. Earnings Persistence and Valuation Implication for Firms with Large Real Earnings Management. Working Paper, 2011.

[15] ARPING, SAUTNER. Did SOX Section 404 Make Firms Less Opaque? Evidence from Cross-Listed Firms[J]. Contemporary Accounting Research, 2013, 30 (3): 1133-1165.

[16] ARYA, GLOVER, SUNDER. Are Unmanaged Earnings Always Better for Shareholders?[J]. Accounting Horizons, 2003, Supplement: 111-116.

[17] ASHBAUGH - SKAIFE, COLLINS, KINNEY. The Discovery and Reporting of Internal Control Deficiencies prior to SOX-mandated Audits[J]. Journal of Accounting and Economics, 2007, 44: 166-192.

[18] ASHBAUGH-SKAIFE, COLLINS, KINNEY, etal. The Effect of SOX Internal Control Deficiencies and Their Remediation on Accrual Quality[J]. The Accounting Review, 2008, 83(1): 217-250.

[19] ASHBAUGH-SKAIFE, COLLINS, KINNEY, etal. The Effect of SOX Internal Control Deficiencies on Firm Risk and Cost of Equity[J]. Journal of Accounting Research, 2009, 47(1): 1-43.

[20] ASHLEY, YANG. Executive Compensation and Earnings Persistence[J]. Journal of Business Ethics, 2004, 50: 369-382.

[21] ASTHANA, ZHANG. Effect of R&D Investments on Persistence of Abnormal Earnings[J].Review of Accounting and Finance, 2006, 5(2): 124-139.

[22] ATWOOD, DRAKE, MYERS, etal. Do Earnings Reported under IFRS Tell us more about Future Earnings and Cash Flows?[J]. Journal of Accounting and Public Policy, 2011, 30: 103-121.

[23] ATWOOD, DRAKE, MYERS. Book - tax Conformity, Earnings Persistence and the Association between Earnings and Future Cash Flows[J]. Journal of Accounting and Economics, 2010, 50: 111-125.

[24] BABER, KANG, KUMAR. Accounting Earnings and Executive Compensation: the Role of Earnings Persistence[J]. Journal of Accounting and Economics, 1998, 25: 169-193.

[25] BADRINATH, GAY, KALE. Patterns of Institutional Investment, Prudence, and the Managerial 'Safety-Net' Hypothesis' [J]. Journal of Risk and Insurance, 1989, December: 605-29.

[26] BAGINSKI, BRANSON, LOREK, etal. A Time - series Approach to Measure the Decline in Quarterly Earnings Persistence[J]. Advances in Accounting,

2003，20：23-42.

[27] BAGINSKI, LOREK, WILLINGER, etal. The Relationship between Economic Characteristics and Alternative Annual Earnings Persistence Measures[J]. The Accounting Review, 1999, 74(1): 105-120.

[28] BALACHANDRAN, MOHANRAM. Using Residual Income to Refine the Relationship between Earnings Growth and Stock Returns[J]. Review of Accounting Studies, 2012, 17: 134-165.

[29] BALL, WATTS. Some Time Series Properties of Accounting Income[J]. Journal of Finance, 1972, 27(3): 63-682.

[30] BALL, BROWN. An Empirical Evaluation of Accounting Income Numbers [J]. Journal of Accounting Research, 1968, 6: 159-178.

[31] BANDYOPADHYAY. Market Reaction to Earnings Announcements of Successful Efforts and Full Cost Firms in the Oil and Gas Industry[J]. The Accounting Review, 1994, 69(4): 657-674.

[32] BAO, BAO. Income Smoothing, Earnings Quality and Firm Valuation[J]. Journal of Business Finance & Accounting, 2004, 31(9)&(10): 1525-1557.

[33] BARBERIS, SHLEIFER, VISHNY. A Model of Investor Sentiment[J]. Journal of Financial Economics, 1998, 49 (3): 307-343.

[34] BARNEA, RONEN, SADAN. The Interpretation of Accounting Objectives—An Application to Extraordinary Items[J]. The Accounting Review, 1975, 50(January): 58-68.

[35] BARNES. Earnings Volatility and Market Valuation: An Empirical Investigation. Working Paper. London Business School, 2001.

[36] BARTH, BEAVER, HAND, etal. Accruals, Cash Flows, and Equity Values[J]. Review of Accounting Studies, 1999a, 3: 205-229.

[37] BARTH, BEAVER, HAND, etal. Accruals, Accounting - based Valuation Models, and the Prediction of Equity Values[J]. Journal of Accounting, Auditing & Finance, 2005, 20(4): 311-345.

[38] BARTH, BEAVER, LANDSMAN. The Market Valuation Implications of Net Periodic Pension Cost[J]. Journal of Accounting and Economics, 1992, 15: 27-62.

[39] BARTH, BEAVER, LANDSMAN. The Relevance of the Value-relevance Literature for Financial Accounting Standard Setting: Another View[J]. Journal of Accounting and Economics, 2001, 31: 77-104.

[40] BARTH, BEAVER, WOLFSON. Components of Bank Earnings and the Structure of Bank Share Prices[J]. Financial Analyst Journal, 1990, May/June: 53-60.

［41］ BARTH, CLINCH, SHIBANO. Market Effects of Recognition and Disclosure. Working Paper, 2001.

［42］ BARTH, CRAM, NELSON. Accruals and the Prediction of Future Cash Flow[J]. The Accounting Review, 2001, 76: 27-58.

［43］ BARTH, ELLIOTT, FINN. Market Rewards Associated with Patterns of Increasing Earnings[J]. Journal of Accounting Research, 1999b, 37(2), 387-413.

［44］ BARTH, HUTTON. Analyst Earnings Forecast Revisions and the Pricing of Accruals[J]. Review of Accounting Studies, 2004, March: 59-96.

［45］ BARTH, KALLAPUR. Effects of Cross-Sectional Scale Differences on Regression Results in Empirical Accounting Research[J]. Contemporary Accounting Research, 1996, 13: 527-567.

［46］ BARTOV, LINDAHL, RICKS. Stock Price Behavior around Announcements of Write-offs[J]. Review of Accounting Studies, 1998, 3: 327-346.

［47］ BASU. The Conservatism Principle and the Asymmetric Timeliness of Earnings[J]. Journal of Accounting and Economics, 1997. 24: 3-37.

［48］ Bédard. Reported Internal Control Deficiencies and Earnings Quality. Working Paper. University Laval and Visiting University of New South Wales, 2006.

［49］ BEAVER. The Time Series Behavior of Earnings[J]. Journal of Accounting Research, 1970, 8: 62-99.

［50］ BEAVER. Perspectives on Recent Capital Market Research[J]. The Accounting Review, 2002, 77(2): 453-474.

［51］ BEAVER. Financial Reporting: An Accounting Revolution[M]. 1st ed. New Jersey: Prentice Hall, 1981.

［52］ BEAVER. Financial Reporting: An Accounting Revolution [M]. 3rd ed. Englewood Cliffs, N.J.: Prentice-Hall, 2009.

［53］ BEAVER, LAMBERT, MORSE. The Information Content of Security Prices[J]. Journal of Accounting and Economics, 1980, 2(1): 3-28.

［54］ BEAVER, LANDSMAN, OWENS. Asymmetry in Earnings Timeliness and Persistence: A Simultaneous Equations Approach[J].Reveiw of Accounting Studies, 2012, 17: 781-806.

［55］ BEAVER, LAMBERT, RYAN. The Information Content of Security Prices: A Second Look[J]. Journal of Accounting and Economics, 1987, 9(2): 139-157.

［56］ BEIDLEMAN. Income Smoothing: The Role of Management [J]. The Accounting Review, 1973, October: 653-67.

［57］ BELL, CARCELLO. A Decision Aid for Assessing the Likelihood of

Fraudulent Financial Reporting[J]. Auditing: A Journal of Practice & Theory, 2000, 19: 169-184.

[58] BENEISH, BILLINGS, HODDER. Internal Control Weaknesses and Information Uncertainty[J]. The Accounting Review, 2008, 83(3): 665-703.

[59] BENEISH, VARGUS. Insider Trading, Earnings Quality, and Accrual Mispricing[J]. The Accounting Review, 2002, 77(4): 755-791.

[60] BERNARD, SCHIPPER. Recognition and Disclosure in Financial Reporting. Unpublished Working Paper, Universities of Michigan and Chicago, 1994.

[61] BERNARD, THOMAS. Evidence that Stock Prices do not Fully Reflect the Implications of Current Earnings for Future Earnings[J]. Journal of Accounting and Economics, 1990, 13(4): 305-340.

[62] BHATTACHARYA, DAOUK, WELKER. The World Pricing of Earnings Opacity[J].The Accounting Review, 2003, 78: 641-678.

[63] BHOJRAJ, SWAMINATHAN. How does the Corporate Bond Market Value Capital Investments and Accruals?[J]. Review of Accounting Studies, 2007, 14: 31-62.

[64] BIEDLEMAN. Income Smoothing: The Role of Management[J]. The Accounting Review, 1973, 48(4): 653-667.

[65] BILSON. The Rational Expectation Approach to the Consumption Function: A Multi-country Study[J]. European Economic Review, 1981, 13(3): 273-308.

[66] BITNER, DOLAN. Assessing the Relationship between Income Smoothing and the Value of the Firm[J]. The Quarterly Journal of Business and Economics, 1996, 35: 16-35.

[67] BLACCONIERE, FREDERICKSON, JOHNSON, etal. Are Voluntary Disclosures that Disavow the Reliability of Mandated Fair Value Information Informative or Opportunistic?[J]. Journal of Accounting and Economics, 2011, 52: 235-251.

[68] BOONLERT-U-THAI, MEEK, NABAR. Earnings Attributes and Investor-protection: International Evidence[J]. International Journal of Accounting, 2006, 41: 327-357.

[69] BOUMOSLEH. Director Compensation and the Reliability of Accounting Information[J]. The Financial Review, 2009, 44: 525-539.

[70] BOWEN, BURGSTAHLER, DALEY. Evidence on the Relationships between Earnings and Various Measures of Cash Flow[J]. The Accounting Review, 1986, 61: 713-725.

[71] BRADSHAW, RICHARDSON, SLOAN. Do Analysts and Auditors Use

Information in Accruals?[J]. Journal of Accounting Research, 2001, 39: 45-74.

[72] BROOKS, BUCKMASTER. Further Evidence on the Time Series Properties of Accounting Income[J]. Journal of Finance, 1976, 31: 1359-1373.

[73] BROWN. Earnings Forecasting Research: its Implications for Capital Markets Research[J]. International Journal of Forecasting, 1993, 9, 295-320.

[74] BROWN, POTT, WOMPENER. The Effect of Internal Control and Risk Management Regulation on Earnings Quality: Evidence from Germany[J]. Journal of Accounting and Public Policy, 2014, 33(1): 1-31.

[75] BROWN, FOSTER, NOREEN. Sccuriy Analyst Multi-ycar Earnings Forcasts and the Capital Market [C]. American Accounting Association, 1985.

[76] BRYAN. The Effects of Persistence, Growth, and Conservative Accounting on the Association of Accounting Information with Market Value [D]. USA: University of Oregon, 2002.

[77] BURGSTAHLER, JIAMBALVO, SHEVLIN. Do Stock Prices Fully Reflect the Implications of Special Items for Future Earnings?[J].Journal of Accounting Research, 2002, 40: 585-612.

[78] BUSHMAN, SMITH. Financial Accounting Information and Corporate Governance[J]. Journal of Accounting and Economics, 2001, 32: 237-333.

[79] CALL, HEWITT, SHEVLIN. Investors' Pricing of Earnings: A Model of Persistence and the Stock Price Consequences. Working paper, The University of Washington, 2007.

[80] CAO, NARAYANAMOORTHY. Earnings Volatility, Post-Earnings Announcement Drift, and Trading Frictions[J]. Journal of Accounting Research, 2012, 50(1): 41-74.

[81] CHAMBERS, PAYNE.Audit Quality and Accrual Persistence: Evidence from the Pre-and Post-Sarbanes-Oxley Periods[J]. Managerial Auditing Journal, 2011: 26(5): 437-456.

[82] CHAN, FARREL, LEE. Earnings Management of Firms Reporting Material Internal Control Weaknesses under Section 404 of the Sarbanes-Oxley Act[J]. Auditing: A Journal of Practice & Theory, 2008, 27(2): 161-179.

[83] CHEN. Earnings Persistence and Stock Price Under-and Overreaction. Working Paper, University of Wisconsin-Madison, 2004.

[84] CHEN. Time-Varying Earnings Persistence and the Delayed Stock Return Reaction to Earnings Announcements[J]. Contemporary Accounting Research, 2013, 30(2): 549-578.

［85］ CHEN, CHEN, SU. Is Accounting Information Value - relevant in the Emerging Chinese Stock Market?[J]. Journal of International Accounting, Auditing & Taxation, 2001, 10: 1-22.

［86］ CHEN, LIM, STRATOPOULOS. Earnings Persistence: the Role of IT Innovation Persistence. Working Paper, University of Waterloo, 2009.

［87］ CHEN, FIRTH, XIN, etal. Control Transfers, Privatization, and Corporate Performance: Efficiency Gains in China's Listed Companies[J]. Journal of Financial and Quantitative Analysis, 2008, 43(1): 161-190.

［88］ CHEN, SHANE. Changes in Cash: Persistence and Pricing Implications [J]. Journal of Accounting Research, 2014, 52(3): 599-634.

［89］ CHEN, YUAN. Earnings Management and Capital Resource Allocation: Evidence from China's Accounting-based Regulation of Rights Issues[J]. The Accounting Review, 2004, 79 (3): 645-665.

［90］ CHEN, FOLSOM, PAEK, etal. Accounting Conservatism, Earnings Persistene, and Pricing Multiples on Earnings[J]. Accounting Horizons, 2014, 28 (2): 233-260.

［91］ CHEN, KRISHNAN, SAMI, etal. Auditor Attestation Under SOX Section 404 and Earnings Informativeness[J]. Auditing: A Journal of Practice & Theory, 2013, 32(1): 61-84.

［92］ CHEN, WANG, . Evidence from China on the Value Relevance of Operating Income vs. Below-the-line Items[J]. The International Journal of Accounting, 2004, 39 (4): 339-364.

［93］ CHENG, LIU, SCHAEFER. Earnings Permanence and the Incremental Information Content of Cash Flows from Operations[J]. Journal of Accounting Research, 1996, 34(1): 173-181.

［94］ CHENG, WU. Nonlinear Earnings Persistence[J]. International Review of Economics and Finance, 2013, 25: 156-168.

［95］ CHENG, MAN, YI. The Impact of Product Market Competition on Earnings Quality[J]. Accounting and Finance, 2013, 53: 137-162.

［96］ CHENG. What Determines Residual Income?[J]. The Accounting Review, 2005, 80(1): 85-112.

［97］ CHRISTENSEN, FELTHAM, SABAC. A Contracting Perspective on Earnings Quality[J]. Journal of Accounting and Economics, 2005, 39: 265-294.

［98］ CLAESSENS, DJANKOV, FAN, et al. Disentangling the Incentive and Entrenchment Effects of Large Shareholdings[J]. Journal of Finance, 2002, 57(6):

2741-2771.

[99] CLUBB, WU. Earnings Volatility and Earnings Prediction: Analysis and UK Evidence. Journal of Business Finance & Accounting, 2014, 41(1) & (2): 53-72.

[100] COLLINS, HRIBAR. Earnings-based and Accrual-based Market Anomalies: One Effect or Two?[J].Journal of Accounting and Economics, 2000, 29 (1): 101-123.

[101] COLLINS, KOTHARI. An Analysis of Intertemporal and Cross-sectional Determinants of Earnings Response Coefficients[J]. Journal of Accounting and Economics, 1989, 11: 143-182.

[102] COLLINS, MAYDEW, WEISS. Changes in the Value-relevance of Earnings and Book Values over the Past Forty Years[J]. Journal of Accounting and Economics, 1997, 24: 39-67.

[103] COLLINS, PINCUS, XIE. Equity Valuation and Negative Earnings: The Role of Negative Earnings[J]. The Accounting Review, 1999, 74: 29-61.

[104] COMISKEY, MULFORD, CHOI. Analyzing the Persistence of Earnings: A Lender's Guide[J].Commercial Lending Review, 1995, 10(1): 4-23.

[105] CORNELL, LANDSMAN. Security Price Response to Quarterly Earnings Announcements and Analysts Forecast Revisions[J]. The Accounting Review, 1989, October: 680-692.

[106] COTTER, ZIMMER. Disclosure Versus Recognition: The Case of Asset Revaluations. Working Paper, 2003.

[107] CREADY, LOPEZ, SISNEROS. The Persistence and Market Valuation of Recurring Nonrecurring Items[J]. The Accounting Review, 2010, 85(5): 1577-1615.

[108] DAVIS-FRIDAY, CHAO-SHIN LIU, MITTELSTAEDT. Recognition and Disclosure Reliability: Evidence from SFAS No. 106[J]. Contemporary Accounting Research, 2004, Summer: 399-429.

[109] DE JUAN, SEATER. A Cross-country Test of the Permanent Income Hypothesis[J]. International Review of Applied Economics, 1997, 11(3): 451-468.

[110] DECHOW. Accounting Earnings and Cash Flows as Measures of Firm Performance: the Role of Accounting Accruals[J]. Journal of Accounting and Economics, 1994, 18: 3-42.

[111] DECHOW, DICHEV. The Quality of Accruals and Earnings: the Role of Accrual Estimation Errors[J]. Journal of Accounting and Economics, 2002, 77 (Supplement): 35-59.

[112] DECHOW, GE.The Persistence of Earnings and Cash Flows and the Role

of Special Items: Implications for the Accrual Anomaly[J]. Review of Accounting Studies, 2006, 11: 253-296.

[113] DECHOW, GE, SCHRAND. Understanding Earings Quality: a Review of the Proxies, their Determinants and their consequences[J]. Journal of Accounting and Economics, 2010, 50: 344-401.

[114] DECHOW, HUSON, SLOAN. The Effect of Restructuring Charges on Executives' Cash Compensation[J]. The Accounting Review, 1994, 69: 138-156.

[115] DECHOW, HUTTON, SLOAN. An Empirical Assessment of the Residual Income Valuation Model[J]. Journal of Accounting and Economics, 1999, 26: 1-34.

[116] DECHOW, KOTHARI, WATTS. The Relation between Earnings and Cash Flows[J]. Journal of Accounting and Economics, 1998, 25: 133-168.

[117] DECHOW, RICHARDSON. Why Are Earnings Kinky? An Examination of the Earnings Management Explanation[J]. Review of Accounting Studies, 2003, 8: 355-384.

[118] DECHOW, SKINNER. Earnings Management: Reconciling the Views of Accounting Academics, Practitioners, and Regulators[J]. Accounting Horizons, 2000, 14(2): 235-250.

[119] DECHOW, RICHARDSON, SLOAN. The Persistence and Pricing of the Cash Component of Earnings[J]. Journal of Accounting Research, 2008, 46(3): 537-566.

[120] DECHOW, SCHRAND. Earnings Quality [M]. Charlottesville, VA: Research Foundation of CFA Institute, 2004.

[121] DEFOND, PARK. Smoothing Income in Anticipation of Future Earnings [J]. Journal of Accounting and Economics, 1997, July: 115-39.

[122] Demerjian, Lev, Lewis, et al. Managerial Ability and Earnings Quality [J]. The Accounting Review, 2013, 88(2): 463-498.

[123] DESAI, RAJGOPAL, VENKATACHALAM. Value-glamour and Accrual Mispricing: One Anomaly or Two?[J]. The Accounting Review, 2004, 79: 355-385.

[124] DICHEV, TANG. Matching and Changing Properties of Accounting Earnings over the Last 40 Years[J]. The Accounting Review, 2008, 83(6): 1425-1460.

[125] DICHEV, TANG. Earnings Volatility and Earnings Predictability[J]. Journal of Accounting and Economics, 2009, 47: 160-181.

[126] DOPUCH, SEETHAMRAJU, XU. The Pricing of Accruals for Profit and Lose Firms[J]. Review of Quantitative Finance and Accounting, 2010, 34(4): 505-53.

[127] DOUKAKIS. The Persistence of Earnings and Earnings Components after

the Adoption of IFRS. Managerial Finance, 2010, 36(11), 969-980.

[128] Doyle, GE, Mcvay. Determinants of weaknesses in Internal Control over Financial Reporting and the Implications for Earnings Quality. Working Paper, 2005.

[129] Doyle, GE, MCVAY. Accruals Quality and Internal Control over Financial Reporting. Accounting Review, 2007, 82(5), 1141-1170.

[130] DURNEV, KIM. To Steal or not to Steal: Firm Attributes, Legal Environment, and Valuation[J]. Journal of Finance, 2005, 60(3): 1461-1493.

[131] DYE, SRIDHAR. Reliability-relevance Trade-offs and the Efficiency of Aggregation[J]. Journal of Accounting Research, 2003, March: 51-69.

[132] EASLEY, O'HARA. Information and the Cost of Capital[J]. Journal of Finance, 2004, 59: 1553-1583.

[133] EATON, LIPSEY. Capital, Commitment, and Entry Equilibrium[J]. The Bell Journal of Economics, 1981, 12: 593-604.

[134] EASTERDAY, SEN, STEPHAN. Another Specification of Ohlson's 'Other Information' Term for the Earnings/Returns Association: Theory and Some Evidence[J]. Journal of Business Finance & Accounting, 2011, 38(9)&(10): 1123-1155.

[135] EASTON. Accounting Earnings and Security Valuation: Empirical Evidence of the Fundamental Links[J]. Journal of Accounting Research, 1985, 23 (Supplement): 54-77.

[136] EASTON. Discussion: "Valuation of Permanent, Transitory, and Price-Irrelevant Components of Reported Earnings" [J]. Journal of Accounting, Auditing & Finance, 1998, 13(3): 337-349.

[137] EASTON, HARRIS. Earnings as an Explanatory Variable for Returns[J]. Journal of Accounting Research, 1991, 29: 19-36.

[138] EASTON, HARRIS, OHLSON. Aggregate Accounting Earnings can Explain most of Security Returns: the Case of Long Return Intervals[J]. Journal of Accounting and Economics, 1992, 15: 119-142.

[139] EASTON, SHROFF, TAYLOR. Permanent and Transitory Earnings, Accounting Recording Lag, and the Earnings Coefficient[J]. Review of Accounting Studies, 2000, 5: 281-300.

[140] EASTON, ZMIJEWSKI. Cross Section Variation in the Stock Market Response to Accounting Earnings Announcement[J]. Journal of Accounting and Economics, 1989, 11: 117-142.

[141] EBAID. Persistence of Earnings and Earnings Components: Evidence

from the Emerging Capital Market of Egypt[J]. International Journal of Disclosure and Governance, 2011, 8: 174-193.

[142] ELGERS, LO, PFEIFFER. Analysts' vs. Investors' Weighting of Accruals in Forecasting Annual Earnings[J]. Journal of Accounting and Public Policy, 2003, 22(3): 255-280.

[143] ELLIOTT, HANNA. Repeated Accounting Write-offs and the Information Content of Earnings[J]. Journal of Accounting Research, 1996, 34(Supplement): 135-155.

[144] EPPS, GUTHRIE. Sarbanes-Oxley 404 Material Weaknesses and Discretionary Accruals[J]. Accounting Forum, 2010, 34: 67-75.

[145] FAIRFIELD, WHISENANT, YOHN. Accrued Earning and Growth: Implications for Earnings Persistence and Market Mispricing[J]. The Accounting Review, 2000, 78: 353-371.

[146] FAIRFIELD, WHISENANT, YOHN. Accrued Earnings and Growth: Implications for Future Profitability and Market Mispricing[J]. The Accounting Review, 2003a, 78(1): 353-371.

[147] FAIRFIELD, WHISENANT, YOHN. The Differential Persistence of Accruals and Cash Flows for Future Operating Income versus Future Profitability[J]. Review of Accounting Studies, 2003b, 8: 221-243.

[148] FAIRFIELD, YOHN. Using Asset Turnover and Profit Margin to Forecast Changes in Profitability[J]. Review of Accounting Studies, 2001, 6: 371-385.

[149] FAMA, FRENCH. The Cross - section of Expected Stock Returns[J]. Journal of Finance, 1992, 47 (2): 427-465.

[150] FAMA, FRENCH. Common Risk Factors in the Returns on Stocks and Bonds[J]. Journal of Financial Economics, 1993, 33: 3-56.

[151] FAMA, FRENCH. Size and Book - to - Market Factors in Earnings and Returns[J]. Journal of Finance, 1995, 50: 131-155.

[152] FAMA, FRENCH. Multifactor Explanations of Asset Pricing Anomalies [J]. Journal of Finance, 1996, 51: 55-84.

[153] FAMA, FRENCH. Industy Costs of Equity[J]. Journal of Financial Economics, 1997, 43: 153-193.

[154] FAMA, FRENCH. Value versus Growth: the International Evidence[J]. Journal of Finance, 1998, 53: 1975-1979.

[155] FAMA, FRENCH. Forecasting Profitability and Earnings[J]. Journal of Business, 2000, 73: 161-175.

[156] FAMA, MACBETH. Risk, Return and Equilibrium—Empirical Tests[J]. Journal of Political Economy, 1973, 81: 607-636.

[157] FAN, WONG. Corporate Ownership Structure and the Informativeness of Accounting Earnings in East Asia[J]. Journal of Accounting and Economics, 2002, 33: 401-425.

[158] FAN, WONG, ZHANG. Politically Connected CEOs, Corporate Governance, and Post-IPO Performance of China's Newly Partially Privatized Firms[J]. Journal of Financial Economics, 2007, 84: 330-357.

[159] FASB. Objectives of Financial Reporting by Business Enterprises. Statement of Financial Accounting Concepts No. 1 [M]. Norwalk, CT: FASB, 1978.

[160] FASB. Qualitative Characteristics of Accounting Information. Statement of Financial Accounting Concepts No. 2 [M]. Norwalk, CT: FASB, 1980.

[161] FELTHAM, OHLSON. Valuation and Clean Surplus Accounting for Operating and Financial Activities[J]. Contemporary Accounting Research, 1995, 11 (2): 89-731.

[162] FELTHAM, OHLSON. Uncertainty Resolution and the Theory of Depreciation Measurement[J]. Journal of Accounting Research, 1996, 34(2): 209-234.

[163] FINGER. The Ability of Earnings to Predict Future Earnings and Cash Flows[J]. Journal of Accounting Research, 1994, 32: 210-223.

[164] FLAVIN. The Adjustment of Consumption to Changing Expectations about Future Income[J]. Journal of Political Economy, 1981, 89(5): 974-1009.

[165] FOSTER, SHASTRI. Material Internal Control Weaknesses and Earnings Management in The Post-SOX Environment[J]. The Journal of Applied Business Research, 2013, 29(1): 183-194.

[166] FRANKEL, LEE. Accounting Valuation, Market Expectation, and Cross-sectional Stock Returns[J]. Journal of Accounting and Economics, 1998, 25: 283-319.

[167] FRANKEL, LITOV. Earnings Persistence[J]. Journal of Accounting and Economics, 2009, 47: 182-190.

[168] FRANCIS, LAFOND, OLSSON. Earnings Quality and the Pricing Effects of Earnings Patterns. Working Paper, 2003.

[169] FRANCIS, LAFOND, OLSSON, et al. Costs of Equity and Earnings Attributes[J]. The Accounting Review, 2004, 79(4): 967-1010.

[170] FRANCIS, LAFOND, OLSSON, et al. The Market Pricing of Accruals Quality[J]. Journal of Accounting and Economics, 2005, 39: 295-327.

[171] FRANCIS, MAYDEW, SPARKS. The Role of Big 6 Auditors in the

Credible Reporting of Accruals[J]. Auditing: A Journal of Practice & Theory, 1999, Fall: 17-34.

[172] FRANCIS, SCHIPPER, VINCENT. The Relative and Incremental Explanatory Power of Earnings and Alternative (to Earnings) Performance Measures for Returns[J]. ContemporaryAccounting Research, 2003, 20: 121-164.

[173] FRANCIS, SMITH. A Reexamination of the Persistence of Accruals and Cash Flows[J]. Journal of Accounting Research, 2005, 43(3): 413-451.

[174] FRANKEL, LITOV. Earnings Persistence[J]. Journal of Accounting and Economics, 2009, 47: 182-190.

[175] FREEMAN, OHLSON, PENMAN. Book Rate-of-Return and Prediction of Earnings Changes: an Empirical Investigation[J]. Journal of Accounting Research, 1982, 20(2): 639-653.

[176] FREEMAN, TSE. A Nonlinear Model of Security Price Response to Unexpected Earnings[J]. Journal of Accounting Research, 1992, 30(2): 185-209.

[177] FUDENBERG, TIROLE. A Theory of Income and Dividend Smoothing Based on Incumbency Rents[J]. Journal of Political Economy, 1995, 103(1): 75-93.

[178] GAIOA, RAPOSO. Earnings Quality and Firm Valuation: International Evidence[J]. Accounting and Finance, 2011, 51: 467-499.

[179] GAVERJ, GAVERK. The Relation between Nonrecurring Accounting Transactions and CEO Cash Compensation[J]. The Accounting Review, 1998, 73: 235-253.

[180] GE. Off-balance-sheet Activities, Earnings Persistence and Stock Prices: Evidence from Operating Leases. Working Paper, University of Washington, 2007.

[181] GHOSH, GU, JAIN. Sustained Earnings and Revenue Growth, Earnings Quality, and Earnings Response Coefficients[J]. Review of Accounting Studies, 2005, 10: 33-57.

[182] GIL-ALANA, Peláez. The Persistence of Earnings per Share[J]. Review of Quantitative Finance and Accounting, 2008, 31: 425-439.

[183] GOH, KRISHNAN, LI. Auditor Reporting under Section 404: The Association between the Internal Control and Going Concern Audit Opinions[J]. Contemporary Accounting Research, 2013, 30(3): 970-995.

[184] GOH, LI. Internal Controls and Conditional Conservatism[J]. The Accounting Review, 2011, 86(3): 975-1005.

[185] GOEL, THAKOR. Why do Firms Smooth Earnings?[J]. Journal of Business, 2003, 76: 151-192.

［186］ GOVENDIR， WELLS. The Influence of the Accruals Generating Process on Earnings Persistence[J]. Australian Journal of Management, 2014, 39(4): 593-614.

［187］ GRAHAMA， HARVEY， RAJGOPAL. The Economic Implications of Corporate Financial Reporting[J]. Journal of Accounting and Economics, 2005, 40: 3-73.

［188］ GRAHAM， DODD. Security Analysis [M]. New York: McGray-Hill Book Publishing Company, 1934.

［189］ GRAHAM， DODD， COTTLE. Security Analysis: Principles and Techniques [M]. New York: McGraw-Hill, 1962.

［190］ GREENBERG， JOHNSON， RAMESH. Earnings versus Cash Flow as a Predictor of Future Cash Flow Measures[J]. Journal of Accounting, Auditing, and Finance, 1986, 1: 266-277.

［191］ GREGORY， SALEH， TUCKER. A UK Test of an Inflation - Adjusted Ohlson Model[J]. Journal of Business Finance & Accounting, 2005, 32(3) & (4): 487-534.

［192］ GRILICHES， RINGSTAD. Economies of Scales and the Form of the Production Function [M]. North Holland: Amsterdam, 1971.

［193］ GULRAZE， ALAM. Conservatism， Earnings Persistence, and the Accruals Anomaly. Working Paper Downloaded from SSRN, 2012.

［194］ HABIB. Information Risk and the Cost of Capital: Review of the Empirical Literature[J]. Journal of Accounting Literature, 2006, 25: 127-168.

［195］ HABIB， HOSSAIN， JIANG. Environmental Uncertainty and the Market Pricing of Earnings Smoothness[J]. Advances in Accounting, incorporating Advances in International Accounting, 2011, 27: 256-265.

［196］ HALL. Stochastic Implications of the Life Cycle-permanent Income Hypothesis: Theory and Evidence[J]. Journal of Political Economy, 1978, 86(5): 971-87.

［197］ HAND. Did Firms Undertake Debt-Equity Swaps for an Accounting Paper Profit or True Financial Gains?[J]. The Accounting Review, 1989, October: 587-623.

［198］ HAND， LANDSMAN. The Pricing of Dividends in Equity Valuation[J]. Journal of Business Finance & Accounting, 2005, 32(3) & (4): 435-469.

［199］ HANLON. The Persistence and Pricing of Earnings, Accruals, and Cash Flows when Firms Have Large Book- tax Differences[J]. The Accounting Review, 2005, 80(1): 137-166.

［200］ HAO. The Accruals' Persistence, Accrual Mispricing and Operating

Cycle: Evidence from the US[J]. International Journal of Accounting and Information Management, 2009, 17(2): 198-207.

［201］HAYN. The Information Content of Losses[J]. Journal of Accounting and Economics, 1995, 20: 125-153.

［202］HAZARIKA, KARKOFF, NAHATA. Internal Corporate Governance, CEO Turnover, and Earnings Management[J]. Journal of Financial Economics, 2012, 104: 44-69.

［203］HEALY. The Effect of Bonus Schemes on Accounting Decisions[J]. Journal of Accounting and Economics, 1985, 7: 85-107.

［204］HEALY, SERAFEIM, SRINIVASAN, et al. Market Competition, Earnings management, and Persistence in Accounting Profitability around the World [J]. Review of Accounting Study, 2014, 19: 1281-1308.

［205］HEE. Changes in the Predictive Ability of Earnings around Earnings Restatements[J]. Review of Accounting and Finance, 2011, 10(2): 155-175.

［206］HERRMANN, INOUE, THOMAS. The Persistence and Forecast Accuracy of Earnings Components in the USA and Japan[J]. Journal of International Financial Management and Accounting, 2000, 11: 49-70.

［207］HEWITT. Improving Investors' Forecast Accuracy when Operating Cash Flows and Accruals Are Differentially Persistent[J]. The Accounting Review, 2009, 84 (6): 1913-1931.

［208］HIRSHLEIFER, TEOH. Limited Attention, Information Disclosure, and Financial Reporting[J]. Journal of Accounting and Economics, 2003, 36: 337-386.

［209］HOLLISTER. An Investigation of Investors' Use of Reported Cash Flow and Accruals Information for Eight Countries[J]. The Journal of Applied Business Research, 2007, 23(4): 69-78.

［210］HOLTHAUSEN, WATTS. The Relevance of the Value - relevance Literature for Financial Accounting Standards Setting[J]. Journal of Accounting and Economics, 2001, 31: 3-75.

［211］HRIBAR, COLLINS. Errors in Estimating Accruals: Implications for Empirical Research[J]. Journal of Accounting Research, 2002, 40: 105-134.

［212］HSU, HU. Advisory Board and Earnings Persistence. Working Paper from SSRN, University of Oregon, 2011.

［213］HUANG, ZHANG, DEIS, et al. Do Artificial Income Smoothing and Real Income Smoothing Contribute to Firm Value Equivalently?[J]. Journal of Banking & Finance, 2009, 33(2), 224-233.

［214］ IMPINK, LUBBERINK, PRAAG, et al. Did Accelerated Filing Requirements and SOX Section 404 Affect the Timeliness of 10-K Filings?[J]. Review of Accounting Studies, 2012, 17(2): 227-253.

［215］ JENSEN. The Modern Industrial Revolution, Exit and the Failure of Internal Control Systems[J]. Journal of Finance, 1993, 48(3): 831-880.

［216］ JEON, KANG, LEE. The Relationship between Persistence of Abnormal Earnings and Usefulness of Accounting Information in Hotel Companies[J]. Tourism Management, 2004, 25: 735-740.

［217］ JEON, KIM, LEE. The Persistence of Abnormal Earnings and Systematic Risk[J]. Tourism Management, 2006, 27: 867-873.

［218］ JIAMBALVO. Discussion of "Causes and Consequences of Earnings Manipulation: an Analysis of Firm Subject to Enforcement Actions by the SEC." [J]. Auditing: A Journal of Practice & Theory, 1996, 13: 37-47.

［219］ JOHNSON, LOPEZ, SANCHEZ. Special Items: A Descriptive Analysis. Accounting Horizons, 2011, 25(3): 511-536.

［220］ JONAS, BLANCHET. Assessing Quality of Financial Reporting[J]. Accounting Horizon, 2000, 14(3): 353-363.

［221］ JONES. Earnings Management during Import Relief Investigations[J]. Journal of Accounting Research, 1991, 29: 193-228.

［222］ JOOS, PLESKO. Valuing Loss Firms[J]. The Accounting Review, 2005, 80: 847-870.

［223］ KANG, KRISHNAN, WOLFE, et al. The Impact of Eliminating the 20-F Reconciliation Requirement for IFRS Filers on Earnings Persistence and Information Uncertainty[J]. Accounting Horizons, 2012, 26(4): 741-765.

［224］ KHAN. Are Accruals Mispriced? Evidence from Tests of an Intertemporal Capital Asset Pricing Model[J]. Journal of Accounting and Economics, 2008, 45: 55-77.

［225］ KHANSALAR. The Reliability of Accruals and the Prediction of Future Cash Flow[J]. Journal of Business and Management, 2012, 7(2): 45-57.

［226］ KIM, SONG, ZHANG. Internal Control Weakness and Bank Loan Contracting: Evidence from SOX Section 404 Disclosures[J]. The Accounting Review, 2011, 86(4): 1157-1188.

［227］ KINNEY. Research Opportunities in Internal Control Quality and Quality Assurance[J]. Auditing: A Journal of Practice & Theory, 2000, 19(Supplement): 83-90.

［228］ KINNEY, LIBBY. Research on Credible Financial Reporting 1961-99: the Contributions of Professor Nicholas Dopuch[J]. Journal of Accounting Research,

1999, 37: 1-15.

[229] KOCH, SUN. Dividend Changes and the Persistence of Past Earnings Change[J]. Journal of Finance, 2004, October: 2093-2116.

[230] KOHLBECK, WARFIELD. Unrecorded Intangible Assets: Abnormal Earnings and Valuation[J]. Accounting Horizons, 2007, 21(1): 23-41.

[231] KORMENDI, LAHAYE. Cross-regime Tests of the Permanent Income Hypothesis. Working paper, Ann Arbor: University of Michigan, 1986.

[232] KORMENDI, LIPE. Earnings Innovations, Earnings Persistence, and Stock Returns[J]. Journal of Business, 1987, 60(3): 323-345.

[233] KORMENDI, ZAROWIN. Dividend Policy and Permanence of Earnings [J]. Review of Accounting Studies, 1996, 1: 141-160.

[234] KOTHARI. Capital Markets Research in Accounting[J]. Journal of Accounting and Economics, 2001, 31: 105-231.

[235] KRAFT, LEONE, WASLEY. An Analysis of the Theories and Explanations Offered for the Mispricing of Accruals and accrual Components[J]. Journal of Accounting Research, 2006, 44: 297-339.

[236] KRISHNAN, YU. Do Small Firms Benefit from Auditor Attestation of Internal Control Effectiveness?[J]. Auditing: A Journal of Practice & Theory, 2012, 34(1): 115-137.

[237] KRYZANOWSKI, MOHSNI. Growth of Aggregate Corporate Earnings and Cash-flows: Persistence and Determinants[J]. International Review of Economics and Finance, doi: 10.1016/j.iref.2012.05.003, 2012.

[238] LA PORTA, LOPEZ - DE - SILANCES, SHLEIFER, et al. Investor Protection and Corporate Valuation[J]. Journal of Finance, 2002, 57(3): 1147-1170.

[239] LAI, LI, SHAN, et al. Costs of Mandatory International Financial Reporting Standards: Evidence of Reduced Accrual Reliability[J]. Australian Journal of Management, 2013, 38(3): 491-521.

[240] LAMBERT. Contracting Theory and Accounting[J]. Journal of Accounting and Economics, 2001, 32: 3-87.

[241] LANTTO, AMMA - MAIJA. Relevance and Reliability of Information Presented under IFRA: Perceptions of Financial Reporting Key Constituents. Working paper, University of Oulu, 2006.

[242] LEE. Accounting - based Valuation: Impact on Business Practices and Research [J]. Accounting Horizons, 1999, 13(4): 413-425.

[243] LEE. Purchase Obligations, Earnings Persistence and Stock Returns.

Working Paper, Berkeley: The University of California, 2010.

[244] LEENEN. The Relationship between ICMW and Firm Performance. Working Paper, 2008.

[245] LEUZ, VERRECCHIA. Firms' Capital Allocation Choices, Information Quality, and the Cost of Capital. Working Paper, University of Pennsylvania, 2004.

[246] LEV. Some Economic Determinants of Time-series Properties of Earnings [J]. Journal of Accounting and Economics, 1983, 5: 31-48.

[247] LEV. On the Usefulness of Earnings and Earnings Research: Lessons and Directions from Two Decades of Empirical Research[J]. Journal of Accounting Research, 1989, 27(Supplement): 153-192.

[248] LEV, KUNITZKY. On the Association Between Smoothing Measures and the Risk of Common Stock[J]. The Accounting Review, 1974, April: 259-70.

[249] LEV, OHLSON. Market-based Empirical Research in Accounting: A Review, Interpretation, and Extension[J]. Journal of Accounting Research, 1982, 20 (Supplement): 249-322.

[250] LEV, SOUGIANNIS.The Capitalization, Amortization, and Value-relevance of R&D[J]. Journal of Accounting and Economics, 1996, 21: 107-138.

[251] LEV, THIAGARAJAN. Fundamental Information Analysis[J]. Journal of Accounting Research, 1993, 31(2): 190-215.

[252] LI. Annual Report Readability, Current Earnings, and Earnings Persistence[J]. Journal of Accounting and Economics, 2008, 45: 221-247.

[253] LI. Negotiated Measurement Rules in Debt Contracts[J]. Journal of Accounting Research, 2010, 48(5): 1103-1144.

[254] LI, SUN, ETTREDGE. Financial Executive Qualifications, Financial Executive Turnover and Adverse SOX 404 Opinions[J]. Journal of Accounting and Economics, 2010, 50: 93-110.

[255] LIBBY, NELSON, HUNTON. Recognition v. Disclosure, Auditor Tolerance for Misstatement, and the Reliability of Stock-Compensation and Lease Information[J]. Journal of Accounting Research, 2006, June: 533-560.

[256] LIPE. The Information Contained in the Components of Earnings[J]. Journal of Accounting Research, 1986, 24(Supplement): 37-64.

[257] LIPE. The Relation between Stock Returns and Accounting Earnings Given Alternative Information[J]. The Accounting Review, 1990, 65(1): 49-71.

[258] LIPE, KORMENDI. Mean Reversion in Annual Earnings and its Implications for Security Valuation[J]. Review of Quantitative Finance and Accounting,

1994, 4: 27-46.

[259] LIU. The Effect of Conservative Reporting on the Relationship between Long-term Accruals and Operating Cash Flows: Implications for the Persistence and Value Relevance of Earnings [D].Houston: University of Houston, 2007.

[260] LIU, ESPAHBODI. Does Dividend Policy Drive Earnings Smoothing?[J]. Accounting Horizons, 2014, 28(3): 501-528.

[261] LO, LYS. The Ohlson: Contribution to Valuation Theory, Limitations, and Empirical Applications[J]. Journal of Accounting, Auditing and Finance, 2000, 15: 337-360.

[262] LOPEZ, VANDERVELDE, WU. Investor Perceptions of an Auditor's Adverse Internal Control Opinion[J]. Journal of Accounting and Public Policy, 2009, 28(3): 231-250.

[263] MAINES, WAHLEN. The Nature of Accounting Information Reliability: Inferences from Archival and Experimental Research[J]. Accounting Horizons, 2006, 20(4): 399-425.

[264] MANDELKER, RHEE. The Impact of the Degree of Operating and Financial Leverage on Systematic Risk on Common Stock[J]. Journal of Financial and Quantitative Analysis, 1984, 19(March): 45-57.

[265] MELENDREZ, SCHWARTZ, TROMBLEY. Cash Flow and Accrual Surprises: Persistence and Return Implications[J]. Journal of Accounting, Auditing & Finance, 2008, 23(4): 573-595.

[266] MENDENHALL. How Naïve is the Market's Use of Firm-specific Earnings Information?[J].Journal of Accounting Research, 2002, 40 (3): 841-863.

[267] MICHELSON, JORDAN-WAGNER, WOOTTON. A Market-based Analysis of Income Smoothing[J]. Journal of Business Finance & Accounting, 1995, 22(8): 1179-1193.

[268] MICHELSON, JORDAN-WAGNER, WOOTTON. The Relationship between the Smoothing of Reported Income and Risk-adjusted Returns[J]. Journal of Economics and Finance, 2000, 24(2): 141-159.

[269] MILLER, ROCK. Dividend Policy and Asymmetric Information[J]. Journal of Finance, 1985, September: 1031-1051.

[270] MINTON, SCHRAND. The Impact of Cash Flow Volatility on Discretionary Investment and the Costs of Debt and Equity Financing[J]. Journal of Financial Economics, 1999, 54: 423-460.

[271] MULLER. An Examination of the Voluntary Recognition of Acquired

Brand Names in the United Kingdom[J]. Journal of Accounting and Economics, 1999, 26: 171-191.

[272] MUNSIF, RAGHUNANDAN, RAMA, et al. Audit Fees after Remediation of Internal Control Weaknesses[J]. Accounting Horizons, 2011, 25 (1): 87-105.

[273] MYERS. Implementing Residual Income Valuation with Linear Information Dynamics[J]. The Accounting Review, 1999, 74(1): 1-28.

[274] MYLLYMÄKI. The Persistence in the Association between Section 404 Material Weaknesses and Financial Reporting Quality[J]. Auditing: A Journal of Practice & Theory, 2014, 33(1): 93-116.

[275] NAGY. Section 404 Compliance and Financial Reporting Quality[J]. Accounting Horizons, 2010, 24 (3): 441-454.

[276] NAVISSI, MIRZA, YAO. Do Stock Prices in China Reflect Information in Earnings Persistence. Working Paper Downloaded from Google, 2006.

[277] NEWEY, WEST. ASimple, Positive Semi-definite, Heteroskedasticity and Autocorrelation Consistent Covariance Matrix. Econometrica, 1987, 55: 703-708.

[278] NICHOLS, WAHLEN. How do Earnings Numbers Relate to Stock Returns? A Review of Classic Accounting Research with Updated Evidence[J]. Accounting Horizons, 2004, 18(4): 263-286.

[279] NIKOLA PETROVIC, MANSON, COAKLEY. Does Volatility Improve UK Earnings Forecasts?[J].Journal of Business Finance & Accounting, 2009, 36(9) & (10): 1148-1179.

[280] NISSIM, PENMAN. Ratio Analysis and Equity Valuation: from Research to Practice[J]. Review of Accounting Studies, 2001, 6: 109-154.

[281] NWAEZE, YANG, YIN. Accounting Information and CEO Compensation: the Role of Cash Flow from Operations in the Presence of Earnings[J]. Contemporary Accounting Research, 2006, 23: 227-265.

[282] O'HANLON, POON, YAANSAH. Market Recognition of Differences in Earnings Persistence: UK Evidence[J]. Journal of Business Finance d Accounfing, 1992, 19(4): 625-639.

[283] OEI, RAMSAY, MATHER. Earnings Persistence, Accruals and Managerial Share Ownership[J]. Accounting and Finance, 2008, 48(3): 475-502.

[284] OGNEVA, SUBRAMANYAM, RAGHUNANDAN.Internal Control Weakness and Cost of Equity: Evidence from SOX Section 404 Disclosures[J]. The Accounting Review, 2007, 82 (5): 1255-1297.

［285］ OHLSON. Price - earnings Ratios and Earnings Capitalization under Uncertainty [J]. Journal of Accounting Research, 1983, 21(1): 141-54.

［286］ OHLSON. Earnings, Book Value, and Dividends in Equity Valuation[J]. Contemporary Accounting Research, 1995, 11(2): 661-687.

［287］ OHLSON. On Transitory Earnings[J]. Review of Accounting Studies, 1999, 4: 145-162.

［288］ OHLSON. Accounting Data and Value: the Basic Results[J]. Contemporary Accounting Research, 2009, 26(1): 231-259.

［289］ OHLSON, JUETTNER-NAUROTH. Expected EPS and EPS Growth as Determinants of Value[J]. Review of Accounting Studies, 2005, 10: 349-365.

［290］ ORPURT, ZANG. Do Direct Cash Flow Disclosures Help Predict Future Operating Cash Flows and Earnings?[J].The Accounting Review, 2009, 84(3): 893-935.

［291］ PEASNELL. Some Formal Connections between Economic Values and Yields and Accounting Numbers[J]. Journal of Business Finance & Accounting, 1982, 9(3): 361-81.

［292］ PENMAN. Financial Statement Information and the Pricing of Earnings Changes[J]. The Accounting Review, 1992, 67(3): 563-577.

［293］ PENMAN. Financial Statement Analysis & Security Valuation [M]. Boston, MA: McGraw-Hill Irwin, 2001.

［294］ PENMAN. Accounting for Value [M]. New York: Columbia University Press, 2011.

［295］ PENMAN, SOUGIANNIS. A Comparison of Dividend, Cash Flow, and Earnings Approaches to Equity Valuation[J]. Contemporary Accounting Research, 1998, 15: 343-383.

［296］ PENMAN, ZHANG. Accounting Conservatism, the Quality of Earnings, and Stock Returns[J]. The Accounting Review, 2002, 77: 237-264.

［297］ PENMAN, ZHANG. Molding Sustainable Earnings and P/E Ratios with Financial Statement Analysis. Working Paper, 2002.

［298］ PINCUS, RAJGOPAL, VENKATACHALAM. The Accrual Anomaly: International Evidence[J]. The Accounting Review, 2007, 82(1): 169-203.

［299］ RAMAKRISHNAN, THOMAS. Valuation of Permanent, Transitory, and Price - Irrelevant Components of Reported Earnings[J]. Journal of Accounting, Auditing & Finance, 1998, 13(3): 301-336.

［300］ RAMESH, THIAGARAJAN. The Relation between Earnings Persistence and Firm Valuation: Theory and Evidence. Working Paper, 1995.

[301] RIAHI - BELKAOUI. Multinationality as Determinant of Earnings Persistence[J]. Managerial Finance, 2002, 28(3): 83-96.

[302] RICHARDSON, TINAIKAR. Accounting Based Valuation Models: What have We Learned?[J]. Accounting and Finance, 2004, 44, 223-255.

[303] RICHARDSON. Earnings Quality and Short Sellers[J]. Accounting Horizons, 2003, Supplement: 49-61.

[304] RICHARDSON, SLOAN, SOLIMAN, et al. Information in Accruals about the Quality of Earnings. Working Paper, 2001.

[305] RICHARDSON, SLOAN, SOLIMAN, et al. Accrual Reliability, Earnings Persistence and Stock Prices[J]. Journal of Accounting and Economics, 2005, 39: 437-485.

[306] RICHARDSON, SLOAN, SOLIMAN, et al. The Implications of Accounting Distortions and Growth for Accruals and Profitability[J]. The Accounting Review, 2006, 81(3), 713-743.

[307] RICHARDSON, TUNA, WYSOCKI. Accounting Anomalies and Fundamental Analysis: A Review of Recent Research Advances[J]. Journal of Accounting and Economics, 2010, 50: 410-454.

[308] RONEN, SADAN. Smoothing Income Numbers: Objectives, Means, and Implications [M]. Massachusetts: Addison-Wesley, 1981.

[309] ROUNTREE, WESTON, ALLAYANNIS. Do Investors Value Smooth Performance?[J].Journal of Financial Economics, 2008, 90(3): 237-51.

[310] SCHIPPER, VINCENT. Earnings Quality[J]. Accounting Horizons, 2003, 17: 97-110.

[311] SCHMIDT. The Persistence, Forecasting, and Valuation Implication of the Tax Change Component of Earnings[J]. The Accounting Review, 2006, 81(3): 589-616.

[312] SCHNEIDER, CHURCH. The Effect of Auditor's Internal Control Opinions on Loan Decisions[J]. Journal of Accounting and Public Policy, 2008, 27, 1-18.

[313] SHI, ZHANG. Can the Earnings Fixation Hypothesis Explain the Accrual Anomaly?[J]. Review of Accounting Studies, 2012, 17: 1-21.

[314] SINGER, YOU. The Effect of Section 404 of the Sarbanes-Oxley Act on Earnings Quality[J]. Journal of Accounting Auditing & Finance, 2011, 26(3): 556-589.

［315］ SKINNER, SOLTES. What do Dividends Tell us about Earnings Quality? [J]. Review of Accounting Studies, 2011, 16: 1-28.

［316］ SLOAN. Do Stock Prices Fully Reflect Information in Accruals and Cash Flow about Future Earnings?[J].The Accounting Review, 1996, July: 289-316.

［317］ SLOAN. Discussion of "Evaluating Non-GAAP Performance Measures in the REIT Industry" [J]. Review of Accounting Studies, 1998, 3: 131-135.

［318］ SLOAN. Evaluating the Reliability of Current Value Estimates[J]. Journal of Accounting and Economics, 1999, 26: 193-200.

［319］ SOARES, STARK. The Accruals Anomaly—Can Impelementable Portfolio Strategies be Developed that are Profitable Net of Transactions Costs in the UK [J]. Accounting and Business Research, 2009, 39(4): 321-345.

［320］ SOLIMAN. The Use of DuPont Analysis by Market Participants[J]. The Accounting Review, 2008. 83: 823-853.

［321］ STEPHEN, WELLS. Earnings Decomposition and the Persistence of Earnings[J]. Accounting Research Journal, 2007, 20(2): 111-127.

［322］ STICKNEY, BROWN, WAHLEN. Financial Reporting and Statement Analysis: A Strategic Approach [M]. 5th ed. Florence, KY: South-Western College Publishing, 2003.

［323］ STOEL, MUHANNA. IT Internal Control Weaknesses and Firm Performance: An Organizational Liability Lens[J]. International Journal of Accounting Information Systems, 2011, 12(4): 280-304.

［324］ STRONG, WALKER. The Explanatory Power of Earnings for Stock Returns. The Accounting Review, 1993, 68: 385-399.

［325］ SUBRAMANYAM, WILD. Going-Concern Status, Earnings Persistence, and Informativeness of Earnings[J]. Contemporary Accounting Research, 1996, 13(1): 251-273.

［326］ SUN, TONG. China Share Issue Privatization: the Extent of its Success [J]. Journal of Financial Economics, 2003, 70: 183-222.

［327］ THOMAS, ZHANG. Inventory Changes and Future Returns[J]. Review of Accounting Studies, 2002, 7: 163-187.

［328］ TRUEMAN, TITMAN. An Explanation of Accounting Income Smoothing [J]. Journal of Accounting Research, 1988, 26(Supplement): 127-139.

［329］ TUCKER, ZAROWIN. Does Income Smoothing Improve Earnings Informativeness?[J].The Accounting Review, 2006, 81: 251-270.

［330］ VERRECCHIA. Information Quality and Discretionary Disclosure[J].

Journal of Accounting and Economics, 1990, 12: 365-380.

[331] WALKER. Clean Surplus Accounting Models and Market - Based Accounting Research: A Review[J]. Journal of Accounting and Business Research, 1997, 27(4): 341-55.

[332] WALLMAN. The Future of Accounting and Financial Reporting Part Ⅱ: The Colorized Approach[J]. Accounting Horizons, 1996, June: 138-148.

[333] WANG. Founding Family Ownership and Earnings Quality[J]. Journal of Accounting Research, 2006, 44(3): 619-656.

[334] WANG, WILLIAMS. Accounting Income Smoothing and Stockholder Wealth[J]. Journal of Applied Business Research, 1994, 10(3): 96-104.

[335] WATTS. Conservatism in Accounting Part I: Explanations and Implications[J]. Accounting Horizons, 2003, 17: 207-221.

[336] WATTS, ZIMMERMAN. Positive Accounting Theory [M]. Englewood Cliffs, N.J.: Prentice-Hall, 1986.

[337] WAYMIRE. Earnings Volatility and Voluntary Management Forecast Disclosure[J]. Journal of Accounting Research, 1985, 23: 268-295.

[338] WHITE, SONDHI, FRIED. The Analysis and Use of Financial Statements [M]. 3rd ed. Hoboken, NJ: John Wiley & Sons, Inc, 2003.

[339] WILLIAMS. The Effect of Pension on the Quality of Corporate Earnings: IBM, a Case Study[J]. Issues in Accounting Education, 2005, 20(2): 167-181.

[340] XIE. The Mispricing of Abnormal Accruals[J]. The Accounting Review, 2001, 76: 357-373.

[341] XU. The Earnings Persistence of High Tech Enterprises and Market Efficiency of China Capital Market[J]. International Journal of Business and Management, 2008, 3(8): 10-13.

[342] YANG, ROHRBACH, CHEN. The Impact of Standard Setting on Relevance and Reliability of Accounting Information: Lower of Cost or Market Accounting Reforms in China[J]. Journal of International Financial Management and Accounting, 2005, 3: 193-228.

[343] YAZAWA. Why Don't Japanese Companies Disclose Internal Control Weakness? Evidence from J-SOX Mandated Audits. Working Paper. Aoyama Gakuin University, 2010.

[344] ZHANG. Conservative Accounting and Equity Valuation[J]. Journal of Accounting & Economics, 2000, 29: 125-149.

[345] ZHANG. Accruals, Investment, and the Accrual Anomaly. The

Accounting Review，2007，82：1333-1363.

［346］ZHANG. Information Relevance， Reliability and Disclosure[J]. Review of Accounting Studies，2012，17：189-226.

［347］白重恩，刘俏，陆洲，等.中国上市公司治理结构的实证研究[J].经济研究，2005（2）：81-91.

［348］威廉.财务呈报：会计革命[M].薛云奎，译.大连：东北财经大学出版社，1999.

［349］财政部等五部委.企业内部控制规范[M].北京：中国财政经济出版社，2010.

［350］财政部.企业会计准则[M].北京：经济科学出版社，2006.

［351］陈金龙，戴五七，吴泽福.盈余持续性综合指标体系的测度研究——以 A 股制造业上市公司为例[J].厦门理工学院学报，2011，19（3）：79-84.

［352］陈晓，陈小悦，刘钊.A 股盈余报告的有用性研究——来自上海、深圳股市的实证证据[J].经济研究，1999（6）：21-28.

［353］陈晓，江东.股权多元化、公司绩效与行业竞争性[J].经济研究，2000（8）：28-35.

［354］陈晓芬，翟云耀.影响盈余信息含量的因素——来自 A 股的实证结果[J].时代财贸，2007（5）：10-13.

［355］陈晓敏.财务重述公司盈余持续性研究——基于中国上市公司年报重述的经验数据[J].前沿，2011（10）：108-110.

［356］陈小悦，肖星，过晓梅.配股权与上市公司利润操纵[J].经济研究，2000（2）：30-36.

［357］陈信元，陈冬华，朱红军.净资产、剩余收益与市场定价：会计信息的价值相关性[J].金融研究，2002（4）：59-70.

［358］党建忠，陈军，褚俊红.基于 Feltham-Ohlson 模型的中国上市公司股票价格影响因素检验[J].统计研究，2004（3）：57-61.

［359］邓长荣，马永开.三因素模型在中国证券市场的实证研究[J].管理学报，2005（5）：591-596.

［360］邓秋云.非经常性损益与股票价格的相关性分析[J].财经理论与实践（双月刊），2005，26（135）：58-60.

［361］杜勇.盈余持续性问题研究述评[J].经济问题探索，2008（3）：100-104.

［362］杜征征，王伟.高管薪酬决定与盈余持续性：基于沪深股市的经验证据[J].中央财经大学学报，2010（12）：91-96.

［363］董红星.永久性盈余、暂时性盈余与经营现金流的信息含量[J].经济问

题探索，2007（4）：166-171.

[364] 董望，陈汉文.内部控制、应计质量与盈余反应——基于中国2009年A股上市公司的经验证据[J].审计研究，2011（4）：68-78.

[365] 樊纲，王小鲁，朱恒鹏.中国市场化指数——各地区市场化相对进程报告（2009）[M].北京：经济科学出版社，2010.

[366] 范龙振，余世典.中国股票市场的三因子模型[J].系统工程报，2002，12（17）：537-546.

[367] 方红星，金玉娜.高质量内部控制能抑制盈余管理吗？——基于自愿性内部控制鉴证报告的经验研究[J].会计研究，2011（8）：53-60.

[368] 高克智，王辉，王斌.派现行为与盈余持续性关系——基于信号理论的实证检验[J].经济与管理研究，2010（11）：98-105.

[369] 胡延杰，李琳.持续盈余与盈余质量的相关性研究——来自中国股票市场的经验证据[J].财会通讯，2007（11）：20-22.

[370] 胡延杰，李琳.盈余持续增长、收入持续增长和盈余质量——基于中国上市公司的实证分析[J].经济管理，2008（2）：27-32.

[371] 黄惠平，宋晓静.内控报告与会计信息质量及企业价值——基于沪市A股的经验研究[J].经济管理，2012（1）：56-64.

[372] 黄志忠.股权比例、大股东"掏空"策略与全流通[J].南开管理评论，2006，9（1）：58-65.

[373] 黄志忠，白云霞.会计分法变迁、会计信息质量与股市效应——有关沪市对会计方法国际协调化的反应的证据[J].中国会计评论，2004，2（2）：409-423.

[374] 黄志忠，陈龙.中国上市公司盈利成长规律实证分析[J].经济研究，2000（12）：11-19.

[375] 姜国华，李远鹏，牛建军.我国会计准则和国际会计准则盈余汇报差异及经济后果研究[J].会计研究，2006（9）：27-34.

[376] 雷英，吴建友，孙红.内部控制审计对会计盈余质量的影响——基于沪市A股上市公司的实证分析[J].会计研究，2013（11）：75-81.

[377] 李宝娟.我国上市公司盈余持续性研究——以制造业为例.中国证券期货，2013（1）：20-21.

[378] 李丹，贾宁.盈余质量、制度环境与分析师预测[J].中国会计评论，2009，7（4）：351-370.

[379] 李刚，夏冬林.盈余持续性、盈余信息含量和投资组合回报[J].中国会计评论，2007，5（2）：207-218.

[380] 李刚，张伟，王艳艳.会计盈余质量与权益资本成本关系的实证分析[J].审计与经济研究，2008（5）：57-62.

[381] 李明辉，何海，马夕奎.我国上市公司内部控制信息披露状况的分析[J].审计研究，2003（1）：39-43.

[382] 黎文靖.会计信息披露政府监管的经济后果——来自中国证券市场的经验证据[J].会计研究，2007（8）：13-21.

[383] 李寿喜.中国上市公司会计信息与股票定价相关性的实证研究[D].上海：复旦大学，2004.

[384] 李远鹏，牛建军，姜国华.证券市场"应计异象"研究：回顾与展望[J].会计研究，2008（1）：79-84.

[385] 李远鹏，牛建军.退市监管与应计异象[J].管理世界，2007（5）：125-132.

[386] 李卓，宋玉.股利政策、盈余持续性与信号显示[J].南开管理评论，2007，10（1）：70-80.

[387] 梁伟华.新企业会计准则实施前后会计信息价值相关性比较分析——基于Ohlson模型[J].经营管理者，2010（1）：5-6.

[388] 林斌，林东杰，胡为民，等.目标导向的内部控制指数研究[J].会计研究，2014（8）：16-24.

[389] 林斌，周美华，舒伟，等.内部控制、公司诉讼和公司价值[J].中国会计评论，2013，11（4）：431-454.

[390] 林翔，陈汉文.增长、盈余管理和应计持续性[J].中国会计评论，2005，3（1）：117-142.

[391] 刘煜松.股票内在投资价值理论与中国股市泡沫问题[J].经济研究，2005（2）：45-53.

[392] 刘芍佳，孙霈，刘乃全.终极产权论、股权结构及公司绩效[J].经济研究，2003（4）：51-62.

[393] 刘旻.会计盈余和经营活动现金流量的信息含量的实证研究[J].预测，2001（6）：44-47.

[394] 刘文达，权小锋.盈余持续性、审计师类型对盈余持续性的影响及资本市场反应[J].税务与经济，2011（4）：62-68.

[395] 刘亚莉，杨兴全.财务报告内部控制：提高资本市场信息质量的新理念[J].审计研究，2004（2）：75-77.

[396] 刘云中.中国股票市场对会计盈余和会计应计量信息的反映[J].中国软科学，2003（11）：40-45.

[397] 陆静，孟卫东，廖刚.上市公司会计盈利、现金流量与股票价格的实证研究[J].经济科学，2002（5）：22-28.

[398] 卢锐，柳建华，许宁.内部控制、产权与高管薪酬绩效敏感性[J].会

计研究，2011（10）：42-48.

［399］陆宇峰.费森-奥尔森估值模型和P/B，P/E实证研究[M].上海：上海三联书店，2000.

［400］陆宇建，蒋玥.制度变革、盈余持续性与市场定价行为研究[J].会计研究，2012（1）：62-67.

［401］吕兆德.盈余分解、盈余持续性及资本市场反应[J].江西财经大学学报，2011（2）：29-35.

［402］吕兆德，何子衡.上市公司年度盈余持续性影响因素研究[J].北京师范大学学报（社会科学版），2012（2）：121-129.

［403］孟焰，袁淳，吴溪.非经常性损益、监管制度化与ST公司摘帽的市场反应[J].管理世界，2008（8）：33-39.

［404］牛建军，岳衡，姜国华.中国上市公司盈利状况分析：1992-2004[J].中国会计评论，2007，5（2），165-180.

［405］潘征文.盈余持续性的影响因素研究——基于财务报表的基本面[J].现代商贸工业，2012（4）：149-150.

［406］彭韶兵，黄益建.会计信息可靠性与盈余持续性[J].中国会计评论，2007，5（2）：219-232.

［407］彭韶兵，黄益建，赵根.信息可靠性、企业成长性与会计盈余持续性[J].会计研究，2008（3）：43-50.

［408］裘宗舜，柯东昌.完善企业内部控制——提高会计信息质量的关键所在[J].会计之友，2005（7A）：17-18.

［409］宋建波，高升好，关馨姣.机构投资者持股能提高上市公司盈余持续性吗?——基于中国A股上市公司的经验证据[J].中国软科学，2012（2）：128-138.

［410］宋建波，田悦.管理层持股的利益趋同效应研究——基于中国A股上市公司盈余持续性的检验[J].经济理论与经济管理，2012（12）：99-109.

［411］宋剑峰.净资产倍率、市盈率与公司的成长性——来自中国股市的经验证据[J].经济研究，2000（8）：36-45.

［412］施璐敏.基于盈余持续性和应计利润视角的盈余质量研究[J].财会通讯，2013（8（下））：44-46.

［413］石晓乐，陈小悦.盈余中现金流成分的分解及其持续性研究[J].中国会计评论，2009，7（2）：175-190.

［414］孙谦.盈余持续性研究综述及启示[J].厦门大学学报（哲社版），2010（1）：30-37.

［415］孙世攀，徐霞，汪冬梅.盈余持续性与公司治理实证研究——来自沪深上市公司的经验证据[J].科技与管理，2011，13（1）：40-45.

［416］孙铮，李增泉. 收益指标价值相关性实证研究[J]. 中国会计与财务研究，2001（2）：1-28.

［417］孙铮，刘浩. 中国会计改革新形势下的准则理论实证研究及其展望[J]. 会计研究，2006（9）：15-22.

［418］王斌. 财务报告补丁、盈余持续性与投资回报[J]. 经济经纬，2013（2）：111-115.

［419］王长禹. 外贸上市公司股利政策与盈余持续性的关系[J]. 财会月刊，2013（8（下）），48-50.

［420］王鸿. 盈余波动、应计质量与盈余预测[J]. 生产力研究，2009（24）：236-238.

［421］王化成，程小可，等. 经济增加值的价值相关性[J]. 会计研究，2004（5）：75-81.

［422］王克明，王平. 公司治理、现金股利变化与盈余变化持续性——基于中国上市公司的分析[J]. 经济问题，2011（1）：69-72.

［423］王鹏. 投资者保护、代理成本与公司绩效[J]. 经济研究，2008（2）：68-82.

［424］王伟. 证券市场盈余的持续性检验[J]. 现代商业，2009（4）：267-268.

［425］王霞，薛爽. 财务重述、盈余质量与市场认知的系统性偏差[J]. 中国会计评论，2010，8（4）：399-414.

［426］王跃堂，孙铮，陈世敏. 会计改革和会计信息质量[J]. 会计研究，2001（7）：16-26.

［427］王志台. 上海股市盈余持续性的实证研究[J]. 财经研究，2000，26（5）：43-48.

［428］魏明海，岳勇坚，雷倩华. 盈余质量与交易成本[J]. 会计研究，2013（3）：36-42.

［429］魏涛，陆正飞，单宏伟. 非经常性损益盈余管理的动机、手段和作用研究——来自中国上市公司的经验证据[J]. 管理世界，2008（1）：113-121.

［430］伍利娜，李蕙伶. 投资者理解公司会计利润和应税利润的差异信息吗?[J]. 管理世界，2007（10）：114-121.

［431］吴益兵. 内部控制审计、价值相关性与资本成本[J]. 经济管理，2009（8）：64-69.

［432］夏立军，方轶强. 政府控制、治理环境与公司价值——来自中国证券市场的经验证据[J]. 经济研究，2005（5）：40-51.

［433］肖华，张国清. 内部控制质量、盈余持续性与公司价值[J]. 会计研究，2013（5）：73-80.

［434］徐浩峰，王正位．盈余持续性特征与中国资本市场效率的经济影响分析[J]．清华大学学报（哲社版），2006（21）：13-20.

［435］徐浩峰，朱松，余佩琨．企业竞争力、盈余持续性与不对称性[J]．审计与经济研究，2011，26（5）：77-85.

［436］许慧．会计盈余波动性的经济后果——基于权益资本成本的研究[J]．财会通讯，2011（综合（2））：6-8.

［437］徐莉萍，辛宇，陈工孟．股权集中度和股权制衡及其对公司经营绩效的影响[J]．经济研究，2006（1）：90-99.

［438］徐晓东，陈小悦．第一大股东对公司治理、企业绩效的影响分析[J]．经济研究，2003（2）：64-74.

［439］杨德明，林斌，王彦超．内部控制、审计质量与大股东资金占用[J]．审计研究，2009（5）：74-81.

［440］杨七中，马蓓丽．内部控制与盈余管理方式选择[J]．会计与经济研究，2014，28（3）：80-91.

［441］杨善林，杨模荣，姚禄仕．股权分置改革与股票市场价值相关性研究[J]．会计研究，2006（12）：41-46.

［442］杨忻，陈展辉．中国股市三因子资产定价模型实证研究[J]．数量经济技术与经济研究，2003（12）：137-141.

［443］杨有红，汪薇．2006年沪市公司内部控制信息披露研究[J]．会计研究，2008（3）：35-42.

［444］张国清，夏立军，方轶强．会计盈余及其组成部分的价值相关性——来自沪、深股市的经验证据[J]．中国会计与财务研究，2006（3）：74-120.

［445］张国清，赵景文．资产负债项目可靠性、盈余持续性及其市场反应[J]．会计研究，2008（3）：51-57.

［446］张禾，张婧，曹建安．现金流组成要素对企业盈利能力的预测作用——基于核心与非核心现金流[J]．财经科学，2011（5）：109-117.

［447］张静，刘胜军．会计盈余可持续性研究[J]．科技情报开发与经济，2006，16（1）：140-141.

［448］张景奇，孟卫东，陆静．我国企业盈余可持续性影响因素研究——基于EBO模型的我国上市公司实证数据[J]．管理评论，2008（7）：122-128.

［449］张俊瑞，曾振，王鹏．现金流操控对盈余质量的影响——基于盈余持续性的视角[J]．西安交通大学学报（社会科学版），2011，31（1）：40-43.

［450］张兰萍．如何分析上市公司盈余持续性[J]．商场现代化，2006（2）：72-73.

［451］张龙平，王军只，张军．内部控制鉴证对会计盈余质量的影响研究

——基于沪市 A 股公司的经验证据[J].审计研究，2010（2）：83-90.

［452］赵春光.会计信息价值相关性的变迁[J].经济管理，2003（2）：52-60.

［453］赵春光.现金流量价值相关性的实证研究[J].会计研究，2004（2）：32-41.

［454］赵岩，胡征源.应计利润对其持续性的影响[J].求索，2010（9）：75-77.

［455］赵宇龙，王志台.我国证券市场"功能锁定"现象的实证研究[J].经济研究，1999（9）：56-63.

［456］赵志君.股票价格对内在价值的偏离度分析[J].经济研究，2003（10）：66-74.

［457］钟翰.商誉、剩余收益与 Ohlson 模型[J].财会月刊，2012（2（下））：21-24.

［458］周中胜.会计-税收差异与盈余质量：基于中国上市公司的经验研究[J].上海经济研究，2009（5）：48-54.

索　引

后 记

本专著的核心内容，是教育部人文社会科学重点研究基地重大课题"盈余持续性与公司价值（08JJD630012）"以及国家自然科学基金项目"自愿性内部控制审计的动因和经济后果研究：基于代理理论和信号传递理论的经验证据（71002045）"、"财务报告内部控制审计：强制抑或自愿？（71372075）"的部分研究成果，也是我的博士学位论文《现金流量信息有用性的实证研究》的后续研究成果。

本专著的顺利完成和出版，得到厦门大学会计发展研究中心以及国家自然科学基金委等机构的大力资助，在此表示感谢！同时，本专著涉及大量的文献收集与整理、数据的采集与处理等，在这个过程中得到诸多亲朋好友的鼓励、支持和帮助，在此谨表谢忱！

张国清

2015年3月